漢代思想與思想家

陳麗桂　著

五南圖書出版公司　印行

自 序

　　漢代是中國歷史上第一個長治久安的一統帝國。在政治上，它確立了此下2000年中國中央集權政治體制的模式；在學術文化上，西方人將傳統中國學術研究統稱為「漢學」，漢代也確立了中國傳統學術文化與族群性格的雛形。傳統中國學術文化是由一群崛起並活躍於黃河、長江流域的「漢人」們締造開展出來的，這一龐大族群之所以被稱為「漢人」，是由於他們文化內容與族群性格雛形之確立，大致成型於漢代。換言之，漢代總承三代暨秦以來，華夏、東夷、西戎、南楚各類文明與文化，鎔鑄為一，氣象弘闊地開展出中國古學術文化的基本格局。其豐富弘闊的內容，漢代大學者劉歆、班固在《漢書・藝文志》中，以6大類、38小類、596家加以歸分，合共留下了至少13000多卷文獻。這6大類一萬多件文獻，包括經學（含小學）、哲學、文學、兵學、數術、醫學，理論、實用兼具，體用合一。由其細分的38小類看來，從古聖賢的垂法遺教，生命淬礪，到政治管理、國防兵戰、自然科學、民俗文化（包括陰陽五行、天文、曆數、神仙方術、風水、命相、占卜等等），舉凡華人上自士大夫，下至庶民，生活生命中所涉及的各層面知識學問，具體而微地盡皆展現。2000年來華人世界所從事的各類深淺層物質、精神活動之節目、品項，及其內容，從此大致底定。總之，漢代學術文化在傳統中國是有統括代表性的。

　　正因如此，漢代思想家們對於家國，乃至時代問題，所展現出來的關切與參與，和先秦時代大有不同。先秦歷經動亂分裂，六國割據，到嬴秦，雖然六國歸一，卻仍苛法治世。漢代久亂歸治，太平初開，不但是個大一統的時代，也是個百廢待舉的可爲之世。一方面因應政治的統一，原本戰國諸子各自偉大的救世藍圖與理念，至此如百川入海，融匯爲一，互助共濟，波瀾壯闊地開展。另一方面，一個樸茂榛狉的新帝國亟待規劃設計。如何在六國諸子的繽紛理想中，取精用宏地快速實現開展，成了漢代思想家們無可旁貸的責任。漢代的思想與思想家，因此很明顯的呈現出幾個共同的特色：

一、統合性的思想色彩

　　不論就各家思想百餘年來相互激盪交融的必然結果，還是因應著政治上由七歸一的中央集權一統情勢，戰國諸子原本你儒我道，各擅勝場的局面，從此不復存在。如何順應新的時代與局勢，設計出一套迅速有效且廣應大通的策略，正是新時代的急切需求。開漢第一儒陸賈在天下底定之後，一再敦促漢高祖，要勤治詩書，熟諳治道；班固〈漢志〉說雜家，「知國體之有此，見王治之無不貫」。爲了因應龐大帝國領導統御之需，各家思想交會融合，正是冀爲「一貫」的「王治」提供策略。較之先秦，漢代的思想家因此沒有一個是純儒、純道、純法，各個都融陰陽、採儒墨、兼名法。即使是遠在南方，搖曳著道思楚情的淮南王劉安，也一樣融鑄儒道、兼採名法、參合陰陽地架構其「宜適」的黃老哲思。因此，研究漢代學術思想，如果仍然依循著先秦諸子

各持一端、守一方地去研探，必將無法領會其樸茂弘闊的外王氣象。這是就治國的外王之說觀測。即使就治身的養生論方面觀測也一樣。以《淮南子》、《老子河上公章句》、《老子想爾注》與《太平經》中的養生說爲代表的漢代養生論，乃至中國第一部偉大的醫學專著——《黃帝內經》中的黃老攝生醫療之經，同樣以道爲主，而兼糅陰陽、儒說。

而在所融合的各家思想之中，法家與陰陽家之說因各自的發展背景，成了眾多思想背後的底色與支撐。

二、崇功尚用的法家思想

爲了因應新時代的一統需求，漢代的思想家，除了遠在南方，薰煦著老莊、搖曳著騷賦情思的淮南學術集團外，大多不重哲思，而善政論，崇功尚用的外王特質是漢代思想家普遍的理論傾向。先秦聖哲們精深偉大的玄理哲思，至漢，爲因應外王的急切需求，常常被轉化爲可以落實操作的具體策略與方案，漢代思想家因此往往是政論家。他們抽繹先哲的偉大思想，針對實際的政治問題去提議定策、箴砭開方。從陸賈、賈誼，到鼂錯、董仲舒，乃至荀悅、徐幹、仲長統，莫不如此。抽象的玄思與理念被策略化、技術化，多元的哲理朝向外王一統的道途上開展應用；再加上漢代原本接收自嬴秦的政治遺產，在所參融的各家思想中，法家的刑名統御思想，自然成爲背後的主調。西漢武帝以前的黃老治術，固然頗雜刑名，陽道陰法；即使是儒術一尊的武、宣朝政，也一樣陽儒陰法，王、霸道雜治。法家思想不論在秦、在漢，都是中央集權一統政治的核心依據。因爲在先秦諸子思想理論

中，只有法家對於集權的領導統御能夠提供較為具體的方案。

三、宗教色彩濃厚的陰陽家說

漢代學說比起先秦諸子，最大的特色，尤在詭異神祕的宗教色彩特別濃厚，陰陽讖緯之說充斥。陰陽學說緣起於古天文的羲和之學，在先秦，經鄒衍等人結合著政權移轉五德終始說的推闡，到了漢代，進入發展的盛行期。秦漢帝國一統之後，尤其成為極權帝王政權合理化的聖則，甚至架構出一年十二個月的明堂施政總綱領。漢代思想家不論儒、墨、道、法，沒有一個不通陰陽學，其總成果就是班〈志〉「數術」、「方技」略中所列那145家3396卷的文獻記錄，與《漢書》三篇〈五行志〉中的論述。這些成果包括了民生日用的重要文化元素，和廟堂施政的綱領與宜忌。其具體記錄就是上自《周禮·夏小正》、《管子·四時》、〈五行〉、《呂氏春秋》十二紀、〈召類〉、〈應同〉，下至《淮南子·時則》、《禮記·月令》裏所呈現的那些明堂施政通則，以及董仲舒《春秋繁露》裏那些天人合一感應的生剋說與災異論，這是漢代學術文化的獨特內容，也是華人文化最顯著的標記。

除此之外，在漢代的思想著作中，《鹽鐵論》是很特殊的一部。它不是哲學家或政論家的論著，而是國家重要財經大會議的論辯記錄，由其後的思想家桓寬整輯而成。是漢武帝以後，陽儒陰法政治下，傳統學者出身的士大夫與掌握財經實務的專家，對於國家財政策略的總檢討與規畫，十足體現了理論與實務、官僚與專家之間的儒法對辯，也是漢武帝在位五十餘年內外政策的總

檢討。

　　本書因就漢代幾位大思想家，如陸賈、賈誼、董仲舒的著作，乃至儒法之爭的理論記錄──《鹽鐵論》中的記載，去觀測漢代思想家兼糅並包的思想特質，與法家思想在漢代政治上的重要地位。同時也經由對先秦以來「道」論在漢代的「術」化情況，以及法家思想在漢代諸子理論中的迴響，進行研探，一方面以體現漢代思想崇功尚用、不重玄思的特質；另一方面亦以印證法家思想在漢代一統政治中的核心地位。至其宗教色彩濃厚，由天人感應轉為明堂大論的陰陽學說，則個人除在對董仲舒的相關論證中呈現外，另有〈黃老與陰陽〉與〈從循環、代勝到主從、尊卑──戰國、秦、漢陰陽五行說的源起與演變〉二文[①]詳細論述過，不復贅述。

　　此外，對於融合性極強的漢代道家代表作《淮南子》，與《老子河上公章句》、《老子想爾注》、《太平經》中的養生說，個人已分別於《淮南鴻烈思想研究》[②]與《漢代道家思想》[③]兩部專著中詳細論述過，不重複贅述，謹擇其未曾詳論者述之。淵雅大家，尚祈　教正。

陳麗桂　謹序於2019年8月28日

[①] 兩文見於《道家文化研究》第30輯，2016年12月，頁464-490，亦收錄於拙著《老子異文與黃老要論》（台北：五南圖書出版股份有限公司，2020年7月初版），頁335-392。

[②] 台北：花木蘭出版社，2013年9月出版。

[③] 原由台北：五南圖書出版股份有限公司，2013年11月初版；嗣後，又由北京：中華書局於2015年8月出版簡體字版。

目　錄

壹、由道到術
——漢代道家相關文獻對「道」的理解與詮釋

前　言

　　作為道家哲學之源，《老子》雖僅五千言，其相關於「道」的哲學義涵卻極其豐富，這些豐富的義涵成就了《老子》哲學在後世的多元開展。不同時代、不同文化或學術性格的個人或族群，對於《老子》「道」的義涵常有不同的理解與詮釋。凡著重推闡「道」崇高、虛無的本體質性、至高理則，或體道者高妙的入道情境時，都因沿《老子》「道」的原稱。凡涉及「道」的生成與「身」之修養時，則多引介「氣」來替換「道」，解證其生成與修養之理。一旦涉及漢人甚為重視的治政、經世之論時，則往往直接以「術」稱代「道」。漢代學者及文獻對於「道」的理解與詮釋，往往不是「氣」，就是「術」。而當由道家轉入道教，由哲學轉入宗教時，「道」則被落實成為方便持守的「誡」，或可以依皈膜拜的神靈——太上老君。

一、漢以前學者對「道」的「術」化

　　《老子》原本只論「道」，不言「術」。但五千言中多論治國清靜之道與儉嗇養神之理。根據高明先生統計，「聖人」至少被提論了30次，其所謂「聖人」，多指能自然無為以治天下的「侯王」，這就給「術」的發展預留了相當的空間。

　　「道」與「術」產生關聯並不始於漢人，將《老子》的「道」向「術」轉化也不始於漢人。漢以前，《莊子‧天下》就已經將「道」、「術」連稱，論述天下學術大勢了。〈天下〉提及「術」者有9處，其中7處是「道術」連稱的。〈天下〉以一節類似緒論、綜述性的文字開篇，說：

> 天下之治方術者多矣，皆以其有為不可加矣。古之所謂「道術」者，果惡乎在？曰无乎不在。[1]

該節末了又說：

> 後世之學者不幸，不見天地之純、古人之大體，「道術」將為天下裂。[2]

此下才開始依次分論六家學說。從上引第一節緒論的始末論述看來，「道術」是〈天下〉所要論述的核心議題。或許因為如此，成玄英疏開宗明義釋「方術」說：

> 方，道也。自軒轅已下，迄于堯舜，治道藝術，

---

[1] 戰國‧莊周撰，晉‧郭向注，唐‧成玄英疏，陸德明音義，清‧郭慶藩集釋《莊子集釋》（台北：河洛圖書出版社，1973年3月），頁1065。

[2] 郭慶藩《莊子集釋》，頁1065。

> 方法甚多，皆隨有物之情，順其所爲之性，任群
> 品之動植，曾不加之於分表，是以雖教不教，雖
> 爲不爲矣。③

既釋「方」爲「道」，又說「治道藝術」，可見「方術」就是「道術」。成玄英不但解釋「道術」爲「治道藝術」，並循道家觀點，指其爲一種隨情順性、不教、無爲的治物（人、事）方策。事實上，依〈天下〉之論述看來，「道術」應該可以「見天地之純、古人之大體」，這和「天下之人各爲其所欲焉以自爲方」，「皆以其有爲爲不可加」的「方術」是不同的，「道術」當然高於「方術」。

　　〈天下〉在緒論篇旨之後，接著依次分論六家學術：先是「墨翟、禽滑釐」，再是「宋鈃、尹文」，次爲「彭蒙、田駢、慎到」，再次是「關尹、老聃」，然後「莊周」，最後是名家的「惠施、桓團、公孫龍」。當中只有「澹然獨與神明居」的「莊周」部分，獨論一人，其餘皆是多人合論。其分論各家的表述形式很固定，大抵先以數句提挈各學術群體的重要學說，然後說：「古之『道術』有在於是者……（代表人物）聞其風而說之。」而後再逐一細述該學群中各人的見解主張，並加以批判。六家中有五家都是如此一致地表述。只有名家的「惠施、桓團、公孫龍」一支，〈天下〉說他們「存雄而無術」，指其務在勝人而無道理。因此，不稱其爲「道術」。顯見不論對於「術」或「道術」，《莊子‧天下》的作者還是有些堅持的。而從其「道術」連稱，又譏訾名家之辯說爲「無術」，更可見其所謂的「術」，

---

③ 郭慶藩《莊子集釋》，頁1065。

基本上是與「道」相關，必須是「道」的。惠施諸人之說所以不能入「術」、稱「道術」，〈天下〉說是因為它們「多」而「怪」，「易人之意」，「與眾不適」，「以反人為實，而欲以勝人為名」，因此「不能服人之心」。換言之，它們的理論言說大大違反了常人的語言習慣，造成人在表述上的「不適」。不似其餘五家，思想性格雖然不同，卻合乎人心自然的表述情況，亦即成玄英所說的隨情順性，才足以稱「術」，稱「道術」。不合「道」的「方術」基本上是不該稱「術」的。

從〈天下〉篇9處「道」與「術」的密切連結與表述情況看來，至遲在戰國晚期，不論《老子》或《莊子》的「道」，都已有被「術」化的傾向。

《莊子》之外，在推衍《老子》哲學最大宗的稷下黃老道家集體著作之一的《管子》中，就有4篇專論人君領導統御之道，其中2篇以「術」名篇，稱為〈心術上〉、〈心術下〉。「心」是指領導統御心靈，「術」是指領導統御的要領與方案。篇名稱「術」，內容講的是「靜因」的統御要領。它借用老子「道」的質性來提煉人君虛隱無形的高妙統御要領。〈心術上〉說：

> 道在天地之間也，其大無外，其小無內。……天之道虛其無形，虛則不屈，無形則無所牴牾，無所牴牾，故徧流萬物而不變。……道也者，動不見其形，施不見其德，萬物皆以得，然莫知其極。虛無無形謂之道，……大道可安而不可說……。④

---

④ 以上所引皆見戰國・不詳撰者，〔日〕安井衡纂詁《管子纂詁》（台北：河洛圖書出版社，1976年3月初版），卷十三，第三十六，頁4-6。

它先從自然之道（天道）說起，其所說「道」的諸多性徵，諸
如虛無、爲萬物之根源等，都與《老子》大致相同，其「遍流萬
物」一性則與《莊子》的「道惡乎在？曰：無所不在，在屎溺，
在稊稗，在瓦甓」相應。但，很明顯的，〈心術上〉的「道」已
與《老子》有所不同。因爲「天之道」固然可解釋爲「自然之
道」，與《老子》之道仍相應，但「道」既然被界定在「天地
之間」，不管如何「其大無外，其小無內」，終究是「在天地
之間」，大不出天地的有限「大」，與《老子》「生天生地」虛
無廣漠的生化根源之「道」究竟不同。而這個「在天地之間」的
「道」，若從〈心術上、下〉，乃至合〈內業〉、〈心術〉四篇
看來，指的其實就是以虛無靜因爲指導原則的君道，是人世間的
政道。所以整篇〈心術上〉乃至〈心術下〉，都在論證人君統御
百官如何似「心」之統轄九竅，虛靜無爲，使各任其能，無藏無
設、無知無慮、無損無益，因勢以爲，應物以動。透過「督言正
名」之法，讓臣下各竭其力地去貢獻其能，以成就完美的領導統
御。它說：

> 心之在體，君之位也；九竅之有職，官之分也。
> 心處其道，九竅循理，……毋代馬走，使盡其
> 力；毋代鳥飛，使弊其羽翼；毋先物動，以觀其
> 則。動則失位，靜乃自得。……故曰：「心術
> 者，無爲而制竅者也。」（〈心術上〉）⑤

〈心術下〉講的也大致是這種道理。無代下司職是「靜因」，令
各守其職是「刑名」。兩篇〈心術〉內文多闡釋君「道」，篇名
卻都稱「術」，且是虛靜以因任臣下的刑名術，說明了「道」在

---

⑤ 安井衡《管子纂詁》，卷十三，第三十六，頁1、3。

這裏已轉化為靜因刑名的領導統御之「術」了。

　　這種虛靜因任的政術，在《慎子》裏得到呼應與強化。《慎子‧因循》說：

> 天道因則大，化則細。因也者，因人之情也。
> 人莫不自為也，化而使之為我，則莫可得而用
> 矣。……人不得其所以自為也，則上不取用焉。
> 故用人之自為，不用人之為我，則莫不可得而用
> 矣，此之謂「因」。⑥

它教人君藉眾使力的用人要領，要用得無形無跡。因為每個人行事的立足點很難完全排除自我的考量，人若沒有自我考量的私心，人君就無法任用。人君能讓這種自我考量的私心和自己的統御連結，透過統御資源的分予，相當程度滿足其私心，這種私心就能轉化為為人君所用的忠心，其妙用就無窮。這就是慎到所說，人君用人的因循之術。和《管子》所說儘管略有不同，卻都是法家轉化自道家自然無為的虛靜因任政「術」，也都上溯「天道」、「天地之道」為其根源與依據。

　　其顯現於申不害、韓非的學說，也是一樣的狀況。《史記‧老莊申韓列傳》說：

> 申不害……學「術」以干韓昭侯……申子之學本
> 於黃老，而主刑名，……申子卑卑，施之於名
> 實，……皆原於道德之意，而老子深遠矣。⑦

---

⑥ 戰國‧慎到撰，清‧錢熙祚校《慎子》（台北：臺灣中華書局，1970年，守山閣本校刊），頁3。

⑦ 漢‧司馬遷撰，劉宋‧裴駰集解，唐‧司馬貞索隱，唐‧張守節正義《史記集解》（台北：藝文印書館，清乾隆武英殿刊本景印，1971年），頁860-863。

根據司馬遷之意，申不害長於「術」，其術以「刑名」爲核心內容，其基礎是黃老，其源頭是老子的「道德」之學。他以「術」推行「法治」，協助韓昭釐侯完成「獨斷」的中央集權政治目標。其「術」的具體內容大抵包括兩部分：其一是深不可測的靜因「術」，其二是循名責實的刑名「術」。錢穆說申子：

> 其「術」在於微視上之所說以爲言，而其所以教
> 上者，則在使其下無以窺我之所喜悅，以爲深而
> 不可測。夫而後使群臣得以各竭其誠，而在上者
> 乃因材而器使，見功而定賞焉。[8]

《韓非子・定法》也載錄申子之「術」說：

> 「術」者，因任而授官，循名而責實，操生殺之
> 柄，課群臣之能者也，此人主之所執也。[9]

申不害曾透過「靜因」之術以窺伺昭釐侯之心思，而進身。其後，亦以此「術」教昭釐侯關閉起可令臣下窺伺的管道。這種虛靜因任的窺伺術，根據申子之意，正是體悟自「地道」的「常靜」而來的。《北堂書鈔》卷157〈地部一〉引《申子》曰：

> 地道不作，是以常靜，常靜是以正方。舉事爲
> 之，乃有恆常之靜者。[10]

《韓非子》沿承申子之「術」，也重「微視」的靜因之術，用以

---

[8] 參見錢穆《先秦諸子繫年考辨》（上海：商務印書館，1935年）卷七七〈申不害考〉，頁222。

[9] 戰國・韓非撰，陳奇猷校注《韓非子集釋》（台北：河洛圖書出版社，1974年9月），頁906。

[10] 隋・虞世撰，清・孔廣陶校註《北堂書鈔》引申子說（台北：新興書局，1971年），頁761。

洞察臣下的虛實與姦欺。只不過，他只在〈定法〉中引論申子之說時，明白稱其為「術」，在《韓非子》其他篇章中大致上仍然是沿承《老子》，稱其為「道」而不稱「術」。《韓非子·主道》說：

> 道在不可見，用在不可知，虛靜無事，以闇見疵。
> 道者，萬物之始，是非之紀也。是以明君守始以
> 知萬物之源，治紀以知善敗之端，故虛靜以待
> 令⋯⋯虛則知實之情，靜則知動者正。⑪

這兩則「道」的論述，說的就是韓非沿承申不害，提煉自老子虛靜無為之「道」的君「術」。有關先秦法家與理論中《老子》之「道」如何轉化為法家靜因刑名君「術」之討論，個人已於《戰國時期的黃老思想》⑫中細論過，以上所述，因只提挈其轉「術」之關鍵，不再重複贅述其餘。熊十力說：

> 荀卿之學由道家而歸儒，韓非從荀卿轉手，乃是
> 原本道家，而參申、韓之「術」，別為霸術之
> 宗。韓非援道以入法，其形而上學之見地，亦猶
> 是道家也。⑬

這就是司馬遷將申、韓合傳，又說申、韓「其學歸本黃老」、「學黃老道德之術」的根由。其所謂「韓非援道以入法」，指的是其承自申不害，乃至《管子》，卻更陰鷙莫測的督臣之

---

⑪ 以上所引三則，分見陳奇猷《韓非子集釋》，頁68，67。
⑫ 陳麗桂《戰國時期的黃老思想》（台北：聯經出版社，1991年）。
⑬ 上兩則引文分別參見熊十力《韓非子評論》（台北：學生書局，1978年），頁2、16。

「術」，這種「術」正是根源於《老子》之「道」的。

　　總之，先秦道家後學，若《莊子‧天下》的作者，或稱老、莊之說爲「道術」或「術」，先秦法家若《管子》、《韓非子》雖然提煉轉化《老子》之「道」爲高妙的君「術」，逐漸將「道」術化，卻始終沒有正式區分「道」與「術」。只有韓非在〈定法〉中說了申子之「術」，也批判、補充了申子之「術」。在許多情況下，明是論君「術」，用詞上卻仍遊走於「道」、「術」之間。或曰「道者……」、或曰「主道……」、或曰「天地之道……」。

二、漢代學者對「道」的詮釋與轉化

　　漢人卻不同，賈誼早就察覺出這種「道」的「術」化趨勢，一本漢代學者喜歡講清楚，說明白的特性，正式將「道」與「術」作了清楚的區分與界定。

（一）賈誼的「道」與「術」

　　賈誼在他的著作《新書‧道術》篇中不但接續了《莊子‧天下》的稱說，以「道術」名篇，開宗明義便界定了「道」與「術」的關係，他說：

　　　　數聞「道」之名矣，而未知其實也，請問「道」者何謂也？對曰：「『道』者，所從接物也。其本者謂之『虛』，其末者謂之『術』。虛者言其

精微也，平素而無設諸也。⑭術也者，所從制物
也，動靜之數也。凡此皆道也。」……曰：「請
問『虛』之接物，何如？」對曰：「鏡儀而居，
無執不臧，美惡畢至，各得其當；衡虛無私，平
靜而處，輕重畢懸，各得其所。明主者南面，正
而清、虛而靜，令名自宣，命物自定，如鑑之
應，如衡之稱，有疊和之，有端隨之，物鞠其
極，而以當施之。此『虛』之接物也。」曰：
「請問『術』之接物何如？」對曰：「人主仁而
境內和矣，故其士民莫弗親也；人主義而境內理
矣，故其士民莫弗順也；人主有禮而境內肅矣，
故其士民莫弗敬也；人主有信而境內貞矣，故其
士民莫弗信也；人主公而境內服矣，故其士民莫
弗戴也；人主法而境內軌矣，故其士民莫弗輔
也。舉賢則民化善，使能則官職治，英俊在位則
主尊，羽翼勝任則民顯，操德而固則威立，教順
而必則令行。周聽則不蔽，稽驗則不惶，明好惡
則民心化，密事端則人主神。『術』者，接物之
隊。⑮凡權重者必謹於事，令行者必謹於言，則

⑭「設諸」子彙盧本作「設施」，祁玉章云：「設諸」，潭本作「設信者」，義
同。《廣雅・釋詁三》：「設，施也。」《管子・心術上》云：「唯聖人得虛
道……虛者無藏也……無藏則奚設矣」，即「平素而無設施也」之義。《淮南
子・詮言》云：「聖人無思慮，無設儲，來者弗迎，去者弗將」，與此義正合。
說見祁玉章《賈子新書校釋》手稿本（作者自行發行，中華文化雜誌社經銷，
1974年），頁920。
⑮「隊」義同「道」。祁玉章引《廣雅・釋名》：「隊，道也。」與王念孫《廣雅
疏證》的說法：「『隊』或作『隧』，隧為羨道之名，亦為道之通稱。」其說見
祁玉章《賈子新書校釋》，頁926-927。

過敗鮮矣。此『術』之接物之道也。其為原無
屈，其應變無極，故聖人尊之。夫『道』之詳，
不可勝述也。」⑯

在賈誼看來，「道」是一個涵蓋性的總稱。分解地說，「道」還
分本末，就其本體言，稱之為「虛」。所謂「虛」，是指其精妙
隱微，質樸無預設，也不可知見。就其作用言，就稱做「術」。
而「虛」也罷，「術」也罷，賈誼說，一為本體質性，一為作
用，都是「道」。值得注意的是，賈誼先說：「道者，所從接物
也」，接著又說：「術也者，所從制物也。」「術者，接物之
隊。」這個「隊」字，根據王念孫《廣雅疏證》的說法，應通
「隧」，就是「道」的意思。「術者，接物之隊」，就是「術
者，接物之道。」故上文曰：「術者，接物之隊……」，下文
曰：「此『術』之接物之道也」，顯見其所謂的「道」，其實就
是「術」。而從其下對「接物之隊」的內容解釋，曰：「凡權重
者必謹於事，令行者必謹於言」與下文一連串「人主……而境
內……，故士民……」看來，更可見其所謂的「術」或「道」，
指的都是人君治民的政術或政道。而不論「道」還是「術」，都
不是《老子》「先天地生」的「玄牝」與「天地根」，而是用以
「接物」的要領與方法，是不折不扣的制物、接物之方，這就是
漢人所推崇的「道」。因此，他在下文並不論述作為「道」本之
「虛」，反而大篇論述作為「道」末之「術」。這「道」末之
「術」的內容與步驟，賈誼雖然羅列了一大串「人主仁而……；
人主義而……；人主有禮……；人主有信……；人主公……；人
主法……。舉賢……，使能……，英俊在位……操德而固……，

---

⑯ 漢・賈誼撰《新書》（台北：世界書局，1967年），頁52-53。

教順而必⋯⋯」等，似是儒家仁政的基本教義，最終依然歸結出申、韓等法家「周聽」、「稽驗」、「密事端」，使人主能「神」而「不蔽」的密術。而且再三叮囑人主，握重權、行大令時必須謹慎，才能減少過敗，其術也才能源源不絕，應變無窮。這完全是申、韓以來法家虛無靜因，隱而莫顯，「以闇見疵」的君「術」。這就是賈誼心中「精微」、「不可勝述」的「道」的詳細內容。司馬遷將賈誼與尚刑名的鼂錯合傳，說他們「明申、商」，是相當有見地的。

　　值得注意的是，在談到「術」接物的內容與步驟時，除了「周聽」、「稽驗」、「密事端」的法家查核、窺伺之術外，還結合了一大串「人主」仁、義、禮、信、公、法、舉賢、使能、操德、教順等等，相關於儒家德化的基本教義。可見其所謂「術」的內容，不僅指申韓的靜因刑名，也兼採儒家的道德教化，這就是其後司馬談所說「道家」「兼儒墨，合名法」的因由。

　　不僅〈道術〉如此，〈脩政語下〉載師尚父答周武王之問「政」曰：

> 故夫天下者，唯有道者理之，唯有道者紀之，唯有道者使之，唯有道者宜處而久之。⋯⋯故守天下者，非以道則弗得而長也。故夫道者，萬世之寶也。⑰

其下又載粥子答周成王之問「道之要」：

---

⑰ 賈誼《新書》，頁66。

周成王曰：「敢問於道之要若何？」粥子對曰：
「……為人下者敬而肅，為人上者恭而仁，為人
君者敬士愛民，以終其身，此道之要也。」⑱

第一則問的是「政」，答的是「有道」；第二則問的是「道之
要」，其所答基本上都是儒家道德教化的內容。

　　賈誼生前一方面寫〈過秦論〉，大批亡秦不施仁義，以致一
個如日中天的大帝國瞬間攻守異勢，土崩瓦解，全然的儒家道德
論調。另一方面，他卻又「痛哭流涕長太息」，激昂慷慨地上奏
策、陳治安，站在法家「尊君」立場，力主削藩國，鞏固中央。
他自己以儒自居，司馬遷卻說他「明申、商」，將他劃歸法家。
其顯現於「道」、「術」與政治議題上的情況，也與此相應。

　　在一般狀況下，談起治國理民，賈誼總是堂而皇之地滿篇
儒家仁、義道德大論，高倡「明君、敬士、察吏、愛民」的「興
國」、治國之「道」。但是，當深入地涉及中央與地方關係，以
及督核、察驗臣下之方時，賈誼卻了無溫度與融通地換上了法家
面孔，深刻而強烈地堅持其尊主卑臣的削藩大論，以執斤斧砍髖
髀比喻中央之處理地方問題。在〈制不定〉中，賈誼說：

仁義恩厚者，此人主之芒刃也；權勢法制，人主
之斤斧也。勢已定，權已足矣，乃以仁義恩厚，
因而澤之，故德布而天下有慕志。今諸侯王皆眾
髖髀也，釋斤斧之制，而欲嬰以芒刃，臣以為刃
不折則缺耳。⑲

---

⑱ 賈誼《新書》，頁66。
⑲ 賈誼《新書》，頁17-18。

換言之，在談到治國理民時，賈誼基本上推崇儒家的仁義道德教化。而當涉及君臣上下關係，亦即中央與地方問題時，則是嚴峻地抬出了轉化自道法家「稽驗」、「密事端」的虛無靜因術。

　　不僅如此，即使在滿篇儒家仁義、道德大論之後，一旦涉及禮制的規範與上下關係時，賈誼也同樣地回歸到嚴級等、尊君、卑臣，甚至下民的體制上來。賈誼重禮，儒家的禮制本依封建軌則，有天子七、諸侯五、卿大夫三等等之遞殺與區分，賈誼為了尊君，更強化這種等差，他在《新書・階級》中將君、臣、民的關係依等級作了嚴格的區分，他說：

> 人主之尊，辟無異堂、陛、地九級者，堂高大幾六尺矣，若堂無陛級者，堂殆不過尺矣。天子如堂，群臣如陛，眾庶如地，此其辟也。故陛九級，上廉遠地，則堂高；陛亡級，廉近地，則堂卑。高者難攀，卑者易陵，理勢然也。故古者聖王制為列等，內有公卿、大夫、士，外有公、侯、伯、子、男，然後有官師、小吏，施及庶人，等級分明，而天子加焉，故其尊不可及也。[20]

　　本篇篇名就叫〈階級〉，它在篇中說：君如大堂，群臣如陛階，庶民如地，這堂、陛、地之喻，清楚道盡了賈誼心目中，君、臣、民三者的位階高下。賈誼此論本在陳述一個封建禮制下的事實，說明人君的尊威須靠臣、民來抬挺。但這一堂、陛九級，庶民如地的比喻，無論如何已將儒家所推崇的封建禮制，向法家的尊君、卑臣、下民跨近了一大步。

---

[20] 賈誼《新書》，頁19。

　　總之，循著先秦道法家的理路，賈誼首先指出了先秦道家之「道」落實在人世事務的處理與操作上，便叫作「術」。

（二）司馬談的「道家」與「術」

　　繼賈誼之後，司馬談概括了管、申、韓以來的靜因、刑名君術，直接將「道家」之學詮釋爲一種虛無、因循與時變相糅合的「君綱」，是一種「術」，他說：

> 道家使人精神專一，動合無形，贍足萬物。其爲術也，因陰陽之大順，採儒墨之善，撮名法之要，與時遷移，應物變化，立俗施事，無所不宜，指約而易操，事少而功多。……道家無爲，又曰無不爲，其實易行，其辭難知。其術以虛無爲本，以因循爲用，無成勢，無常形，故能究萬物之情；不爲物先，不爲物後，故能爲萬物之主。有法無法，因時爲業；有度無度，因物與合。故曰：「聖人不朽，時變是守。」虛者，道之常也；因者，君之綱也，群臣並至，使各自明也。……凡人所生者神也，所託者形也。神大用則竭，形大勞則敝，形神離則死。死者不可復生，亡者不可復返，故聖人重之。由是觀之，神者生之本也，形者生之具也，不先定其神，而曰「我有以治天下」，何由哉？（〈論六家要旨〉）㉑

㉑ 裴駰集解，司馬貞索隱，張守節正義《史記集解》，頁1349-1350。

司馬談直指「道家」之學爲一種「術」，一種兼採各家、講時變、重因循，力求精簡省力原則的虛無因循君術。而從其中間與後半突然插入兩節形神的論述看來，它不但是君「術」，同時也是一種以神爲主，形神兼治的養生「術」。這是「道家」學說直接被稱說成「術」的第一次。比起賈誼區分「道」爲體、用兩部分，再以「道」的作用爲「術」，司馬談的說法更爲肯定而直接。以後，到了東漢班固的〈漢志〉，在論述先秦「道家」之學時，也承繼這樣的說法，稱道家爲一種「清虛以自守，卑弱以自持」的「君人南面之術」。這些都代表著漢代史學家對「道家」之「道」的解讀。其解讀背景，基本上應該是來自漢初治術的黃老經驗，卻也同時深入體會到，戰國秦漢以來《老子》「道」在應用層面的性質轉化。

（三）《淮南子》的「道」與「術」

與司馬談應該是同時，在作爲漢代道家哲學總代表的《淮南子》裏，「道」卻保留了較多面向的義涵，而以古義、新義並存的狀態，多元而豐富地呈現於21篇的論述中。

其實，不論先秦的《管子》、《申子》、《韓非子》，還是西漢的賈誼、司馬談，東漢班固的〈漢志〉，之所以以「道」爲「術」，基本上都是站在作用層，尤其是政治層面上來解讀「道」，一如賈誼所說的，「術」是「所從制物」的「動靜之數」。所謂「數」，意爲核心道理或關鍵。「動靜之數」指的是行事的核心道理或關鍵，這是就事物運作的關鍵與要領來說「道」。他們不關心「道」的本體那些超乎現象界的質性與境界，那些難以表詮、掌握的玄虛與惚恍。他們所關切的是，

「道」在現象界裏如何發展與運作，其「術」化因此也成了必然的趨勢，此其一。其次漢代不同於先秦，它是一統的治世，崇功而尚用，先秦法家也崇功尚用，他們解讀《老子》的「道」，無論如何不可能在本體質性的玄虛、恍惚漩渦中打轉，而必然往人事功能方面開展。

《淮南子》則不同，它是相當地道而完備的道家哲學論著，既不是政論集，也不是政治思想專著，在漢代諸子的著作中，玄學氣質最濃厚，哲學理趣也最高。它雖被〈漢志〉列為雜家，卻標榜道家哲學，〈要略〉曾自述其撰作旨趣是要「考驗乎老莊之術」。它體、用兼賅，道、事並重，內容詳備而豐富，〈要略〉述其撰作宗旨說：

> 夫作為書論者，所以紀綱道德，經緯人事。上考之天，下揆之地，中通諸理，雖未能抽引玄妙之中才，繁然足以觀終始矣。……故言道而不言事，則無以與世浮沉；言事而不言道，則無以與化游息。故著書二十篇，……天地之理究矣，人間之事接矣，帝王之道備矣。[22]

它說，全書的撰作宗旨，既要「紀綱道德」，又要「經緯人事」；既要言「道」，又要言「事」。形上的道德玄理要推衍，形下的人世事務也要兼顧，天地自然與人間事理一體通論。推衍形上的玄妙之「道」，是為了使精神心靈能上升到較高的層次；論述人間事務，則是為了可以順遂妥適地安處於人世。除此之

---

[22] 漢・劉安撰，劉文典集解《淮南鴻烈集解》（台北：文史哲出版社出版，1985年9月再版），卷二十一〈要略〉，頁81-86。

外，《淮南子》說：還有一個相當重要的終極目標，那就是要全備「帝王之道」，作為朝廷施政的萬寶大典。換句話說，外王的施用功能是它很重要的終極目標。或因如此，所以它既把老莊之學總提挈為「道德」，說要「紀綱道德」；又稱老莊之學為「術」，說要「考驗乎老莊之術」。也就是說，基於施用的功能與目標，它也稱老莊之學為一種「術」。

　　緣於這樣的撰作目標與旨趣，《淮南子》中相關於「道」的論述，相較於漢代其餘各家，豐富而多元。其哲學氣象在漢代諸子中也最富麗堂皇。它從本體論到創生，再從創生論到養生，從內聖的心靈自樂，論到外王的人事政治與用兵，都與「道」有關，以「道」為總綱，來貫串全書21篇，卻時而將「道」轉化為「氣」，時而稱「道」為「術」。

　　〈原道〉篇主論道體；〈俶真〉、〈天文〉、〈精神〉以「氣」論道的生成；〈精神〉、〈本經〉主論修養，而多言精氣養生；〈主術〉、〈兵略〉多論「道」的政治、軍事之用；〈道應〉、〈說山〉、〈說林〉則多以史事、實例印證《老子》道德之言、之理，一如《韓非子・內外儲說》與〈說林〉；〈齊俗〉專篇推闡《莊子》齊物之旨；〈脩務〉則結合先秦道家的無為觀與儒家的勸學說，開展出屬於《淮南子》式的新的無為論。

　　其論「道體」多稱「道」，其論生成多用「氣」，其論修養亦以「氣」，其論政治則雖常稱「道」，卻以〈主術〉為篇名，明指其為「術」，而不似《韓非子》或《荀子》稱〈主道〉或〈君道〉，這在《淮南子》全書的理論裏，表述大致清楚。有關《淮南子》以「氣」釋《老子》之道，以論生成與養生的情況，個人已於《秦漢時期的黃老思想》與〈淮南子的修養論〉、〈淮

南子的道論〉[23]中約略論述過，其詳細的全面論述，有待他日另撰專文細釋，此處姑從略，只論「道」與「術」相關的部分。

1.本體與境界之「道」

《淮南子》論「道」體，大致承繼並推衍《老子》第15、21、14各章與《莊子‧大宗師》「道」性之原旨，只是在表述上窮盡許多時空概念與玄虛的複合語詞，去極力鋪衍「道」體之廣漠無邊、涵容無限，〈原道〉說：

> 夫道者覆天載地，廓四方，柝八極，高不可際，深不可測，包裹天地，稟授無形，原流泉浡，沖而徐盈，混混汨汨，濁而徐清。故植之而塞於天地，橫之而彌于四海，施之無窮而無所朝夕。舒之幎於六合，卷之不盈於一握。約而能張，幽而能明，弱而能強，柔而能剛，橫四維而含陰陽，紘宇宙而章三光。甚淖而滒，甚纖而微。
> 天運地滯，轉輪而無廢，水流而不止，與萬物終始。風與雲蒸，事無不應；雷聲雨降，並應無窮。鬼出電入，龍興鸞集，鈞旋轂轉，周而復匝。
> 收聚畜積而不加富，布施稟受而不益貧，旋綿而不可究，纖微而不可勤。累之而不高，墮之而不下，益之而不眾，損之而不寡，斲之而不薄，殺之而不殘，鑿之而不深，填之而不淺。忽兮怳兮不可爲象兮，怳兮忽兮用不屈兮，幽兮冥兮應無

---

[23] 前者見台北：五南圖書出版股份有限公司，2020年1月重刊出版。後者分見《淮南鴻烈思想研究》第三章第一、二節，台北：花木蘭出版社，頁42-90。

形兮，遂兮洞兮不虛動兮，與剛柔卷舒兮，與陰
陽俯仰兮。㉔

這樣的「道」，涵容無限，虛無廣漠，不可知見，卻生機汩汩，
靈動萬端，可大可小，能適應一切標準，打破一切時空與相
對，而爲超然之絕對。這樣的「道」義，基本上是承自《老子》
14、21、15各章之旨，只是用了《淮南子》特有的表述方式，
繁複鋪敘，熱鬧許多。它窮盡一切想像得到的空間概念與對立事
物、對立語詞，去極力的鋪衍、統合它們，來解證「道體」廣大
無邊，超越無上，統合一切相對的絕對性。既是鋪衍本體，當然
沿用《老子》「道」的名稱。

　　然後，《淮南子》開始鋪敘體道者的境界。它舉傳說中的人
物，以類似《莊子》荒唐、無端涯的表述方式，來鋪寫一個體道
者，來去自如，無罣無礙的精神狀態。它以傳說中的神御馮夷、
大丙的神駕爲喻，敷論體道者境界的神奇自如，無所不至，無所
不能，說：

昔者馮夷、大丙之御也，乘雷車，六雲蜺，㉕
游微霧，騖怳忽，歷遠彌高以極往，經霜雪而
無迹，照日光而無景，抮扶搖，抱羊角而上，

㉔ 劉文典《淮南鴻烈集解》，卷一，頁1-3。

㉕ 上兩句本作「乘雲車，入雲蜺」。王念孫以爲：雲車與雲蜺相複，《太平御覽》
天部十四引此政作「乘雲車」。下文「電以爲鞭策，雷以爲車輪」，〈覽冥〉篇
曰「乘雷車，服應龍」，皆其證。雲與雷，字相似，又涉下句雲字而誤。「六雲
蜺」，本作「入雲蜺」，高注「以雲蜺爲其馬也」，本作「以雲蜺爲六馬」，
「其」字古作「亓」，形與「六」相似，故「六」誤爲「亓」。此言以雷爲車，
以雲蜺爲六馬。〈齊俗〉篇曰「六騏驥，駟駃騠」皆其證。說見劉文典《淮南鴻
烈集解》，卷一，頁4注文所引。今皆從校改。

經紀山川，蹈騰昆侖，排閶闔，淪天門。末世之
御雖有輕車良馬、勁策利鍛，不能與之爭先。是
故大丈夫恬然無思，澹然無慮，以天爲蓋，以地
爲輿，四時爲馬，陰陽爲御，乘雲陵霄，與造化
者俱。縱志舒節，以馳大區。可以步而步，可以
驟而驟。令雨師灑道，使風伯埽塵。電以爲鞭
策，雷以爲車輪，上游於霄霓之野，下出於無垠
之門。劉覽偏照，復守以全。經營四隅，還反於
樞。故以天爲蓋，則無不覆也；以地爲輿，則無
不載也；四時爲馬，則無不使也；陰陽爲御，則
無不備也。是故，疾而不搖，遠而不勞，四支不
勤，[26] 聰明不損，而知八紘九野之形埒者，何也？
執道要之柄，而游於無窮之地。（〈原道〉）[27]

上文安排布列了類似〈離騷〉、〈九歌〉、〈遠遊〉中的情境，
動用了所有自然界的現象與事物，諸如：天地、四時、陰陽、
風、雨、日、月、雲、霧，逐一將它們擬人化，讓他們駕上了車
馬，自在地馳騁於廣闊無邊的天地之間，用以鋪寫《老子》中體
道者神妙難能企及的寬廣境界，以及《莊子》中「墮肢體、黜聰
明、離形去智」的體道者，心靈上昇至道境的逍遙遊。因爲要
強調這種「道」境之超越自在，《淮南子》仍沿用《老子》的
「道」名。然而，當論及實際的治國與養生之事時，《淮南子》

---

[26] 此寫本作「動」，王念孫以爲，當爲「勤」字，〈脩務〉篇「四胑不動而之八九
野之形埒」即上文所謂「遠而不勞也」，不勤即不勞。說見劉文典《淮南鴻烈集
解》，頁6注文所引，今從校改。

[27] 劉文典《淮南鴻烈集解》，頁3-6。

卻常改稱「術」。

2.治事統御之「術」

　　先秦諸子之作，若《荀子》、《韓非子》皆有專篇討論爲君統御之道，《荀子》稱〈君道〉，《韓非子》稱〈主道〉，皆以「道」名篇。《淮南子》則不同，它直接以「術」名篇，稱〈主術〉，視人君的領導統御爲一種「術」，一如司馬談，也和賈誼視以「道」制物爲「術」，旨趣一致。

　　《韓非子・主道》認爲，人君領導統御之方，是從化生萬物的自然之「道」中推衍出來的，所謂「因道全法」。〈主道〉說：

> 道者萬物之始，是非之紀也。是以明君守始以知萬物之源，治紀以知善敗之端。故虛靜以待，令名自命也，令事自定也。虛則知實之情，靜則知動之正。有言者自爲名，有事者自爲形，形名參同，君乃無事焉。[28]
> 人主之道，靜退以爲寶。不自操事而知拙與巧，不自計慮而知福與咎。是以不言而善應，不約而善增。……故群臣陳其言，君以其言授其事，事以責其功。功當其事，事當其言則賞；功不當其事，事不當其言則誅。……故明君無偷賞，無赦罰。[29]

這就是申、韓靜因虛無的刑名術，認爲人君治政當虛靜無爲，操

---

[28] 陳奇猷《韓非子集釋》，頁67。
[29] 陳奇猷《韓非子集釋》，頁68-69。

制刑名，令群臣自竭其能，效其功，以受賞罰，這是治政的最精簡省力原則。但韓非一直稱之爲「道」，不稱爲「術」，只在〈定法〉中將之歸爲「申子言術」。《淮南子》承繼這樣的思想理論，卻直接名篇爲〈主術〉，且開宗明義便說：

> 人主之「術」，處無爲之事，而行不言之教，清靜而不動，一度而不搖，因循而任下，責成而不勞。是故心知規而師傅諭導，口能言而行人稱辭，足能行而相者先導，耳能聽而執正進諫。是故慮無失策，謀無過事，言爲文章，行爲儀表於天下。進退應時，動靜循理，不爲醜美好憎，不爲賞罰喜怒，名各自名，類各自類，事猶自然，莫出於己。[30]

這樣的論述，內容旨意其實和前引〈主道〉並無二致。所不同的，〈主道〉終於由「虛靜」、「靜退」中提煉出了「君無見所欲，君見其所欲，臣將自雕琢；君無見其意，君見其意，臣將自表異」、「道在不可見，用在不可知。虛靜無爲，以闇見疵」的無限「深闇」之術。告訴人君，「函掩其跡，匿其端，下不能原；去其智，絕其能，下不能意。」[31] 韓非雖在〈定法〉中稱這些相當「深闇」的統御行爲爲「術」，在〈主道〉中卻始終稱之爲「道」。《淮南子・主術》雖稱爲「術」，卻不如此陰鷙深刻，只是一再強調君臣異道，爲君當去智用眾，依名核實。一個高明的統御之道要能：

---

[30] 劉文典《淮南鴻烈集解》，卷九，頁1。
[31] 陳奇猷《韓非子集釋》，卷一，第五，頁67、68。

運轉而無端，化育如神，虛無因循，常後而不先
也。……是故君臣異道則治，同道則亂。㉜
人主之聽治也，虛心而弱志，清明而不闇。是故
群臣輻湊並進，無愚智賢不肖，莫不盡其能者。㉝

這應該就是黃老之「術」與法家之「術」的不同。〈主術〉說，
「聖主之治」應該如駕馬，要「任術而釋人心」、「執術而馭
之」，才能使能者盡其智。「誠得其術」，必能「進退履繩而旋
曲中規，取道致遠而氣力有餘。」

　　總之，對於「道」和「術」，《淮南子》一如賈誼，是有一
些區分的。〈人間〉說：

見本而知末，觀指而睹歸，執一而應萬，握要而
治詳，謂之「術」。居智所爲，行智所之，事智
所秉，動智所由，謂之「道」。㉞

〈詮言〉說：

無爲者，「道」之體也；執後者，「道」之容
也。無爲制有爲，「術」也。㉟

根據〈人間〉的敘述，居處、行事的依據與準則，謂之「道」，
見事、行事能精準掌握關鍵與要害，精簡省力地處理完善，便是
「術」。〈詮言〉所說的「無爲制有爲」便是以少制多的最精簡
省力原則，故謂之「術」。而根據〈詮言〉的表述，「道」的本

㉜ 劉文典《淮南鴻烈集解》，卷九，頁11。
㉝ 劉文典《淮南鴻烈集解》，卷九，頁11。
㉞ 劉文典《淮南鴻烈集解》，卷十八，頁1。
㉟ 劉文典《淮南鴻烈集解》，卷十四，頁44。

體是無為的，所謂「無為」即是「自然」之意。〈詮言〉的意思應是說，「道」的本體是自然的，「道」的表現是雌後不爭的。能「無為」以掌制一切紛紜複雜的事物，便叫「術」。換言之，能以無制有、以簡馭繁，就叫「術」。可見在《淮南子》裏，「道」和「術」仍是有區分的，也大抵和賈誼一致：「道」指的是事物的關鍵與核心，偏於準則之意；「術」指的是處理事物精簡有力的高效手法。漢人崇功尚用，《老子》的「道」，在漢人的理解和詮釋中因此便常轉成了「術」，《淮南子》的表現就是這樣。

總之，為了維護和強調「道」超然、始源、廣漠、絕對的崇高特質與地位，《淮南子》在絕大多數時候是沿承老莊，以「道」之稱來推闡論證的。但是，當涉及人事事務的論證時，還是以「術」稱代「道」，清楚顯示其道、事並重卻仍有分隔的思維。

除賈誼、司馬談和《淮南子》之外，被司馬遷判為「緣飾儒術」的公孫弘，在對漢武帝的策詔中，也曾對「術」下過定義，他說：

> 仁者愛也，義者宜也，禮者所履也，智者術之原也。……擅殺生之柄，通〔壅〕塞之塗，權輕重之數，論得失之道，使遠近情偽必見於上，謂之術。……不得其術，則主蔽於上，官亂於下。[36]

武帝原本問的是「仁、義、禮、智四者之宜，當安設施？」意謂

---

[36] 漢・班固撰，唐・顏師古注，清・王先謙補注《漢書補注》（台北：藝文印書館，光緒庚子春日長沙王氏校刊），卷五十八〈公孫弘、卜式、倪寬傳〉，頁1215。

儒家的道德王道當如何落實？公孫弘不但以「術」釋「智」，說「智」是「術」的根源，將儒家的德目，轉成了法家統御的根源，而且直接了當地將這種統御術的內容，聚焦於法家的集權、察姦之「術」。這就是漢武帝「尊儒」政策健將之一的公孫弘心中「智」德的落實，完全是一種法家的統御和察姦之術的實施，較之司馬談、《淮南子》等黃老道家，漢代公羊儒將說「術」有更多法家權謀色彩，其所謂「智」，也就成了不折不扣的權威和權謀統御了。

（四）《老子河上公章句》、《老子指歸》與《老子想爾注》的「道」與「氣」、「誠」

除了《淮南子》之外，在漢代其餘三家解《老》、注《老》之作中，《老子河上公章句》轉化《老子》諸多治國之論爲治身之說，即使有治身、治國並列之論，重點亦在治身，不在治國，治國只是顯示其對《老子》原來論述的象徵性保留與尊重而已。故開宗明義便標舉其宗旨是欲推闡「以無爲養神」的「自然長生之道」。其論「治國」，只在第36章〈微明〉釋「國之利器不可以示人」時，涉及一點權術，說：

> 利器〔者，謂〕權道也；治國，權者不可以示執
> 事之臣也；治身，道者不可以示非其人也。㊲

明白顯示了：1.「治國」用「權」，「治身」用「道」。2.由其仍然稱「權道」而非「權術」看來，「治身」比起「治國」更

㊲ 漢・不詳撰者，王卡點校《老子道德經河上公章句》（北京：中華書局，1993年），頁142。

爲論述核心。因此,全書除第36章外,在其餘談「治國」的共
12章中,都只是主論「治身」而順便交代「治國」。內容不外
「愛民」、「以德教民」、「惜民力」、「刑罰不酷深」等等仁
民、德化的常論。明白顯示了治身、養生才是《河上公章句》的
撰作焦點與宗旨。比如,傳世本《老子》第10章:「愛民治國
能無爲乎?」明明講的是治國,《老子河上公章句・能爲》注此
卻說:

> 治身者愛氣則身全,治國者愛民則國安。治身者
> 呼吸精氣,无令耳聞;治國者布施惠德,无令下
> 知也。[38]

「治國」是《老子》此句的論述原旨,「治身」是《老子河上公
章句》的添加。推測其所以添加,可能源自於同章上文的「載營
魄抱一」、「專氣致柔」,與下句的「天門開闔」,都涉及了
治身的精神修養問題。今綜觀《老子》81章,眞正全章涉及治
身的,只有第12章「五色……五音……」與第10章「致虛……
守靜……」,第55章「益生曰祥,心使氣曰強。」,其餘78章
中,至少有28-30章或涉及治國,或專論治國。在這些論治國的
專章中,往往有治身之論的夾插。如第3、10、29、35、36、
43、44、46、47、59、64、65、74各章。反之,在前述三章治
身的專章中,卻無「治國」之論的夾插。可見《老子河上公章
句》注老,既非重在論「治國」,亦非治身、治國並重,而是重
在「治身」,以「治身」爲宗旨。今實際觀測其治身、養生之
論,也大致論因循自然與清靜簡約的大原則,並不見涉及作用層

---

[38] 王卡點校《老子道德經河上公章句》,頁35。

面的問題，故多用「道」而不見「術」，多以「氣」入「道」，說解養生之理，只見「道」、「氣」之說，不見「道」、「術」之論。

至於《老子指歸》，因作者嚴遵是遊於世，卻超乎俗的高士，《指歸》注老因此重在敷論《老子》「道」的玄虛、恍惚、超越特質，「道德」、「神明」、「太和」的生成論，與夫聖人體道同德、遯名出塵、輕物細名的境界，不大實論治世、治國之策略，爲漢代道家學說過渡到魏晉玄學之橋梁。

從敦煌殘本《老子想爾注》看來，雖僅存《道經》，缺《德經》，《道經》亦僅36章，缺首章；然整體而言，與《老子河上公章句》一樣，充滿了養生與長生、房中的論述，卻較《老子河上公章句》更爲宗教，有著更多房中與長生的教誥，因此理論中充滿了氣、精、精氣、結精的論述，比如注第3章「靈（虛）其心，實其腹，溺其志，強其骨」說：

> 腹者，道囊，氣常欲實。……氣去骨枯，……氣歸髓滿。[39]

注第9章「金玉滿堂，莫之能守」說：「人之精氣滿藏中」。[40]
注21章「其中有信」說：

> 古仙士實精以生，今人失精以死。……精者，道之別氣也，入人身中爲根本。[41]

---

[39] 漢‧張道陵撰，饒宗頤校箋《老子想爾注校箋》（香港：著者自印，1956年），頁6。

[40] 饒宗頤《老子想爾注校箋》，頁12。

[41] 饒宗頤《老子想爾注校箋》，頁27。

並不在意《老子》原本本體、處世或修養的論旨，一律作了養生、修鍊的詮釋，而且以「氣」或「精氣」爲元素來論證。因爲不大涉及治國，當然只有「道」與「氣」、「精氣」的處理與討論，無有「道」、「術」的論證。

值得注意的是：《老子河上公章句》與《老子想爾注》注老，同樣將《老子》的「道」轉向養生方面的詮釋；但在河上公章句裏，大致仍是養生家的養生，尚未有明顯的宗教意味，故多重清靜、簡約、自然之理的原則性叮囑。

到了《老子想爾注》則不同，宗教的意味濃厚了起來，不但依循道家尊重自然的本旨，強調養生之道的清靜、「清微」，或許是爲了宣教與執行的方便與需求，更將「道」落實爲「誡」，甚至擬人化，具象化爲太上老君。在《想爾》中因此常常可見對奉守「道」、「誡」的叮囑，要人「尊道奉誡」（注第15章「猶若畏四鄰」）、「行道奉誡」（注第15章「深不可識」）、「畏道誡」（注第22章「同於失者道失之」）。對於「道」與「誡」的關係，《想爾》有說明，它說：

> 誡爲淵，道猶水，人猶魚。魚失淵去水則死，人
> 不行誡守道，道去則死。（注第36章「魚不可勝
> 於淵」）[42]

說「誡爲淵」，「道」如水，淵以水爲核心質素與內容，就表示「誡」以「道」爲核心質素與內容，淵中充滿的是水，「誡」中充滿的是「道」，「誡」就是「道」的落實與呈顯，在宗教的實踐上，「誡」因此就是「道」，「奉誡」就是「尊道」，就是

---

[42] 饒宗頤《老子想爾注校箋》，頁46。

「行道」，因此也常將「道」、「誡」連稱為「道誡」。

結　論

　　從前述漢代各家相關於「道」的論述看來，凡著重推闡「道」崇高、虛無的本體質性，與體道者高妙的入道情境者，或為強調其為至高之理則時，都因沿《老子》「道」的原稱。如《老子指歸》與《淮南子》中的許多論述。凡涉及「道」的生成與「身」之修養時，則多引介「氣」來替換「道」，解證「道」的生成與身的修養之理。諸如《淮南子‧俶真》中的氣化宇宙論，〈本經〉、〈精神〉中的養生說，《老子指歸》「道德、神明、太和」的「氣化玄通」論，與《老子河上公章句》的治身說。一旦涉及漢人甚為重視的治政、經世之論時，則往往直接以「術」來稱代「道」。比如賈誼《新書‧道術》中的「道」、「術」論，《淮南子‧主術》中的「術」說，以及司馬談、班固史志中對「道家」之說作「術」的詮釋。「道」是尊貴、崇高的指標與境界，「氣」是道體運作與生成的內質與元素，「術」則是「道」落實在現實世界裏，尤其是政治事務上，經營操作的方案與手法。而當由道家轉入道教，由哲學轉入宗教時，則作為至高始源、境界與理則的「道」，被落實成為方便持守的「誡」，或可以依皈膜拜的神靈──太上老君，也就是很自然的事了。這在漢代道家學者的論著與相關文獻中，大致區分得相當清楚。

貳、漢代法家思想

前　言

　　漢代在一片對秦高度法家之治的撻伐聲中，終結了嬴秦十幾年的政權。表面上，高度中央集權的法家之治成爲過去，一個仿效周代封建制度的劉漢政權，開啓了清靜無爲、與民休息的「黃老」之治，秦以來苛刻緊繃的法家之治鬆解了。七十年以後（武帝建元五年，西元前136年），漢武帝在董仲舒「諸不在六藝之科，孔子之術者，皆絕其道，勿使並進」的策議下，罷黜百家，獨尊儒術，結束了「黃老」清靜的道家之治，開啓了興禮隆樂，有爲制作的儒術時代。事實上，不論是前七十年的道家黃老之治，還是此後的儒家禮樂經術之治，法家的政治思維與架構從來不曾眞正撤離過漢代的政治舞臺。它其實只是轉換形式，結合、依附著道與儒，一直維繫著兩漢的政治，實際成爲它的主軸綱紀。

一、漢因秦制

　　從形式上說，漢仿周制，行封建；事實上，不論從實質還是精神上說，漢代的制度都是因秦而來的。《漢書‧蕭何傳》說：

蕭何從沛公入咸陽，獨先入，收秦丞相府、御史律令圖書，讓劉邦能在入關後快速掌握天下形勢、戶口、民所疾苦，進入統治狀況，完全靠著蕭何搜來的這批丞相府與御史邸的官府文獻資料。①《漢書・百官公卿表》說：「秦兼天下，建皇帝號，立百官之職，漢因循而不改，明簡易，隨時宜也。」、「爵（二十級）皆秦制。」②〈律曆志〉也說：「漢興，方綱紀大基，庶事草創，襲秦正朔。」③整個劉漢朝廷，基本上從入關、定制、到律法、正朔，無一不是襲秦、因秦，站在秦政的基礎上建立起來的。

　　因此，秦代法家之治的嚴苛體質，漢代在形式架構上是別無選擇地全部接收的。只是，有鑑於亡秦之歷史教訓，漢代在接受與運作這些體制時，十分戒慎。先道後儒的的稀釋、調和與轉換，清楚說明了漢人襲秦、用秦的中心顧慮。事實上，不論漢代思想家如何地批秦、與秦劃清界線，秦代高度法家之治下，硬苛的法令制度，還是相當程度地保留了下來，漢代的法令制度先天體質上不可避免地，仍多嚴苛。《漢書・刑法志》說：

　　漢興之初雖有約法三章，網漏吞舟之魚，其大辟尚有夷三族之令。④

包括了黥、劓、斬左右趾、笞殺、梟首、菹骨肉於市、斷舌，稱爲「具五刑」，彭越、韓信都受此刑。《漢書・刑法志》明說：

　　愛待敬而不敗，德須威而久立，故制禮以崇敬，

---

① 王先謙《漢書補注》，頁989。
② 王先謙《漢書補注》，頁299、310。
③ 王先謙《漢書補注》，頁404-405。
④ 王先謙《漢書補注》，頁507。

作刑以明威也。……聖人因天秩而制五禮，因天
討而作五刑。故大刑用甲兵，其次用斧鉞；中刑
用刀鋸，其次用鑽鑿；薄刑用鞭扑，……故大者
陳諸原野，小者致之市朝。⑤

恩威並重，禮刑兼施，正是漢代政治的典型模式。前漢七十年黃
老之治是「因道全法」，武帝以後的經學儒治是「陽儒陰法」，
漢代的政治臺面下就是依循著這樣的精神原則在運作的。

　　從史載司法審訟的情況來說，根據《漢書・刑法志》的記
載：「文帝即位，刑罰大省，斷獄四百，有刑錯之風。」但是，
到了儒術獨尊的武帝時期，竟然「天下斷獄數萬。」至昭、宣、
元、成、哀、平六世之間，「斷獄殊死，率歲千餘口而一人，耐
罪上至右止，三倍有餘。」⑥而即使是清靜寬緩的文、景黃老之
治，基本上也是「因道全法」、道法結合，以老子的清靜無為為
原則，結合著法家刑名之術來運作，史遷因此說「文帝本好刑名
之言，而景帝不任儒者。」⑦

二、因道全法與陽儒陰法

　　就前漢七十年的「黃老之治」而言，司馬談〈論六家要
旨〉說：

　　道家無為，又曰無不為，其實易行，其辭難知。

---

⑤ 王先謙《漢書補注》，頁499。
⑥ 王先謙《漢書補注》，頁508。
⑦ 裴駰集解，司馬貞索隱，張守節正義，《史記集解》，頁1274。

其術以虛無爲本，以因循爲用。無成埶，無常形，故能究萬物之情。不爲物先，不爲物後，故能爲萬物主。有法無法，因時爲業；有度無度，因物與合。故曰「聖人不朽，時變是守。」虛者道之常也，因者君之綱也，群臣並至，使各自明也。其實中其聲者謂之端，實不中其聲者謂之窾。窾言不聽，姦乃不生，賢不肖自分，白黑乃形。在所欲用耳，何事不成？⑧

這是「道家」之稱首見於史載。其所說的「道家」，非老、非莊，而是指的兩漢黃老治術下的黃老道家。它是老子哲學的外王統御之用，是一種結合著法家刑名之術以爲實際運作主軸，並兼融各家以爲時用的陽道陰法、道法結合的統御術。

這種統御術，以老子的「清靜虛無」、「無爲無不爲」爲精神原則，兼採各家之說，而以法家的靜因、刑名之術爲操作綱領，要求靈活彈性，把老子的哲學轉化成爲人事政治操作的指導原則，希望收到事半功倍、四兩撥千斤的成效。它保留了《老子》哲學清簡明爽、去己棄智的特質，卻更注重操作的時機與效果，隨外物、因情勢而轉換調整，不固執、不拘泥、靈活萬端，並結合著法家的刑名考核方案來操作，不主觀、不專斷，衡情量勢以爲，希望造成一種高效不敗的成果。

司馬談〈論六家要旨〉的論述，精簡扼要，卻又具體中肯地道出了黃老道家的思想總綱與精神特質。它的尚用、重時變，無論如何都不是老子原來的，反而常是法家所強調的。1973年

---

⑧ 裴駰集解，司馬貞索隱，張守節正義，《史記集解》，頁1350。

出土於長沙馬王堆三號漢墓的〈經法〉等黃老帛書，思想內容呼
應了司馬談所提挈的思想綱領，這是就前漢七十年的道家之治而
言的。

　　其次，就漢武帝儒術獨尊之後的情形來看，也是一樣的。此
後至東漢的經學儒術之治，說是以儒爲治，其實都是一式的陽儒
陰法。漢宣帝時，太子就曾懷疑過，漢家尊儒制度中儒學的純度
有問題，宣帝的回應清楚地宣示了漢代制度陽儒陰法的大方向。
《漢書・元帝紀》說：

> 孝元皇帝，宣帝太子也。……。八歲，立爲太
> 子。壯大，柔仁好儒。見宣帝所用多文法吏，以
> 刑名繩下，大臣楊惲、蓋寬饒等作刺譏辭語爲罪
> 而誅。嘗侍燕從容言：「陛下持刑太深，宜用儒
> 生。」宣帝作色曰：「漢家自有制度，本以霸王
> 道雜之，奈何純任德教，用周政乎！且俗儒不達
> 時宜，好是古非今，使人眩於名實，不知所守，
> 何足委任！」乃歎曰：「亂我家者，太子也！」
> 繇是疏太子而愛淮陽王，曰：「淮陽王明察好
> 法，宜爲吾子。」⑨

宣、元二帝父子之間的觀點歧異，清楚顯示了漢代立國的大方
向。在宣帝眼中，純用儒術，會有「不達時宜，是古非今」、
「眩於名實，不知所守」的缺失，換言之，就是迂闊不切實用，
這些缺失要靠通時變、重實效的法家思想來補強。在儒術一尊的
時代，「柔仁好儒」的太子竟幾乎因此而被「明察好法」的淮陽

---

⑨ 王先謙《漢書補注》，頁122。

王取代了繼承權。而「柔仁好儒」的特質竟被視為「亂我家」的致命缺失，這在儒術一尊政治旗幟之下的西漢，是很難想像的。從這些地方，漢代以儒為表，卻對法家之治有一定的堅持是很清楚的。

　　以上是就漢代的統御思想觀測，不論以儒、以道，其運作之核心思維莫不仰賴法家的刑名法術以維繫之。

三、漢代諸子的法家思想

　　除了就漢代主流的統御思想觀測之外，就漢代幾位思想家的思想理論觀測，也是一樣。先秦法家重勢、重術、重法，慎到是重「勢」派的代表，他說：

> 騰蛇游霧，飛龍乘雲，雲霸霧霽，與蚯蚓同，則失其所乘也。故賢而屈於不肖者，權輕也；不肖而服於賢者，位尊也。堯為匹夫，不能使其鄰家；至南面而王，則令行禁止。由此觀之，賢不足以服不肖，而勢位足以屈賢矣。[10]

《呂氏春秋‧慎勢》推衍此義，也說：

> 失之乎勢，求之乎國，危。吞舟之魚，陸處則不勝螻蟻。權鈞則不能相使，勢等則不能相并。……所用彌大，所欲彌易。湯其無郼，武其

---

[10] 戰國‧慎到撰《慎子‧威德》（台北：中華書局《四部備要》據《漢魏叢書》本校刊，1970年10月台三版），卷一，頁2。

無岐，賢雖十全，不能成功。湯、武之賢，而
猶藉知乎勢，又況不及湯、武者乎？……王也
者，勢也；王也者，勢無敵也。勢有敵，則王者
廢矣。⑪

都清楚說明了權、勢對於領導統御的重要。承繼著這樣的精神，
漢代的陸賈、賈誼也重視「權」、「勢」，強調權、勢的重要。

（一）陸賈、賈誼與鼂錯

被推為開漢第一儒的陸賈，在他為勸說帝王以仁義治天下而
撰作的《新語》中，滿篇仁義道德之餘，也曾經不諱言地承認：

道因權而立，德因勢而行。不在其位者，則無以
齊其政；不操其柄者，則無以制其罰。（〈慎微
第六〉）⑫

正面肯定了權、勢、刑罰對於治政的重要與關鍵。

在被司馬遷將之與鼂錯同歸為「明申商」的賈誼思想中，
法家成分就更濃了。賈誼一生心力之所專注，不在賦〈鵬鳥〉，
不在論秦過，乃在論治安、議削藩。為了堅持並強調這種觀點，
賈誼幾乎是以身相殉，用了他短暫的生命高峰與黃金階段，去提
醒、呼籲，力勸漢文帝要削藩、收「權」，最後竟因推展不順利
而抑鬱以終。在長達千言的〈治安策〉與其撰作要籍《新書》

---

⑪ 秦・呂不韋主編，許維遹集釋《呂氏春秋集釋等五書（中）》（台北：鼎文書
　局，1977年3月初版），頁780-787。

⑫ 詳見漢・陸賈撰《新語》（增補中國思想名著）（台北：世界書局，1967年12月
　再版），頁10。

裏，賈誼深刻地直刺西漢封建制度的核心癥結，指出地方與中央
永難消解的矛盾對立，說諸侯王雖為人臣，一旦有機會，沒有人
不想「帝制而天子自為」（《新書‧親疏危亂》）。中央與地方
的關係，其實是決定在實力與情勢，形勢永遠比人強，[13]他說：

> 諸侯勢足以專制，力足以行逆，雖令冠處女，勿
> 謂無敢。士不足以專制，力不足以行逆，雖生夏
> 青，有仇讎之怨，猶之無傷也。（〈權重〉）[14]

因此，處理地方問題，賈誼說：

> 欲諸王之忠附，則莫若令如長沙；欲臣子之勿菹
> 醢醢，則莫若令如樊、酈、絳、灌；欲天下之治
> 安，天子之無憂，莫如眾建諸侯而少其力。力少
> 則易使以義，國小則亡邪心。（〈藩傷〉）[15]

清楚明白，直截了當地把劉漢立國以來，實際已在陸續處理，
卻不願直接點破的問題搬上臺面來討論與批判。他站在法家尊
君的立場，把治天下比做肢解牛體，把諸侯王的勢力比做大髖
髀，說：

> 屠牛坦一朝解十二牛，而芒刃不頓者，所排擊所
> 剝割皆眾理也。然至髖髀之所，非斤則斧矣。仁
> 義恩厚者，此人主之芒刃也；權勢法制，人主之
> 斤斧也。勢已定、權已足矣，乃以仁義恩厚因而
> 澤之，故德布而天下有慕志。今諸侯王皆眾髖髀

---

[13] 賈誼《新書》（台北：世界書局，1967年12月再版），頁26。

[14] 賈誼《新書》，頁16。

[15] 賈誼《新書》，頁12。

> 也，釋斤斧之制，而欲嬰以芒刃，臣以爲刃不
> 折則缺耳，胡不用之淮南、濟北？勢不可也。
> （〈制不定〉）⑯

處理諸侯問題，不是解析肌理，而是砍剁大髋髀，要用大刀闊斧
才處理得了。權勢法制就是那大刀大斧，諸侯王就是那大骨節，
不用大刀大斧，砍剁不了大骨節。換言之，處理中央與地方之矛
盾對立，法家之治才是唯一的方案，儒家的仁義非關緊要，無損
毫毛。這樣驚聳的比喻與建言，就是司馬遷歸之爲「申商」的主
要原因。

除了大原則的揭舉之外，賈誼還提出了細部可落實的具體方
案，那就是「眾建諸侯而少其力」，他勸文帝出令，使：

> 齊爲若干國，趙楚爲若干國……於是齊悼惠王之
> 子孫王之，分地盡而止，趙幽王、楚元王之子孫
> 亦各以次受其祖之分地，燕、吳、淮南他國皆
> 然。其分地眾而子孫少者，建以爲國，空而置
> 之，須其子孫生者，舉使君之。諸侯之地，其削
> 頗入漢者，爲徙其侯國及封其子孫於彼也，所以
> 數償之。（〈五美〉）⑰

透過表面上放寬分封限制，把諸侯分封大權部分交給地方，准許
他們可以直接分給自己弟子，去造成他們自己內部的分封需求與
矛盾。幾代下來，越分越小，中央却仍維持嫡長爲唯一繼統，
地方與中央的消長情勢，便能很快地顯現出來，地方再也威脅不

---

⑯ 賈誼《新書》，頁17-18。
⑰ 賈誼《新書》，頁17。

了中央，這才是自然消解問題的釜底抽薪之策。總之，在領導統御的事件上，儒家的仁義道德是無濟於事的，只有法家的強勢領導，才能有效處理問題，這是賈誼的看法。

除此之外，賈誼一本儒家之荀子，也倡「禮」，以「禮」為內以自行、外以養民的基本依據。但在推衍「禮」的功能價值中，賈誼特別著重君尊臣卑，視之為「禮」最重要的分辨功能。他在《新書‧階級》篇中把君、臣、民的位階清楚的分了等級，說：

> 人主之尊，辟無異堂、陛。陛九級者，堂高大幾六尺矣；若堂無陛級者，堂高殆不過尺矣。天子如堂，群臣如陛，眾庶如地，此其辟也。故陛九級，上廉遠地，則堂高；陛亡級，廉近地，則堂卑。高者難攀，卑者易陵，理勢然也。故古者聖王制為列等，內有公卿、大夫，外有公、侯、伯、子、男，然後有官師、小吏，施及庶人，等級分明，而天子加焉，故其尊不可及也。⑱

〈服疑〉也說：

> 主之與臣，若日之與星，以臣不幾可以疑主，賤不幾可以冒貴。下不凌等，則上位尊；臣不踰級，則主位安；謹守倫紀，則亂無由生。⑲

在這樣堂、陛、地的等級禮制設計裏，天子的尊威是建立在多重等級臣民的堆疊之上的。他在天子與庶民之間設了九層等級，天

---

⑱ 賈誼《新書》，頁19。
⑲ 賈誼《新書》，頁15。

子位在最上一級，臣民多層級位階的設定，是為了凸顯天子的尊威不受任何侵犯或踰越。在天子與庶民之間所設的等級愈多，天子的尊威也愈高。君到臣之間有五等，臣到民之間又有五等，天子如堂，高高在上；庶民如地，匍匐在下。這樣的設計，法家色彩是十分鮮明的，因為只有法家才講求絕對的尊君，而且講求得相當嚴峻。在儒家，孔子的「君君、臣臣」不只要求上下尊卑不可踰越，更重要的是，強調各居名分、盡理分，人君的尊威從來沒有被如此重大的強調過。

　　繼賈誼之後，真正地把賈誼未竟的期望與志業，透過景帝的支持，付諸行動去實踐的是鼂錯。《漢書》本傳說，鼂錯「學申、商、刑名於軹張恢生所」。[20]其為人，《史》、《漢》本傳都說他「削直深刻」，[21]司馬遷將之與賈誼合傳，說他們「明申商」，都有明顯的法家性格。他雖然也說「立法」是為了「興利除害，……救暴亂」，[22]行賞是為了「兼天下不忠不孝而害國者」，[23]強調統治者當愛民如春。但他同時也承繼法家申、韓一系，以人性為趨利避害的觀點，作為賞罰推行成效的保證。尤其在削藩之策上，他比賈誼更積極，和景帝一拍即合地付諸行動。早在文帝時，鼂錯就曾多次上疏，諫言兵事、勸農、募民徙塞下，以守邊備塞、抗擊匈奴、入粟受爵等事。其後，被薦舉為賢良文學，對策時，也曾諫言「宜削諸侯事」。〈鼂錯傳〉說：

　　錯又言宜削諸侯事，及法令可更者，書凡三十

⑳ 王先謙《漢書補注‧鼂錯傳》，頁1085。
㉑ 王先謙《漢書補注‧鼂錯傳》，頁1085。
㉒ 王先謙《漢書補注‧鼂錯傳》，頁1091。
㉓ 王先謙《漢書補注‧鼂錯傳》，頁1091。

篇，孝文雖不盡聽，然奇其材。[24]

可見鼂錯作了賈誼的接棒人，其結果也和賈誼一樣，文帝雖賞
識，卻不敢遽用。景帝爲太子時，錯爲家丞，太子家稱其爲「智
囊」。景帝即位後，錯續爲內史、御史大夫，再提削藩之議，並
以吳王劉濞爲首要目標，直接出擊，想將景帝幼年爲太子時，以
博局殺劉濞太子，長年以來兩人的宿怨，一併解決。他站在法家
尊君的主場，上疏景帝：

> 昔高帝初定天下，昆弟少，諸子弱，大封同姓，
> 故孽子悼惠王王齊七十二城，庶弟元王王楚四十
> 城；兄子王吳五十餘城。封三庶孽，分天下半。
> 今吳王前有太子之隙，詐稱病不朝，於古法當
> 誅。文帝不忍，因賜几杖，德至厚也。不改過自
> 新，迺益驕恣。公即山鑄錢，煮海爲鹽，誘天下
> 亡人，謀作亂逆。今削之亦反，不削亦反。削
> 之，其反亟，禍小；不削之，其反遲，禍大。[25]

景帝終於採從，由是挑起中央與藩國的正式大對決，引起以劉濞
爲首的七國之亂。兵火葳蕤之際，景帝從袁盎之意，殺鼂錯以謝
天下。鼂錯成了漢代中央集權政治體制確立過程中，最慘烈的祭
品，其命運正如先秦許多法家一樣。對於鼂錯這樣的結局，他的
父親早有預知，曾勸過他：爲政用事，「侵削諸侯，疏人骨肉，
口讓多怨，所爲何來？」鼂錯回應：「不如此，天子不尊，宗廟
不安。」其父預見危禍將至，因飲藥而死。[26]可見尊君卑臣的法

---

[24] 王先謙《漢書補注‧鼂錯傳》，頁1092。
[25] 王先謙《漢書補注‧吳王濞傳》，頁956。
[26] 王先謙《漢書補注‧鼂錯傳》，頁1093。

家基本教義，晁錯澈底地至死奉行。

（二）司馬談與劉安

除了「明申商」的賈誼、晁錯之外，以黃老道家爲尙的司馬談，在提挈其所推崇的「道家」思想總綱時，也說，「道家」是一種「術」，這種「術」是講求「時」、「變」的，它「撮名法之要，與時遷移，應物變化」，「以虛無爲本，以因循爲用，無成勢，無常形」，「因時爲業……因物與合。」「因」就是人君的統御要領。他以虛無爲常，可以讓「羣臣並至，使各自明也。其實中其聲者謂之端，實不中其聲者謂之窾。窾言不聽，姦乃不生，賢不肖自分，白黑乃形。」（〈論六家要旨〉）[27]換言之，透過申、韓一系循名責實的刑名考核術，可以讓人君在領導統御時，虛靜無爲，借力使力、輕鬆容易地圓滿完成。它其實仍是以法家整套堅實的考核方案與道法結合的靜因之術爲支撐在運作的，這就是前漢七十年道家統治成功的內在間架。

《淮南子》以西漢道家思想爲倡，也和司馬談一樣，被視爲前漢七十年黃老之治理論記錄，卻將先秦法家思想做了具體而微的綜合性繼承與改造。《淮南子》在以政治論述爲主體目標的〈主術〉，甚至〈謬稱〉等篇裏，基本上雖以精誠動化的「神化」爲第一等政治，「賞賢而罰暴」爲第三等政治；[28]但在所有涉及政治運作的理論中，卻是先秦法家的法、術、勢盡包。它說：「君，根本也；臣，枝葉也。根本不美，枝葉茂者，未之聞

㉗ 裴駰集解，司馬貞索隱，張守節正義，《史記集解》，頁1350。

㉘ 〈主術〉說：「太上神化，其次使不得為非，其次賞賢而罰暴。」見劉文典集解《淮南鴻烈集解》卷九〈主術〉，頁6。

也。」（〈繆稱〉）^㉙又說：

> 枝不得大於幹，末不得強於本，則輕重大小有以
> 相制也。若五指之屬於臂，搏援攫捷，莫不如
> 志，言以小屬於大也。（〈主術〉）^㉚

政治應該是以君主為核心而運作的。在整個政治事件中，君是主
體，臣是副體，其間的大、小、本末、輕重很清楚，不容淆亂、
錯置。法家君尊臣卑的基本教義，被確定了下來。在整個政治事
件中，君臣之間的搭配與運作機制，應該是這樣的，它說：

> 主道員者，運轉而無端，化育如神，虛無因循，
> 常後而不先也。臣道員者運轉而無方者，論是而
> 處當，為事先倡，守職分明，以立成功也。是故
> 君臣異道則治，同道則亂。（〈主術〉）^㉛
> 宰、祝雖不能，尸不越樽俎而代之。故張瑟者，
> 小絃急而大絃緩；立事者，賤者勞而貴者逸。
> （〈泰族〉）^㉜

這就是法家的「無為」君術：君圓臣方、君靜臣動、君逸臣勞。
然後，它循著法家三寶——勢、術、法，去論述政治的運作。

先說「勢」。他肯定慎到、韓非之「勢」論，說：「權勢」
是「人主之車輿」，「爵祿」是「人臣之轡銜」，一個高明的人
君，應該「處權勢之要，而持爵祿之柄，審緩急之度，適取予之

㉙ 劉文典《淮南鴻烈集解》卷十，頁46。
㉚ 劉文典《淮南鴻烈集解》卷九，頁24。
㉛ 劉文典《淮南鴻烈集解》卷九，頁11。
㉜ 劉文典《淮南鴻烈集解》卷二十，頁65。

節。」（〈主術〉）㉝。駕著權勢之車，用爵祿牢牢套住臣下，神閑氣定，從容不迫、自在有效地完成領導統御。又說：「吞舟之魚，蕩而失水，制於蟻螻，離其居也。」㉞一旦失去了「權勢」這個附加在領導統御地位上的先天優越條件，你便什麼也不是。這就是慎到所說：「堯爲平民不能治三人，桀爲天子足以亂天下。」㉟形勢比人強的道理。

　　接著，它又說「術」。從前法家《管子》、申不害、韓非都以虛靜，因任爲高妙君術之通則，〈主術〉也說：

> 君人之道，處靜以修身，儉約以率下。㊱
> 君人者其猶零星之尸也，儼然玄默，而吉祥受福。㊲
> 有道之主減想去慮。㊳
> 人主之術，處無爲之事，行不言之教。㊴
> 明主之耳目不勞，精神不竭，物至而觀其象，事來而應其化。㊵

仁君必須保持沉默，以靜制動，被動而不要主動，以觀測臣下的表現，判斷才能準確無誤。爲此，他必須排除個人的好惡，不形喜怒，不露行迹。它說：

㉝ 劉文典《淮南鴻烈集解》卷九，頁15。
㉞ 劉文典《淮南鴻烈集解》卷九，頁22。
㉟ 戰國·慎到《慎子·威德》卷一，頁2。
㊱ 劉文典《淮南鴻烈集解》卷九，頁15。
㊲ 劉文典《淮南鴻烈集解》卷九，頁9。
㊳ 劉文典《淮南鴻烈集解》卷九，頁23。
㊴ 劉文典《淮南鴻烈集解》卷九，頁1。
㊵ 劉文典《淮南鴻烈集解》卷九，頁21。

> 喜怒形於色者欲見於外，則守職者離正而阿上，
> 有司枉法而從風。……君人者無爲而有守也，有
> 立而無好也。⑪有爲則讒生，有好則諛起。⑫

這是法家轉化自《老子》「虛靜無爲」的靜因統御術，是《管
子》「虛」、「白」的「心術」，也是申、韓「以闇見疵」的君
術。《淮南子》說得雖不如申、韓之陰鷙，然其靜因之要領，卻
大抵承繼了下來。

其次，從《管子》到申、韓言「術」，除了不動聲色，暗裏
觀察的虛靜因任之術外，明的，還須有一套公開、公平的分配、
考核機制，那就是申不害賴以成名的「因任授官、循名責實」的
「刑名」督核術。《淮南子》基本上也繼承了，它說：

> 有道之主，……循名責實使有司，任而弗詔，責
> 而弗教，以不知爲道，以奈何爲實。如此，則百
> 官之事各有所守矣。（〈主術〉）⑬

換言之，人君應相準能力才幹，做對人力資源的合理分配，其餘
便只剩考核之事。他只要依能力分配職位，再依職位考核成效，
所謂因能而授官，一人一官，一官一職，不相兼代，使「有一形
者處一位，有一能者服一事，……力勝其任，……能任其事，無
大小脩短，各得其益。」⑭〈主術〉說：

---

⑪ 此句本作「有為而無好也」，王念孫以為：「有為」本作「有立」，今本作「有
　為」者，涉下句「有為則讒生」而誤，《文子·上仁》篇正作「有立而無好。」
　今從校改。說見劉文典《淮南鴻烈集解》，卷九，頁23當句下注引王說。
⑫ 劉文典《淮南鴻烈集解》卷九〈主術〉，頁22-23。
⑬ 劉文典《淮南鴻烈集解》卷九，頁23-24。
⑭ 劉文典《淮南鴻烈集解》卷九，頁12。

古之爲車也，漆者不畫，鑿者不斲，工無二技，
士不兼官，各守其職，不得相干，人得其宜，物
得其安，是以器械不苦，而職事不嫚。㊺

人君透過循名責實的刑名機制去考核臣下，可以得到分工良好，
考核便捷，輕重得衡的成效。這是法家管子、申、韓以來的靜因
刑名統御術，也是《淮南子》政論中的治「術」。

　　對於法，《淮南子》基本上也一如所有法家，以「法」爲處
理公共事務時上下一體奉守的準則，〈主術〉說：

法者天下之度量，而人主之準繩也。㊻
治國……言事者必究於法，而爲行者必治於
官。……言不得過其實，行不得踰其法。㊼

但他同時卻揚棄了商、韓一系的苛薄法論，而援探了《管子》一
系公道篤厚的法論，〈主術〉說：

古之置有司也，所以禁民，使不得自恣也；其立
君也，所以翦有司，使無專行也；法籍禮義者，
所以禁君，使無擅斷也。……法生於義，義生於
眾適，眾適合於人心。……法者非天墮，非地
生，發於人間而反以自正。是故，有諸己不非
諸人，無諸己不求諸人，所禁於民者，不行於
身。……人主之立法，先自爲檢式儀表。……禁

㊺ 劉文典《淮南鴻烈集解》卷九，頁9。
㊻ 劉文典《淮南鴻烈集解》卷九，頁19。
㊼ 劉文典《淮南鴻烈集解》卷九，頁14。

勝於身，則令行於民矣。⑱

法令訂定的根源是「人心」，立法執法者也在法令的規範之內，
人君甚至必須作法令執行過程中的第一隻白老鼠。法令的尊嚴高
於人君，這是《管子・法法》一系的堅持，也是《淮南子》法論
的精髓。《管子・法法》說：

> 明君……置法以自治，立儀以自正也。⑲
> 不爲君欲變其令，令尊於君。⑳
> 禁勝於身，則令行於民。㉑

《淮南子・主術》承繼這樣的精神，用以調整商、韓法論人君不
在法令約束之內的缺失，完成了其公道的黃老法論。

（三）董仲舒

與司馬談、劉安的黃老道家幾乎並時的董仲舒，雖身爲一
代儒宗，在講到領導統御術時，也是一式地充滿申、韓一系法家
思維。身處漢代大一統政權已確立的武帝時代，董仲舒倡「大一
統」，他說：「大一統者，天地之常經，古今之通義。」在「大
一統」的前提下，他一反先秦儒學，開始了「尊君卑臣」的理論
推衍。他先確立大前提說，君威、君權是不可挑釁的：

> 國之所以爲國者，德也；君之所以爲君者，威
> 也。故德不可共，威不可分。德共則失恩，威分

---

⑱ 劉文典《淮南鴻烈集解》卷九，頁19-21。
⑲ 安井衡《管子纂詁》卷六，第十六，頁13。
⑳ 安井衡《管子纂詁》卷六，第十六，頁17。
㉑ 安井衡《管子纂詁》卷六，第十六，頁1。

則失權。失權則君賤矣，失恩則民散矣。……爲
人君者固守其德，以附其民；固執其權，以正其
臣。（《春秋繁露·保位權》）⑤²

這樣的歸分，當然有其「陽德陰刑」的前提設定，與儒家務
德不務刑的本調；但他同時也藉天道陽尊陰卑的設定，將人倫關
係所謂君臣、父子、夫婦也一併歸入，定了位，作了尊卑、高下
的價值判定，他說：

天以陰爲權，以陽爲經，……，先經而後權，貴
陽而賤陰，……天之近陽而遠陰，大德而小刑
也。……天數右陽而不右陰，務德而不務刑。
（〈陽尊陰卑〉）⑤³

依著這樣的準則，來歸分君臣、父子、夫婦的人倫元素，很必然
得出了清楚的價值界定。他先說「君臣、父子之義皆取諸陰陽之
道，君爲陽，臣爲陰；父爲陽，子爲陰；夫爲陽，妻爲陰。」
（〈基義〉）⑤⁴；又說：

不當陽者臣子也，當陽者君父是也。故人主南面，
以陽爲佐，陽貴而陰賤，天之制也。（〈天辨
在人〉）⑤⁵

很明顯的，董仲舒從天道論中的陽經陰權觀點，轉出人倫三綱的

---

⑤² 漢·董仲舒撰，清·凌曙注《春秋繁露注》（增補中國思想名著）（台北：世界
　　書局，1967年12月再版），頁141。
⑤³ 凌曙《春秋繁露注》，頁260-261。
⑤⁴ 凌曙《春秋繁露注》，頁285。
⑤⁵ 凌曙《春秋繁露注》，頁270。

尊卑定位，其最終目的，其實是爲政治倫理設定君臣關係，君尊
臣卑的政治倫理就這樣確立。與此相應的，董仲舒開始設計其理
想的政治運作機制。他說，既然是天尊地卑，陽尊陰卑，君尊臣
卑，則君臣之間的互動模式當然也應該比照天地。他說：

> 爲人臣者，其法取象於地。故朝夕進退、奉職應
> 對，所以事貴也；供設飲食，候視疢疾，所以致
> 養也；委身致命，事無專制，所以爲忠也；竭愚
> 寫情，不飾其過，所以爲信也；伏節死難，不惜
> 其命，所以救窮也；推進光榮，褒揚其善，所以
> 助明也；授命宣恩，輔成君子，所以助化也；
> 功成事就，歸德於上，所以致義也。（〈天地
> 之行〉）⑤⑥

這樣的尊君卑臣，和《韓非子》之說，如出一轍，《韓非子》稱
述后稷、皋陶等十五位「霸王之佐」說：

> 夙興夜寐，卑身賤體，竦心白意，明刑辟，治官
> 職，以事其君。進善言，通道法而不敢矜其善。
> 有成功立事而不敢伐其勞，不難破家以便國，殺
> 身以安主。以其主爲高天泰山之尊，而以其身爲
> 壑谷鬴（釜）洧之卑。主有明名廣譽於國，而身
> 不難受壑谷鬴洧之卑。（〈說疑〉）⑤⑦

君道當法天，高高在上；臣德當效地，匍匐在下。君居功，臣效
勞，君尊臣卑，君逸臣勞的大前提確定了，商韓一系法家尊君卑

---

⑤⑥ 凌曙《春秋繁露注》，頁384-385。
⑤⑦ 陳奇猷《韓非子集釋》，頁918。

臣的政治模式，重現在一代儒宗董仲舒的三綱理論中。此外，董仲舒也推崇申、韓一系君暗臣明，無限「深囿」的虛隱君術，他說：

> 為人君者其要貴神，神者不可得而視也，不可得
> 而聽也。……所謂不見其形者，非不見其進止之
> 形也，言其所以進止不可得而見也；所謂不聞其
> 聲者，非不聞其號令之聲也，言其所以號令不可
> 得而聞也。不見不聞謂冥昏，能冥則明，能昏則
> 彰，能冥能昏，是謂神人。……故人臣居陽而為
> 陰，人君居陰而為陽，陰道尚形而露情，陽道無
> 端而貴神。（《春秋繁露‧立元神》）⑱

就其居位而言，人君是陽，人臣是陰，因為陽尊陰卑，所以君尊臣卑。但就其所操持之「術」而言，卻必須是君陰臣陽，君無形，臣有形，君靜臣動。人君要處於陰處，虛靜無為，以觀測臣下在陽處的一舉一動。其一靜一動之間幽隱微妙的互動狀態，以及人君如何以靜制動，以虛御實，令人臣無所隱遁地盡曝其情，董仲舒在〈立元神〉裏，鉤勒描繪得極其刻骨入木，淋漓盡致。他把法家轉化自先秦道家虛靜無為，無為無不為的權謀統御術，闡述得相當細膩入裏。較之申、韓之術，更為靈活萬端，因為加入了陰、陽元素，大大增強了申韓權謀統御術的解析度。

不僅如此，為了達到高效的統治，董仲舒也將人民的嗜欲納入君術的重要處理內容，〈保位權〉說：

> 民無所好，君無以權也；民無所惡，君無以畏
> 也。無以權、無以畏，則君無以禁制也。無以禁

---

⑱ 凌曙《春秋繁露注》，頁138-139。

制，則比肩齊勢而無以爲貴矣。故聖人之治國
也，因天地之性情，孔竅之所利，以立尊卑之
制，以等貴賤之差，設官府爵祿，利五味，盛五
色，調五音，以誘其耳目。自令清濁，昭然殊
體，榮辱踔然相駮，以感動其心。務致民，令有
所好；有所好，然後可得而勸也，故設賞以勸
之。有所好必有所惡，有所惡，然後可得而畏
也，故設法以畏之。既有所勸，又有所畏，然後
可得而制。制之者，制其所好，是以勸賞而不得
多也；制其所惡，是以畏法而不得過也。所好多
則作福，所惡多則作威。作威則君亡權，天下相
怨；作福則君亡德，天下相賊。故聖人之制民，
使之有欲，不得過節；使之敦樸，不得無欲。有
欲無欲，各得以足，而君道得矣。⑨

君主權力威勢的建立和人民好惡的有無竟然有著密切的關係。
人民沒有好惡，人君的尊威似乎挺立不起來。董仲舒因此提醒人
君，施政要設法相當程度誘導人民的欲望，使人民有欲而不過
度，法治之下的賞罰功效才能得到必然的保證。這樣的統治絕非
先秦儒家德治前提下的民本、愛民之治，而和法家韓非一系掌握
人性天生趨利避害的弱點，以設置賞罰的居心，如出一轍。這却
是一代儒宗董仲舒提倡仁義之治背後所強調的微妙「君術」。

　　以上所論董仲舒的法家統御論，個人已於〈董仲舒與黃老思
想〉⑩中細論過，此處僅提挈核心思維，不贅述。

⑨ 凌曙《春秋繁露注》，頁139-141。
⑩ 參見陳麗桂《秦漢時期的黃老思想》（台北：文津出版社，1997年2月），頁185-208。

（四）桑弘羊與鹽鐵會議

　　法家思想雖然自漢以來一直以暗隱的形態，存在於漢代的政治體制之中，且實際有效地在運作。但自武帝以儒術統一思想後，儒家的經術治道畢竟陸陸續續地培養出一批又一批的儒生，這些透過經術訓練與策論方式培養出來的儒士，不論其思想中存在著多少「法家」成分，形式上其對儒術體制教育成效的展現，卻是很具體明白的。到了武帝晚年，因為對內過度興革制作，對外過多征伐，弄得國庫空虛、富盛難再，而思謀對策，再取資源。以財經大臣桑弘羊為代表的法家經濟思維便被公開地提出，作為救貧濟窘的方策，在有名的「鹽鐵會議」中出現，接受批評與討論。

　　其實，在武帝儒術獨尊的政策下，法家富國的經濟策略一直在替漢武帝豐富其國庫財力，支撐其攘夷事業龐大的開銷。然而，面對財經上難以再支撐的窘境，桑弘羊代表法家的財經思維，第一次從幕後挺身而出，站到了臺前來呼籲和堅持。這一向實際在做，卻不大被提議討論的課題，提出時間就在昭帝始元六年（西元前80年）的二月。「鹽鐵會議」前後長達五個月，主旨係對武帝朝的財政與外交政策展開總批判與大論辯，以決定鹽、鐵、酒等與國家財政收入密切相關的事業是否繼續國營？這是中國歷史上第一次由官方主辦，不但正式，而且規模龐大，時間久長的國家政策大論辯。

　　在這次會議中，桑弘羊代表官方，將武帝以來，依法家思維建立起來的財經大策，第一次了不遮掩地全面端上舞臺來討論。代表儒學經制陶教出來的賢良文學，其實久在這些充滿法家思維

的財經策略下營生，此時卻很必然地基於維護儒學招牌的使命，挺身批駁，強力反對。彼此間堅持、批駁的議題，包括了算緡、榷酒酤、均輸、平準、鹽鐵官營、統一鑄幣、入粟補吏、贖罪以及對四方的征伐等等問題。從二、三十年後，宣帝時期桓寬對這一段時間會議記錄的總整理——《鹽鐵論》的內容看來，賢良文學多從仁義道德、重農抑商、義利之辨、行文德以徠遠人等等儒家基本觀點出發，去批判國營經濟之與民爭利，「散敦厚之樸，成貪鄙之化」（〈本議第一〉）⑥¹，均輸、平準之策執行時所產生之弊端與傷民，以及對匈奴之不能懷德以徠之，而興兵陣戰，虧王者之風。他們緬懷文景時期厚幣結親、偃兵休士之往事，希望盡罷均輸、平準、鹽鐵、酒酤，恢復重農抑商之策。御史大夫桑弘羊等人則站在法家富國強兵、重視現實需求之觀點，以開本末之途，通有無之用，與夫國防、才用之實際需要，暢論防邊之不可休兵，肯定武帝伐匈奴與國營經濟之別無選擇。雙方你來我往，桑弘羊幾乎是以一敵眾，力戰群儒。⑥²

　　這是長期以來，武帝陽儒陰法政策下，儒、法第一次正面而公開的大對決。其結果，據《鹽鐵論》第四十一〈取下〉文末所載，論辨終結時，「公卿愀然，寂若無人，於是遂罷議、止詞。」⑥³第四十二〈擊之〉開篇卻說：「賢良文學既拜，咸取列

――――――――――

⑥¹ 漢・桓寬集撰，王貞珉注譯《鹽鐵論譯注》（長春：吉林文史出版社，1995年1月第一版），頁2。

⑥² 有關「鹽鐵會議」與桓寬《鹽鐵論》的詳細過程與重要理論，將於本書〈陸、桑弘羊與鹽鐵會議〉，與〈柒、桑弘羊任官、紀年補述〉中詳述，此處暫不細論，只隱括其要。

⑥³ 王貞珉《鹽鐵論譯注》，頁368。

大夫」[64]，顯然在上一次論辯過後，賢良文學不但在氣勢上佔了上風，而且都獲得「大夫」的官位。向來儒學「一尊」的情勢，依然不例外地，又一次在臺面上取得了優勢。法家在漢代的政治舞臺上，不管實際上立過多少汗馬功勞，發揮過多少實際的功能與作用，隨著嬴秦政權的結束，臺面上的風光景緻終究成為永遠的過去。兩千多年來，在「陽儒」體制已確立的情況下，法家思想雖不曾斷絕，也無法斷絕；但要堂堂皇皇地端上臺面，已成為歷代的忌避。

（五）崔寔

遙承西漢賈誼與鼂錯的精神，到了東漢靈帝時，崔寔（西元？-170年）提出了用「霸」治姦的主張。面對桓靈之際東漢「上下怠懈，風俗彫敝，人庶巧偽，百姓嚚然」的政治社會，崔寔一方面一本儒家的基本主張，認為應該任賢、用賢以治，他說：「堯舜之帝、湯武之王，皆賴明哲之佐、博物之臣。」呼籲人君要「別異量之士」。但是，更重要的，還是要懂得「執權、操時定制」之道，「量力度德」、「參以霸政」。他常感嘆，只有「聖人能與時推移，而俗士苦不知更。」[65]換言之，亂世用重典，東漢末年的社會在他看來，已非王道之政可以矯正，

> 故宜參以霸政，則宜重賞深罰以御之，明著法術
> 以檢之。自非上德，嚴之則理，寬之則亂。[66]

---

[64] 王貞珉《鹽鐵論譯注》，頁370。

[65] 以上詳見南朝宋‧范曄撰，唐‧李賢注，清‧王先謙集解《後漢書集解‧崔駰傳附崔瑗、崔寔傳》（台北：藝文印書館影乙卯秋中長沙王氏校刊本），頁618、617。

[66] 以上兩則引文同見王先謙《後漢書集解》，頁618。

他相信只有「嚴刑峻法」才能「破奸軌之膽」，讓「海內肅清，天下密如。」⑥⑦他說：

> 為國之法，有似理身，平則致養，疾則攻焉。夫刑罰者，治亂之藥石也；德教者，興平之梁肉也。夫以德教除殘，是以梁肉理疾也；從刑罰理平，是以藥石供養也。⑥⑧

治國如治身，無病補身，有病就要治病。治非常的疾病，要下特殊的猛藥，這是人盡皆知的道理。面對疲病的社會，仁君應該強硬起來，操權持柄，立威造福；他說：

> 君以審令為明，臣以奉令為忠。故背制而行賞，謂之作福；背令而行罰，謂之作威。作威則人畏之，作福則人歸之。夫威福者，人主之神器也。譬之操莫邪，執其柄，則人莫敢抗；失其柄，則還見害也。
>
> 無賞罰之君而欲世之治，是猶不畜梳櫛而求髮治，不可得也。⑥⑨

所謂「威」、「福」指的就是「罰」、「賞」，作威作福就是執行賞罰。崔寔認為，工欲善其事，必先利其器，賞罰、權柄就是人君治亂世的利器，捨此無效。這樣的說法，法家的思維是很清楚的。站在這樣的觀點上，他當然也反對輕易赦罪。

---

⑥⑦ 王先謙《後漢書集解》，頁618。
⑥⑧ 王先謙《後漢書集解》，頁618。
⑥⑨ 以上兩則引文皆見清・嚴可均校輯《全上古三代秦漢三國六朝文》引《意林》、《太平御覽》七百十四卷（中文出版社，出版年不詳），頁727。

　　兩漢因先黃老，後尊儒，故法雖叢立，卻常假「赦」之名
以寬之。根據兩漢《會要》的載記，赦罪之名目甚多，舉凡新君
即位、立太子、建都、立后、戰勝、帝后喪、天災、地變、火
災、郊天祭地、修封禪、嘉端見、太子冠、日月蝕，天子幸狩皆
大赦。總計西漢高帝在位十二年九赦，惠帝在位七年一赦，呂后
臨朝八年三赦，文帝二十三年四赦，景帝十六年五赦，武帝在位
五十五年十八赦，昭帝十三年七赦，宣帝二十五年十赦，元帝
十五年十赦，成帝二十六年九赦，哀帝六年四赦，平帝在位五
年四赦。此外另有赦法、別赦等名目。⑩總之，長則平均三年一
赦，短則一年一赦。這些「赦」的用意，原本代表政府的一點悲
憫，欲「使百姓得改行自新」，用意良深。但根據匡衡的觀察，
其成效卻是：

　　　大赦之後奸邪不爲衰止，今日大赦，明日犯法，
　　　相隨入獄，此殆導之未得其務。……不改其原，
　　　雖歲赦之，刑猶難使錯而不用也。⑪

西漢如此，東漢末年天下更亂，違法犯紀者越多，情況越麻煩，
崔寔因此認爲：

　　　赦以趣奸，奸以趣赦，轉相驅踧，兩不得息，雖
　　　日赦之，亂甫繁耳。……赦者奔馬之委轡，不赦
　　　者痤疽之砭石。⑫

---

⑩ 參見宋・徐大麟撰《西漢薈要》（台北：九思出版有限公司，1978年11月台一
　　版），頁715-724。
⑪ 王先謙《漢書補注・匡衡傳》，頁1456。
⑫ 王先謙《漢書補注・匡衡傳》，頁276。

「赦」是姑息養奸，「奸」與「赦」相養，情況越發不可收拾。崔寔因此堅決反對「赦」。

透過崔寔這樣的觀點再跨一步，曹操明白宣示，求「不忠不孝而有治國用兵之術者」的號令，也就是很必然而順理成章了。

除了強調霸以止奸，反對輕赦外，過去賈誼面對著西漢工商業日益繁盛，人心日益靡奢的社會現象，一則基於儒家禮教重名嚴分的階級秩序，再則亦本於刑名法家有名、有守的觀點，對當代富豪用度僭奢無度的情況，提出質疑。主張規定各階層、身分應有的禮容、禮度與用數，思欲全面性整頓、規範全國上下的規矩、用度與秩序。希望達到「貴賤有級，服位有等」，全天下人「見其服而知貴賤，望其章而知其勢，岑（使）人定其心，各著其目」，人人身分、地位標在服飾上，一望可知，不疑不亂的地步。⑦

崔寔的觀點也是如此。面對東漢末工商活動繁盛、社會風氣奢靡敗壞的狀況，崔寔有了等同賈誼的感慨，他說：

> 夫人之情，莫不樂富貴榮華、美服麗飾、鏗鏘眩耀、芬芳嘉味者也。晝則思之，夜則夢焉。唯斯之務，無須臾不存于心，猶急水之歸下，川之赴睿。不厚爲之制度，則皆侯服王食，僭至尊，逾天制矣。是故先王之御世也，必明法度以閉民欲，崇堤防以禦水害。⑦

> 今使列肆賣侈功，商賈鬻僭服，百工作淫器，民

⑦ 賈誼《新書・服疑》，頁15。
⑦ 嚴可均《全上古三代秦漢三國六朝文》，頁723引《群書紀要》。

見可欲，不能不買，賈人之列，戶踦僱侈矣。故
王政一傾，普天率土莫不奢僭者，非家至人告，
乃時勢驅之使然。……且世奢服僭，則無用之器
貴，本務之業賤矣。農桑勤而利薄，工商逸而入
厚，故農夫輟末而雕鏤，工女投杼而刺繡。躬耕
者少，末作者眾，生土雖皆墾，而地功不致，苟
無力穡，焉得有年？財鬱蓄而不盡出，百姓窮匱
而為奸寇，是以倉廩空而囹圄實，一穀不登，則
饑餒流死。上下俱匱，無以相濟。[75]

為了防堵奢靡之風，崔寔了不避諱地提出「明法度以閉民欲」，
以防範人心趨商棄農、逐末賤本所導致「倉廩虛，囹圄實」的
惡果。他推崇子產相鄭「殊尊卑，異章服而國用治」[76]講到澈底
處，他甚至提出遷移都會之民以實邊，並開墾荒地的構想，他說：

今青、徐、兗、冀，人稠土狹，不足相供，而三
輔左右及涼、幽州內附近郡，皆土曠人稀，厥田
宜稼，悉不肯墾發。小人之情安土重遷，寧就饑
餒，無適樂土之慮。……景帝六年，詔郡國得去
磽狹就寬肥；至武帝，遂徙關東貧人于隴西、北
地、西河、上郡、會稽，凡七十二萬五千口，後
加徙猾吏於關內。今宜復遵故事，徙貧人不能自
業者于寬地，此亦開草辟土振人之術也。[77]

---

[75] 嚴可均《全上古三代秦漢三國六朝文》，頁724引《群書紀要》。
[76] 嚴可均《全上古三代秦漢三國六朝文》，頁724引《群書紀要》。
[77] 嚴可均《全上古三代秦漢三國六朝文》，頁726-727引《通典》。

景帝六年事件，應該源自文帝年間鼌錯的募民徙塞下之議。武帝的徙猾吏於關內，則令人想起先秦的法家先驅吳起來。吳起為魏相時，為了裁抑貴族，解放君權，就曾主張過將疏遠的貴族流放至邊陲去屯田，一方面開墾荒地，一方面充實邊防。東漢末崔寔的主張，正是這類思維的迴響。

結　語

總之，漢代儘管先以清靜無為的黃老治世，後以獨尊的經制儒學治世，法家思想其實不曾斷絕過。從開漢的第一儒陸賈，到漢末衰世的思想家崔寔，其間不論是尊君、刑名的賈誼、鼌錯，還是黃老道家的司馬談、劉安，或一代儒宗的董仲舒，乃至財經實務專家的桑弘羊，不論是法家、道家、還是儒家、財經家，其思想理論中，都無法排除對法家思想的承繼與推闡。法家的尊君與集權思想一直前承後繼地出現，這是法家思想實際的治世功能與價值的顯現。

參、融合道、法兼採陰陽的漢儒
——陸賈

前　言

　　在漢代諸儒中陸賈被列於開宗的地位，不僅因爲他所生處的時代最早；更重要的是，他上承先秦，下開兩漢，具體而微地確立了漢儒兼融道、法與陰陽學說的典型。他一方面極力標榜儒家的仁義與德治思想，詆斥法家的用刑太過與道家的消極遁世、仙家的延命求仙；另一方面，他又吸收法家的權勢觀念與「因世權行」的觀點，道家無爲崇道的思想，並用儒家的倫常、秩序，去補充無爲的內容，形成了他那既積極進取，又篤實穩健，卻優雅自然，以儒而兼合道、法的思想理論，並援引陰陽家的氣化宇宙觀與天人災異學說，以爲其道德政論之後盾。憑藉這些，他想爲初定天下的漢廷開啓一個嶄新的局面，爲「馬上得天下」的高帝規劃一個「逆取順守」、「文武並用」的「長久之術」。[1]《漢書·高帝本紀》說：

---

[1] 《漢書》陸賈本傳說：陸生時時前說，稱《詩》、《書》，高帝罵之曰：「迺公居馬上而得之，安事《詩》、《書》？」陸生曰：「居馬上得之，寧可以馬上治之乎？且湯武逆取而以順守之，文武並用，長久之術也。」見王先謙《漢書補注》，頁1028。

> 天下既定，命蕭何次律令，韓信申軍法，張蒼定
> 章程，叔孫通制禮儀，陸賈造《新語》。②

仰仗著這一切，劉氏朝廷撐開了一定的規模與局面。而不論蕭何的律令，韓信的軍法、張蒼的章程，還是叔孫通的朝儀，基本上都是相關於政治制度的具體事物，③大致上也都是沿襲秦的。《漢書·刑法志》說：

> 蕭何攗摭秦法，取其合於時者，作律九章。④

《史記》叔孫通本傳說：孫叔通所定的朝儀，據他自己承認，是「頗采古禮與秦儀雜就之。」《史記·張丞相列傳》說張蒼曾爲秦御史，「主柱下方書」、「明習天下圖書計籍」，其所定章程，自與秦有相當淵源。只有陸賈的《新語》是漢代的政論家盱衡自己的時代社會需要而規劃開創出來的，顯然用來作爲這些具體制度、措施背後的指導原則。《新語》之所以「新」，此其一。在上述各項制作中，它是唯一不因秦、襲秦的。

一、以儒爲本，崇仁尚義

我們如果根據《史》、《漢》本傳所載陸賈生平事蹟來看，陸賈可以稱得上是一位出色的縱橫家和史學家，史書說他「名（爲）有口辯，居左右，常使諸侯。」⑤遠在楚漢之爭時，高帝

---

② 王先謙《漢書補注》，頁58。

③ 參見李存山〈秦後第一儒——陸賈〉，《中國哲學史》（1992年10月），頁25-26。

④ 王先謙《漢書補注》，頁1028。

⑤ 《史記》本傳作「名爲有口辯」。見裴駰集解，司馬貞索隱，張守節正義《史記集解·陸賈列傳》，頁1097；《漢書》本傳作「名有口辯」，見王先謙《漢書補注·陸賈傳》，頁1027。

就曾用張良之計，派陸賈與酈生「往說秦將，啖之以利。」終
襲破武關，使高帝能先至霸上。[6]其後，在高帝、文帝兩朝兩次
成功地勸降南粵。呂后專政末期，勸和周勃與陳平，終除諸呂
而復劉氏。又曾調和辟陽侯審食其和朱建的嫌隙。凡此，在在顯
現其敏銳靈活的外交頭腦與才華。他又曾「記錄時功，作《楚漢
春秋》九篇」，[7]敘述漢高帝「誅鋤秦、項之事」。[8]司馬遷作
《史記》時，對楚漢相爭精采萬分的描述，劉知幾說，基本上就
是根據陸賈的《楚漢春秋》，[9]陸賈又可以算是史學家。

　　然而，在談到安邦定國的大計時，陸賈卻高舉仁義的大旗，
站在儒家的觀點來發論定策。從陸賈現存唯一的著作——十二
篇的《新語》內容粗略地看來，開宗明義的〈道基〉論道術之
源起，以天生、地養加（聖）人成開端，歸結於仁義為治道之
基。篇中以絕大的篇幅鋪敘「人成」之道，所謂先聖、中聖、後
聖對文明的開啓與創造，亦以設學校、明教化、定五經、闡六
藝、緒人倫、正風俗、行禮義為重點。末篇〈思務〉以「口誦聖
人之言，身學賢者之行」為當思之務，而歸結於仁義道德。其餘
十篇，幾乎篇篇不忘叮囑道德仁義。甚至第八篇篇名就叫〈至
德〉，第九篇叫〈本行〉，在在標識了儒家的記號。史書說，
《新語》的撰作，原本就是應著高帝所提出「著秦所以失天下，

---

⑥ 詳見裴駰集解，司馬貞索隱，張守節正義《史記集解·高帝本紀》，頁168。

⑦ 詳見劉宋·范曄撰，唐·李賢注，清·王先謙集解《後漢書·班彪傳》，頁478。

⑧ 詳見唐·魏徵等撰《隋書·經籍志》卷三十三，志第二十八（台北：臺灣商務印
　書館景元大德刊本，2010年7月），頁13-448。

⑨ 參唐·劉知幾撰，清·浦起龍釋，蔡焞舉例舉要：《史通通釋》卷十六〈雜說
　上〉（台北：世界書局，2009年8月第六版），頁228。

吾所以得之，及古成敗之故」⑩的要求而寫的。就著秦失與漢得一端而言，陸賈明顯地以仁義道德作爲答案。在十二篇《新語》裏，陸賈至少八崇仲尼，五述曾、閔，八稱堯、舜，六推禹、湯，四舉周文、武，又八引秦事，五詆桀、紂以爲鑑。其所稱舉，大致皆以仁義道德；其所詆引，亦大致皆因過刑苛暴，縱慾放恣。其後賈誼〈過秦論〉仁義不施，導致攻守異勢的結論，基本上就是從這類觀點推衍出來的。就「著古成敗之故」一端而言，陸賈也是以行德與否作爲關鍵，除了上述的堯、舜、禹、湯、周文、武、桀、紂、嬴秦之外，《新語》又兩舉魯莊、齊桓，一舉魯定、魯哀、晉厲、宋襄、楚靈、楚莊爲戒，說明爲政奢淫不以德，必然喪國亡身。全書至少兩崇五經，四稱《詩》，三推《易》，三舉《書》，再引《穀梁春秋》，凡此皆明白顯示陸賈的儒家立場。

其次，在《新語》裏，他標榜君子，推崇聖人，其所推崇描述的聖人、君子形象，基本上和《論》、《孟》裏所敘述的相當地一致。他說「君子」：

> 廣思而博聽，進退有法，動作合度。（〈思務〉）⑪
> 篤於義而薄於利，敏於事而慎於言。（〈本行〉）⑫
> 居亂世則合道德、采微善、絕纖惡、脩父子之

---

⑩ 《史》、《漢》陸賈本傳皆作「及古成敗之國」，王利器根據《漢紀》以為「國」當作「故」，義較勝，「蓋『故』以音近而誤為『固』，而『固』又以形近而誤為『國』。」說見王氏《新語校注》附錄四〈史記漢書陸賈傳合注〉，頁237，今從之。
⑪ 陸賈《新語》，頁19。
⑫ 陸賈《新語》，頁17。

禮、以及君臣之序。（〈慎微〉）⑬

直道而行，知必屈辱而不避也，故行不敢苟合，
言不爲苟容。（〈辨惑〉）⑭

他說聖人「懷仁仗義」（《道基》），又：

卑宮室而高道德，惡衣服而勤仁義。（〈本行〉）⑮

然後，他強調君德，提醒人君施政當辨賢愚，明是非，凡事由切
身做起，以收風行草偃的德化效果。又極力呼籲士君子當懷才用
世，積極進取，不宜懷璧遁隱，暴殄天物。在〈至德〉篇中，他
提出心目中的理想國，內中雖充滿道家虛寧安恬的氣質，卻是以
儒家的秩序與人倫教化爲步驟與內容。在〈無爲〉篇中，他標榜
〈無爲〉之治，卻歸結於道德教化，上行下效的政風，這一切堪
足證明陸賈是站在儒家立場來論政的。

　　以下我們便根據陸賈僅存的思想論著——十二篇的《新語》
內容，來了解作爲漢代開國指導原則的陸賈政論。唯今傳《新
語》版本訛誤脫落之處甚多，近人王利器《新語校注》綜彙各
家，頗稱詳贍。

（一）治以道德為上，行以仁義為本

　　陸賈以仁義爲一切事物的依據與根源，他說：

治以道德爲上，行以仁義爲本。故尊於位而無德
者黜，富於財而無義者刑，賤而好德者尊，貧而

---

⑬ 陸賈《新語》，頁11。
⑭ 陸賈《新語》，頁8。
⑮ 陸賈《新語》，頁17。

有義者榮。（〈本行〉）⑯

立事者不離道德。（〈術事〉）⑰

君子握道而治，據德而行，席仁而坐，杖義而
彊。（〈道基〉）⑱

謀事不並仁義者後必敗，殖不固本而立高基者後
必崩。（〈道基〉）⑲

仁義是一切事物的「本」，它普遍存在於天地間，作爲它們存在
的依據和核心。〈道基〉說：

百姓以德附，骨肉以仁親，夫婦以義合，朋友以
義信，君臣以義序，百官以義承，曾閔以仁成大
孝，伯姬以義建至眞。守國者以仁堅固，佐君者
以義不傾，君以仁治，臣以義平，鄉黨以仁恂
恂，朝廷以義便便，美女以貞顯其行，烈士以義
彰其名。陽氣以仁生，陰節以義降，〈鹿鳴〉以
仁求其群，〈關雎〉以義鳴其雄，《春秋》以仁
義貶絕，《詩》以仁義存亡，乾、坤以仁和合，
八卦以義相承，《書》以仁敘九族，君臣以義制
忠，樂以仁盡節，禮以義升降。⑳

上自陰陽之氣的和合化生，下至國家的興亡，事功的成敗，君
臣、夫婦、朋友關係的維護，政治的隆衰，五經的要義，均無不

---

⑯ 陸賈《新語》，頁16。
⑰ 陸賈《新語》，頁4。
⑱ 陸賈《新語》，頁3。
⑲ 陸賈《新語》，頁3。
⑳ 陸賈《新語》，頁3。

以仁義爲依歸、爲關鍵。仁義在陸賈心目中幾乎就是一切天人事物的核心意義與通則。這樣的論述，令人憶起《莊子‧大宗師》與《韓非子‧解老》中對「道」的詮釋與描述。〈大宗師〉說「道」：

> 狶韋氏得之，以挈天地；伏戲氏得之，以襲氣母；維斗得之，終古不忒；日月得之，終古不息；堪坏得之，以襲崑崙；馮夷得之，以游大川；肩吾得之，以處大山；黃帝得之，以登雲天；顓頊得之，以處玄宮；禺強得之，立乎北極；西王母得之，坐乎少廣，莫知其始，莫知其終；彭祖得之，上及有虞，下及五伯；傅說得之，以相武丁，奄有天下，乘東維，騎箕尾，而比於列星。[21]

《韓非子‧解老》推衍這一列的概念也說：

> 天得之以高；地得之以藏；維斗得之，以成其威；日月得之，以恆其光；五常得之，以常其位；列星得之，以端其行；四時得之，以御其變氣；軒轅得之，以擅四方；赤松得之，與天地終；[22]聖人得之，以成文章。道與堯俱智，與接輿俱狂，與桀紂俱滅，與湯武俱昌。……宇內之

---

[21] 郭慶藩《莊子集釋》，頁247。
[22] 此句本作「與天地統」，孫詒讓以為：「統，疑當作終，言壽與天地同長也。終、統二字篆文形相近而誤」。陳奇猷引《公羊傳‧隱公元年》「大一統」何休注「統，始也。」以「統」為「總其所有之謂，故時之終始，物之多寡，事之前後，皆以統言。」又說：「何休言始也，僅及統義之半。此文與天地統，猶言與天地終始。」今從校改。二說皆見陳奇猷《韓非子集釋》，頁367-368，注11。

物，恃之以成。……萬物得之以死，得之以生；
萬事得之以敗，得之以成。㉓

仁義在陸賈心目中，幾等同於「道」在道家心目中那般崇高的
地位。

由是而在立身方面，陸賈推崇一種堅守道德原則，不阿諛人
的錚錚風骨，也深心喟歎這種風骨之落落寡合，〈辨惑〉說：

君子直道而行，知必屈辱而不避也，故行不敢苟
合，言不爲苟容，雖無功於世而名足稱也，雖言
不用於國家而舉措之言可法也。故殊於世，則身
孤於士眾。㉔

他稱美有若「正其行而不苟合於世」。在他看來，能堅守道德原
則本身，是很難能可貴的，足以爲來人樹典範。他當然也感慨不
趨俗附世者難免踽踽涼涼。

在處世上，他呼籲人，執守道德，才是有福。〈懷慮〉說：

積德之家必無災殃。利絕而道著，武讓而德興，
斯乃持久之道，常行之法也。㉕

〈術事〉說：

聖賢與道合，愚者與禍同，懷德者應以福，挾惡
者報以凶，德薄者位危，去道者身亡。㉖

㉓ 陳奇猷《韓非子集釋》，頁365-366。
㉔ 陸賈《新語》，頁8。
㉕ 陸賈《新語》，頁16。
㉖ 陸賈《新語》，頁4。

在蒞政施治上，他因此也提倡一種倚仁仗義，重德輕刑的德化政治。他說：

> 夫居高者自處不可以不安，履危者任杖不可以不固。……聖人居高處上，則以仁義為巢；乘危履傾，則以賢聖為杖。……杖聖者帝，杖賢者王，杖仁者霸，杖義者強，杖讒者滅，杖賊者亡。（〈輔政〉）[27]

他堅信「德盛者威廣，力盛者驕眾，……虐刑則怨積，德布則功興」（〈道基〉），[28] 人君施政因此當重賞輕刑。〈至德〉說：

> 懷道者眾歸之，恃刑者民畏之。……設刑者不厭輕，為德者不厭重；行罰者不患薄，布賞者不患厚。[29]

透過重賞輕刑、懷仁仗義的手法，陸賈相信可以達到「行之於近而疏遠悅，脩之於閨門之內而名譽馳於外」，近悅遠來，以近懷遠的政治效果，這才是陸賈仁義說的最終目的。而針對著漢高帝想要知道「古成敗之故」的要求，陸賈在《新語》裏因此也大事論述存亡之徵。他舉桀紂、楚靈王、魯莊王、秦二世為例，說明尚刑輕德，賤仁義，忽道德的嚴重後果便是亡了國家、失去天下；他說：

> 桀紂功不能自存，威不能自守，非為貧弱，乃道德不存乎身，仁義不加於天下也。故察於財而昏

---

[27] 陸賈《新語》，頁5。
[28] 陸賈《新語》，頁3。
[29] 陸賈《新語》，頁13。

> 於道者，眾之所謀也；果於力而寡於義者，兵之
> 所圖也。（〈本行〉）㉚
> 楚靈王不先仁義而尚道德，身死於棄疾之手。魯莊公
> 尚權杖威，國侵地奪，以洙泗爲境。（〈懷慮〉）㉛
> 齊桓公尚德以霸，秦二世尚刑而亡。（〈道基〉）㉜

　　大抵，取代嬴秦而起的劉漢朝廷，一統之後，所急急要做
的，是和崇刑法、賤德義的嬴秦劃清界限，其明顯的動作便是反
覆地數落秦的苛法重刑。這一目標由開國初祖高帝對陸賈公開而
明白地提了出來，以後便成了漢代思想家發政論時的普遍動作，
在漢代思想家的理論中少有不著秦失的，詆秦、罵秦成了漢代學
者發論的普遍風氣。由是而崇道的主清靜無爲，尚儒的講仁義道
德，而迎著高帝的要求，陸賈理所當然地成了這一風氣動作的總
開啓，賈誼的〈過秦論〉則是其中最具代表性的一個。

（二）近身爲基，辨惑任賢

　　行仁義之政最重要的便是由執政者自身要求起，分善惡，辨
賢愚，陸賈說：

> 安危之道，吉凶之符，一出於身；存亡之道，成
> 敗之事，一起於善行。（〈明誡〉）㉝
> 治末者調其本，端影者正其形，求遠者不可失之

㉚ 陸賈《新語》，頁17。
㉛ 陸賈《新語》，頁15。
㉜ 陸賈《新語》，頁3。
㉝ 陸賈《新語》，頁18。

於近。（〈術事〉）㉞

登高必自卑，行遠必自邇，務近是圖遠的初基，行小是爲大的根柢。（〈愼微〉）說：

　　夫建大功者必先脩之於閨門之內，垂大名於萬世
　　者必先行之於纖微之事，脩之於內，著之於外；
　　行之於小，顯之於大。㉟

人君因此必須當下由自身做起，躬行仁義，踐履道德，「口出善言，身行善道」（〈明誡〉），以帶動風氣，造成上行下效的良好效果。〈無爲〉說：

　　上之化下猶風之靡草也，君之御下民，奢侈則應
　　之以儉，驕淫則統之以理，未有上仁而下殘，上
　　義而下爭者也。孔子曰：「移風易俗豈家至哉？
　　先之於身而已矣。」㊱

這是極典型的儒家德化政論，也是陸賈心目中的「無爲」。《論語・爲政》說：「爲政以德，譬諸北辰，居其所而眾星拱之」，㊲〈顏淵〉說：「君子之德，風；小人之德，草。草上之風必偃。」㊳這是儒家式的「無爲」。陸賈先求在我的「無爲」正是這一系說法的繼承。

㉞ 陸賈《新語》，頁5。
㉟ 陸賈《新語》，頁9。
㊱ 陸賈《新語》，頁7。
㊲ 南宋・朱熹集註《四書集註・論語集註》（台北：學海出版社，1988年6月初版），頁53。
㊳ 朱熹《四書集註》，頁138。

　　除了躬行仁義，爲民表率之外，政治到底必須牽涉到實務上的處理問題，實務的處理有賴諸多的人才，用人問題因此也成了陸賈政論中的主要課題。在〈輔政〉、〈辨惑〉、〈資質〉、〈愼微〉裏，對於用人問題，都再三地舉證批論，其批論的焦點，主要集中在對賢愚、善惡的辨識與專任、專聽上。〈輔政〉說：

> 聖人居高處上，則以仁義爲巢；乘危履傾，則以聖賢爲杖。昔者堯以仁義爲巢，舜以稷契爲杖，故高而益安，動而益固；秦以刑罰爲巢，故有覆巢破卵之患，以李斯、趙高爲杖，故有頓仆跌傷之禍。何者？所任者非也。故杖聖者帝，杖賢者王，杖仁者霸，杖義者強，杖讒者滅，杖賊者亡。㊴

仁義是國家確立的根基，任聖用賢是政治成功的保證，一國政治的隆衰，取決於用賢的情況。在〈輔政〉篇中，他一再舉堯舜與秦爲例，說明讒邪亂國之可畏，與人君辨賢之重要。他說：

> 讒夫似賢，美言似信，聽之者惑，觀之者冥。故蘇秦尊於諸侯，商鞅顯於西秦，世無賢智之君，孰能別其形。夫據千乘之國而信讒佞之計，未有不亡者也。故詩曰：「讒人罔極，交亂四國，眾邪合心，以傾一君，國危民失，不亦宜乎！」㊵

在〈愼微〉篇裏，他舉孔子爲例，說明邪臣蔽賢，政道不通的遺

㊴ 陸賈《新語》，頁5。
㊵ 陸賈《新語》，頁6。

憾，勸人君「罷雲霽翳」，使政道重見光明。他呼籲人君「誅鉏
姦臣賊之黨，解釋凝滯、絀繆之結」，使「忠良方直之人得容於
世而施於政。」[41]在〈資質〉篇中，他嗟歎美質良才無由通顯，
坐令枯傷。而美質良才要能通顯，只有遭逢明君，[42]〈術事〉
也說：

> 道爲智者讖，馬爲御者良，賢爲聖者用，辯爲智
> 者通，書爲曉者傳，事爲見者明。[43]

在〈資質〉篇中，他一方面慨歎賢才難通顯，同時也憤憤不平於
公族子弟之夤緣而上，處尊任重。他說：

> 夫窮津之民，據黎接耜之士，或懷不羈之才，身
> 有禹、皋陶之美，綱紀存乎身，萬世之術藏於
> 心；然身不用於世者，無紹介通之者也。公卿之
> 子弟，貴戚之黨友，雖無過人之才；然在尊重之
> 位者，輔助者強，飾之者巧，靡不達也。[44]

而推究人君之所以不能明才辨賢，甚至亡國喪身，基本上還是
私慾無法有效調適的問題。在〈無爲〉篇中，他以秦始王、齊桓
公、楚平王的驕奢、好色、縱恣爲戒，勸人君要「應之以儉」、
「統之以理」，躬身節制。[45]在〈術事〉篇中，他稱揚舜能棄黃
金，禹能捐珠玉。[46]在〈輔政〉篇裏，他要人君「遠熒熒之色，

---

[41] 陸賈《新語》，頁10。

[42] 陸賈《新語》，頁11-13。

[43] 陸賈《新語》，頁4-5。

[44] 陸賈《新語》，頁12。

[45] 陸賈《新語》，頁7-8。

[46] 陸賈《新語》，頁4。

放錚錚之聲，絕恬美之味，疏嗑嘔之情。」⑪好德不好色，不淫
於權位、富貴。

（三）質貴能通，才求顯用

除了一方面勸誡人君要辨惑知賢外，陸賈在另一方面也鼓勵
士君子要行道用世，積極挺進，莫讓自己懷璧幽隱，窮老空山。
在〈資質〉篇中，他用了過半的篇幅，以寫賦的手法，情采並茂
地低迴於美質良才的平白蹧踏，感慨於際遇的窮通對一個人生命
價值功能的界定，竟有著天壤的差異；他說：

> 質美者以通爲貴，才良者以顯爲能，何以言之？
> 夫楩柟豫章，天下之名木，生於深山之中，產於
> 溪谷之傍，立則爲大山眾木之宗，仆則爲萬世之
> 用。浮於山水之流，出於冥冥之野，因江、河之
> 道，而達於京師之下。因於斧斤之功，舒其文采
> 之好，精捍直理，密緻博通，虫蝎不能穿，水濕
> 不能傷，在高柔軟，入地堅彊，無膏津而光潤
> 生，不刓劃而文章成，上爲帝王之御物，下則賜
> 公卿、庶賤。不得以，備器械，閉絕以關梁。及
> 隘於山阪之阻，隔於九阬之隁，仆於鬼崔之山，
> 頓於窅冥之溪，樹蒙籠蔓延而無閒，石崔嵬嶄岩
> 而不開，廣者無舟車之通，狹者無步檐之蹊，商
> 賈所不至，工匠所不窺，知者所不見，見者所不
> 知，功棄而德亡，腐朽而枯傷，轉於百仞之壑，

---

⑪ 陸賈《新語》，頁6。

惕然而獨僵，當斯之時，不如道傍之枯楊。虆虆
詰屈，委曲不同，然生於大都之廣地，近於大匠
之名工，則材器制斷，規矩度量，堅者補朽，短
者續長，大者治罇，小者治觴，飾以丹漆，斁以
明光，上備大牢，春秋禮庠。褒以文采，立禮矜
莊，冠帶正容，對酒行觴，卿士列位，布陳宮
堂，望之者目眩，近之者鼻芳。故事，閉之則
絕，次之則通，抑之則沈，興之則揚；處地楩
梓，賤於枯楊。德美非不相絕也，才力非不相懸
也，彼則槁枯而遠棄，此則為宗廟之器者，通與
不通亦如是也。⁴⁸

通顯與不通顯，對於一個立身行道的士君子而言，意義是很不同
的。任你是怎樣一個不世出的奇才，也經不起長久的埋沒。一個
人一生價值功能的高低，並不全然決定於先天才質的良窳。一個
良好的試用機會，更能教你的才質錦上添花，使你的生命美不
勝收。即使是凡庸之才，能得到一個恰當的任用機會，也無異獲
得一次幸運的陶煉與雕飾。在被注意與任用的過程中，你的才能
自能得到不斷的琢磨與裁飾，品質自會日漸提昇，日趨精良。一
段時間之後，你完全脫胎換骨，不再是往日那個吳下阿蒙了。反
之，那怕你是個天縱的英才，長期的幽處荒棄，終究沒能肯定什
麼？陸賈對於任用機會的有無，於一個人一生價值的肯定，竟有
著這樣深入得近乎沉痛的了解。他因此再三提醒士君子，越是良
佐賢才，就越該積極用世，越該去贏取那個對自己絕對有正面意
義的琢磨機會，越沒有理由讓自己「腐朽枯傷」，〈術事〉說：

---

⁴⁸ 陸賈《新語》，頁11-12。

「懷道者須世，抱樸者待工。」⑭

本著這樣的觀點，他反對道家的避世遁隱，更反對求仙家的
棄俗絕世；他說：

> 夫播布革，亂毛髮，登高山，食木實，視之無優游
> 之容，聽之無仁義之辭，忽忽若狂痴，推之不往，
> 引之不來，當世不蒙其功，後代不見其才，君傾而
> 不扶，國危而不持，寂寞而無鄰，寥廓而獨寐，可
> 謂避世，非謂懷道者也。故殺身以避難，則非計
> 也；懷道而避世，則不忠也。（〈慎微〉）⑳
>
> 人不能懷仁行義，分別纖微，忖度天地，乃苦身
> 勞形，入深山，求神仙，棄二親，捐骨肉，絕五
> 穀，廢詩書，背天地之寶，求不死之道，非所以
> 通世防非者也。（〈慎微〉）㉑

在陸賈看來，道是要「行」的，不只是給人「懷」的，道之
所以為道，要行得通、用得靈，才叫「道」，〈慎微〉說：

> 道者人之所行也，夫大道履之而行則無不能，故
> 謂之道。
>
> 道無廢而不興，器無毀而不治。㉒

「道」不是空懸的理論，也不宜只作為一種空懷的理想，它必須
從「行」中去界定價值，有體無用，終歸枉然。求仙家似乎背本

---

⑭ 陸賈《新語》，頁4。
⑳ 陸賈《新語》，頁11。
㉑ 陸賈《新語》，頁10-11。
㉒ 陸賈《新語》，頁11。

求末，懷道遁隱的也是自暴自棄，自我蹧踏。陸賈所稱揚的，是像湯、武、伊、呂一樣，順應著時運，把握機會，積極地去摧枯拉朽、大興大革，以成大功、立大業的大人物；〈慎微〉說：

> 若湯、武之君，伊、呂之臣，因天時而行罰，順
> 陰陽而運動，上瞻天文，下察人心，以寡服眾，
> 以弱制強，革車三百，甲卒三千，征敵破眾，以
> 報大讎，討逆亂之君，絕煩濁之原，天下和平，
> 家給人足，疋夫行仁，商賈行信，齊天地，致鬼
> 神，河出圖，洛出書，因是之道，寄天地之間，
> 豈非古之所謂得道者哉？[53]

這才叫錚錚君子、堂堂聖人。他也崇拜管仲，嚮往像管仲一樣的事功。他說管仲「詘節事君，專心一意」，卻能「正其國如制天下，尊其君而屈諸侯，權行於海內，化流於諸侯，掌一事而天下從，出一政而諸侯靡。」（〈懷慮〉）[54]總之，他推崇一種乾健昂揚、積極進取的生命態度，要求在有生之年有聲有色地立一番功業。

　　從陸賈一生折衝外交的縱橫才能看來，他的確是隨時思欲有為的。兩使南粵的成功正是他這一理念的印證與落實。然而，一世的太中大夫卻也多少限制了他理想的更上層樓，〈資質〉篇的低迴與嗟歎，或許不全為他人作嫁吧。

---

[53] 陸賈《新語》，頁11。
[54] 陸賈《新語》，頁15。

二、融道合法，兼採陰陽

如前所論，就基本的立場和絕大部分的思想理論而言，陸賈當然是醇度極高的儒者；但，在《新語》的某些重要篇章與理論中，陸賈卻參採了不少道法兩家的觀點，乃至陰陽家說。光就十二篇篇名看來，不但有〈至德〉、〈本行〉，又有〈愼微〉、〈無爲〉等含帶著道家意味的題稱，便思過半了。

（一）君子能應機，聖人合天氣

先看他所標榜的君子與聖人。《新語》裏所描述的君子與聖人，如前所述，大致和《論》、《孟》所說相吻合。然而，除了含懷道德仁義之外，〈道基〉說，君子還「虛無寂寞，通動無量」，[55]具有沖漠不可測的沉潛氣質。〈思務〉說，君子除了能廣思博聽，循法合度之外，還

> 聞見欲眾而採擇欲謹，學問欲（博而行己）欲敦，[56]見邪乃知其直，見花乃知其實，目不淫於炫耀之色，耳不亂於阿（諛之詞，雖利）[57]之以晉楚之富而志不回，談之以松喬之壽而行不易。[58]

---

55 陸賈《新語》，頁3。

56 此句兩「欲」字間原標註「缺四字」，宋翔鳳依《群書治要》補此。說見王利器《新語校注》頁164註7所引。

57 此句兩「阿」字下原標註「缺六字」，宋翔鳳依《群書治要》補此五字，意甚通暢，因從校改。說見王利器《新語校注》頁164註13所引。

58 陸賈《新語》，頁19。

博而能約，冷靜而睿知，寡慾而清心，得本知末，堅定不移，不慕富貴，不貪年壽。兼有儒家的堅定志節和道家的明敏睿智。〈本行〉裏的聖人，除了「高道德」、「謹仁義」、「卑宮室」、「惡衣服」之外，還「不損其行以增其容」、「不虧其德以飾其身，國不興無事之功，家不藏無用之器，所以稀力役而省貢獻」，[59]極盡其儉嗇無擾，而且

　　乘天威，合天氣，承天功，象天容，而不與爲功。[60]

一切依順自然以爲法度，而不私、不宰地成事立功。這樣的氣質與形象，是相當煥發著黃老一系道家氣質的。

　　在〈愼微〉篇裏，對於這種融合著儒道的君子，描繪就更爲細膩生動了，它說：

　　君子居亂世則合道德，採微善，絕纖惡，脩父子之禮，以及君臣之序，乃天地之通道，聖人之所不失也。故隱之則爲道，布之則爲文，……雕琢文采，抑定狐疑，通塞理順，分別然否，而情得以利，而性得以治，綿綿漠漠，以道制之，察之無兆，遁之恢恢，不見其行，不睹其仁，湛然未悟，久之乃殊，論思天地，動應樞機，俯仰進退，與道（爲依），[61]藏之於身，優遊待時。[62]

---

⑤⑨ 陸賈《新語》，頁17。

⑥⓪ 陸賈《新語》，頁11。

⑥① 此句原缺二字，宋翔鳳依《群書治要》補此曰：到下本缺二字，別本作「爲依」，《子彙》本作「爲俱」，「依」與「俱」韻諧，因從校改。說見王利器《新語校注》頁99注15所引。

⑥② 陸賈《新語》，頁11。

可見，在陸賈的心目中，一個理想的人物，不只是一味挺進的，他最好也能進退得宜，出處應時，既有儒家的節度與文采，還兼具道家的智慧與斂涵。在曖曖中自然散發著永恆的光芒，在平凡穩定中潛孕著一定的能耐，這應該是儒、道融合的總成果，陸賈一生的氣質行逕，基本上就是這樣一種典型具體而微的體現。有機會能出能動時，他把握機會勸說高帝，勸降南粵，敏銳地洞察陳平的心事，有效地獻策勸和，努力扶傾朝廷，乃至立功異域。然而，一旦時不可爲（呂氏專權），他立刻告老退處。他一生黽勉努力，卻又不忮不求，連對自己晚年的安排也是一式地清楚明爽，無比睿知。他將平生大部分貲財均分其子，自己留下足以自娛、自足的幾件隨身寶物，約定輪流造訪各家，卻以十日爲限，不多逗延。且一年中，每子不多過兩三訪。也同時要求兒子：凡所過家，人馬酒食之供給需「極欲」且新鮮，將來死在那一家，隨身財物盡歸該家所有。雙方竭誠，彼此體諒，免增無謂負擔與嫌隙，平平和和，寬寬坦坦。他就是這樣一個動定得宜、硬軟兼具的人物。

（二）持柔守樸、戒剛去巧

因此，在〈輔政〉篇裏，提倡法仁義、杖聖賢的同時，陸賈也論述了柔弱樸質的重要，勸人戒剛強、去便巧，他說：

> 懷剛者久而缺，持柔者久而長；躁急者爲厥速，遲重者爲長存；尚勇者爲悔近，溫厚者行寬舒；懷促急者必有所虧，柔懦者制剛強。小慧者不可以禦大，小辯者不可以說眾，……察察者有所不見，恢恢者何所不容。樸直者近忠，便巧者近

亡。君子遠熒熒之色，放錚錚之聲，絕恬美之
味，疏嗌嘔之情。天道以大制小，以重顛輕。⑥³

這類說法，大致上是《老子》知足寡慾、持柔守拙之類哲學，
提綱挈領的繼承，而和黃老帛書有著相同的旨趣。帛書〈經法・
名理〉說：「以剛為柔者活，以柔為剛者伐；重柔者吉，重剛者
（滅）。」⑥⁴〈稱〉說：「實穀不華，至言不飾，至樂不笑。」⑥⁵
都是教人戒剛守柔，質樸去巧。可見，在積極挺進的同時，陸賈
也是知所不為的。

（三）道本天地，天人合則

值得注意的是：除了戒剛持柔之外，陸賈也重視做事的原
則要領，他說：「制事者因其則」、「近道者不必出于久遠，取
其至要而有成。」（〈術事〉）⑥⁶做任何事，都有一定的原則與
要領，能把握住那些原則與要領，做任何事都能順遂成功。那個
能使事情順遂成功的東西，就陸賈的觀點而言，基本上當然是道
德、是仁義，〈術事〉說：「立事者不離道德」⑥⁷；但，卻不僅
止於道德仁義，而另含著關鍵、手法之類意義，近似於黃老道家
的「數」，甚或「術」的意味。司馬談說黃老道家所講的「道」
是一種「術」，一種「指約而易操，事少而功多」的「術」

---

⑥³ 陸賈《新語》，頁5-6。
⑥⁴ 馬王堆《帛書老子・黃帝四經・經法・名理》（台北：河洛圖書出版社，1974年
　　12月），頁207。
⑥⁵ 《帛書老子・黃帝四經・稱》，頁229。
⑥⁶ 陸賈《新語》，頁5。
⑥⁷ 陸賈《新語》，頁4。

（〈論六家要旨〉）[68]舉凡做事能把握一定的原則與要領，就是「任術」，就是「執道」、「抱道」，在政治上就能獲得極大的成功。帛書〈十大經・成法〉說：「一者，道其本也。一之解，察於天地；一之理，施於四海。」[69]陸賈也有這樣的看法，他說：

> 聖人執一政以繩百姓，持一概以等萬名民，所以同一治而明一統也。（〈懷慮〉）[70]

他和帛書〈經法〉一樣，重「道」又重「度」。而這個「道」卻又是依順天地自然而來的；〈懷慮〉說：

> 事不生於法度，道不本於天地，可言而不可行也，可聽而不可傳也，可□玩而不可大用也。[71]

什麼叫做「事生於法度」、「道本於天地」？〈道基〉在鋪敘人類文化、文明的開啟時說：

> 天生萬物，以地養之，聖人成之，功德參合，而道術生焉。……先聖乃仰觀天文，俯察地理，圖畫乾坤，以定人道，民始開悟。知有父子之親、君臣之義、夫婦之別、長幼之序，於是百官立，王道乃生。[72]

「道術」的產生是天生、地養加（聖）人成的，是聖人因天文、

---

[68] 裴駰集解，司馬貞索隱，張守節正義《史記集解》，頁1349。
[69] 《帛書老子・黃帝四經・十大經・成法》，頁220。
[70] 陸賈《新語》，頁15。
[71] 陸賈《新語》，頁16。
[72] 陸賈《新語》，頁1。

法地理的制作，這樣的「道」自然是指的「人道」，而從〈道
基〉全文與《新語》的撰作目的看來，這個「道」，自然是指的
政道、治術，即所謂的「王道」。〈明誡〉說：

> 聖人承天之明，正日月之行，錄星辰之度，因天
> 地之利，等高下之宜，設山川之便，平四海，
> 分九州、同好惡、一風俗。《易》曰：「天垂
> 象，見吉凶，聖人則之；天出善道，聖人得
> 之。」……故曰：「則天之明，因地之利，觀天
> 之化，推演萬事之類。」⑬

這叫做「道本於天地，事生於法度」。這個「法度」指的仍然是
天地自然之理，也就是日月、星辰、山川等的秩序與條理。換言
之，聖人是觀天地之理，以立人道，興王道。治道、人道的開創
與籌劃，陸賈認爲應該取法於繁複中自有井秩的天地之道，政道
必須根源於天道，才愜理厭心，順遂圓滿，儘管這個「道」歸結
到最後，必須以「仁義」爲基、爲內容，陸賈認爲，其來源仍是
取法於天地之理的。這類的觀點是很典型的黃老觀點。黃老帛書
〈經法・道法〉說：

> 天地有恆常，萬民有恆事，貴賤有恆立（位），
> 畜臣有恆道，使民有恆度。⑭

從民生事物到政治，〈經法〉都說應取法於井然的天道，才能
幸福成功。而天道刑德相養，治道因此也該文武並用。帛書〈經
法・君正〉說：

---

⑬ 陸賈《新語》，頁18-19。
⑭ 《帛書老子・黃帝四經・經法・道法》，頁194。

> 天有死生之時，國有死生之正（政），因天之生
> 也以養生胃（謂）之文，因天之殺也以伐死，胃
> （謂）之武，〔文〕武並行，則天下從矣。⑦

帛書〈十大經·姓爭〉說：「刑德相養，逆順若（乃）成。」陸
賈也對高帝說：「文武並用，長久之術也。」他努力地想在道家
的天道律則與儒家的人道世務之中求得和諧統一，將道家的治事
要術和儒家的仁義道德、倫常秩序結合在一起。

　　因此，在〈道基〉篇裏，我們所看到的，是天道與人道的大
結合。所謂天道，〈道基〉說：

> 張日月、列星辰，序四時，調陰陽，布氣治性，次
> 置五行，春生夏長，秋收冬藏，陽生雷電，陰成雪
> 霜，養育群生，一茂一亡，潤之以風雨，曝之以日
> 光，溫之以節氣，降之以殞霜，位之以眾星，制之
> 以斗衡，苞之以六合，羅之以紀綱，改之以災變，
> 告之以禎祥，動之以生殺，悟之以文章。⑦

包括了日月、星辰、陰陽、四時、風雨、寒暑、霜露等各種自然
現象與節候的遞轉變換，以迄代謝生殺。

　　所謂的地道，〈道基〉說：

> 地封五嶽，畫四瀆，規洿澤，通水泉，樹物養
> 類，苞植萬根，暴形養精，以立群生，不違天
> 時，不奪物性，不藏其情，不匿其詐。⑦

---

⑦ 《帛書老子·黃帝四經·經法·君正》，頁196。
⑦ 陸賈《新語》，頁1。
⑦ 陸賈《新語》，頁1。

指的是山岳、丘陵、河川、沼澤、水泉等可以棲養生類的地理環境。所謂人道則是指聖人參天合地以開創的文明與治道。其內容至少包括了物質性的基礎文明，與精神性的政治教化文明。其開創過程，依〈道基〉的說法，分先聖、中聖、後聖三階段來實施：神農嚐百草，教民種穀；黃帝造宮室；后稷教民分田界，墾荒地以農耕；大禹平治水患，使民安居平地、樂家園；奚仲發明車船。五聖分別解決了人民食、衣、住、行的基本問題，開啓了人類物質性的基礎文明。皋陶接著制定刑法，「立獄制罪，懸賞設罰，異是非，明好惡」，使民不致因物質文明的推進而作姦犯科，這些就是所謂的「先聖」制作。然後，站在這些基礎上，中聖繼續精神文明的創發，「設辟雍庠序之教，以正上下之儀，明父子之禮，君臣之義。」簡言之，即是設學校，明教化，修禮義。後聖益愈精進，修五經，明六藝，以序人倫，正風俗。由是而文明大開，政教修明。其後，物質文明愈加精緻繁複，人心也日益窮奢極巧，精神性的政教文明因此必須相對地提昇，仁義就是在這樣的情況下被聖人創發出來，做為一切天人事物、精神與物質文明的極則，[78]也由是而如前所述，成為一切事物存在的核心根源，此其一。

其次，他把刑罰的訂定，安排在先聖之末，中聖之前，理由是：物質文明進化後，人的生活安定進步，於是不免開始「好利惡難，避勞就逸」。皋陶因此才「立獄制罪，懸賞設罰」，去區定是非善惡的界限與標準。可是，在另一方面，又擔心「民知畏法，而無禮義」，光有行為的標準矩度，卻缺乏優雅的道德心靈。中聖於是接手修政教、設學校，以開發精神文明。從這裏

---

[78] 以上三聖之文明開發，詳見陸賈《新語・道基》，頁1。

可以很明顯地看出：在陸賈心目中，禮樂教化的大前提是基本的
政治法令，在基本的政治法令建立起來之後，才談得上禮樂教化
的創發。換言之，硬性的刑法政令，是軟性禮樂道德的前提和保
證。因此，在〈愼微〉篇中，陸賈正面肯定權、勢對道德的推行
具有絕對的效用。

（四）道因權立，德因勢行

〈辨惑〉說：

> 道因權而立，德因勢而行。不在其位者，則無以
> 齊其政；不操其柄者，則無以制其罰。⑦⑨

陸賈在這裏顯然爲了顧慮到道德教化實際推行的可能問題，接
受了法家權勢、權位、刑罰等等的觀念，主張道德教化應該配合
著這些條件來執行，才能落實有效。這樣的主張明白顯示了漢
儒在面對往後的帝制政治，所作的現實考量與調適，不再一味浮
泛地膨脹道德的功能，而能正視到要以仁義道德作爲帝制政治
的指導原則時，必須適度地吸收仁義以外的一些較爲硬性的東
西，那個德治的理想才不會落空。他眞正看出了儒家德治理想在
實際付諸執行時的薄弱不足處，思欲有效地加以補強。這些，在
在顯示了「儒家在初步實現與政治權力結合時所具有的寬容、權
變意識」，也暴露了儒學在上升爲與君主權力相結合的官方意

---

⑦⑨ 上文原置〈愼微〉中，宋翔鳳依《子彙》本，將〈愼微〉篇「自齊夫用人若彼」
以下至「無以制其剛」，整節228字全數移至〈辨惑〉中，俾使其上之「顏回一簞
食，……人不堪其憂」得以順接其下之「回也不改其樂」；並改「無以制其剛」
爲「無以制其罰」。說詳王利器《新語校注》（台北：明文書局，1987年5月），
頁84、86，注21。

識形態時的別無選擇。這以後到了賈誼、董仲舒，乃至以道家思想爲標榜的《淮南子》裏，一樣不能不重視，《漢書‧賈誼傳》載賈誼論中央與藩國的關係時說：「仁義恩厚，此人主之芒刃也；權勢法制，此人主之斤斧也。」[80]在他鼎鼎有名的〈過秦下〉賈誼說：「君子爲國，觀之上古，驗之當世，參之人事，察盛衰之理，審權勢之宜，去就有序，變化應時。」[81]董仲舒在論刑德相養時說：「慶賞刑罰之不可不具也，如春夏秋冬之不可不備也。」[82]《淮南子‧主術》也說：「權勢者人主之車輿也」、「攝權勢之柄，其於化民易矣。」[83]這種重視權勢的實際功能價值，和〈道基〉篇把政治法令列爲禮樂教化大前提的觀點，基本上都是援採自法家，吸收自法家的。

（五）古今同綱紀，因世而權行

不僅如此，在《新語》中，陸賈一方面應高帝的要求，一本史學長才，大事地引古例、說古事，稱舉堯、舜、禹、湯，推崇五經、聖賢；另一方面他也重今。在〈術事〉篇裏，他反對貴遠賤近，以古非今。〈術事〉說：

> 世俗以爲自古而傳之者爲重，以今之作者爲輕。
> 淡於所見，甘於所聞；惑於外貌，失於中情。[84]

在陸賈看來，「古人之所行者，亦與今世同……萬世不易法，古

---

[80] 王先謙《漢書補注》，頁1070。
[81] 賈誼《新書》，頁10。
[82] 凌曙《春秋繁露注‧四時之副》，頁290。
[83] 劉文典《淮南鴻烈集解》卷九，頁15。
[84] 陸賈《新語》，頁4。

今同綱紀。」古未必逾於今，今亦未必遜於古，事物的價值，根源於他本身的內在品質，而非任何外在的條件。因此，沒有什麼絕對的名牌，合道好用便是價值，不必講求來歷。

> 良馬非獨騏驥，利劍非惟干將，美女非獨西施，忠臣非獨呂望。……制事者因其則，服藥者因其良，書不必起仲尼之內，藥不必出扁鵲之方，合之者善，可以爲法，因事而權衡。（〈術事〉）[85]

事物的價值是沒有時空區分的，好的東西不管出在什麼時候，什麼地點，都是好。陸賈說：「文王生於東夷，大禹出於西羌，世殊而地絕，法合而度同。」「古」之所以有價值，必須合於「今」用，稱「古」說「古」，目的是爲了戒「今」戒「己」，而不是「古」字本身標示著什麼特殊的意義或價值。〈術事〉說：

> 善言古者合之於今，能述遠者考之於近。故說事者上陳五帝之功，而思之於身；下列桀紂之敗，而戒之於己。[86]

因此，切身近世才是應該正視的重點，吾人立身施治應該面對眼前實際情況的需要，採取有效的恰當措施，「因世而權行」，才是解決問題的正確態度。這種面對現實，不迷信往古，能通達、知權宜的觀念，是法家的優點，也是黃老學家的智慧，卻爲陸賈所吸收。此後，在賈誼的〈過秦論〉，乃至《淮南子》和王充的《論衡》裏都有更充分的發揮。〈過秦下〉說「君子爲國」，不僅應該「觀之上古」，還應該「驗之當世」。《淮南子》有〈齊

---

[85] 陸賈《新語》，頁4-5。

[86] 陸賈《新語》，頁4。

俗〉篇，專文呼籲以平等眼光看待不同時空領域中的事物價值。
《論衡》則有〈齊世〉篇，專門反對以古非今，貴遠賤近。〈齊
俗〉說：

> 有虞氏之禮，其社用土，祀中霤，葬成畝，其樂咸
> 池、承雲、九韶，其服尚黃。夏后氏（之禮）[87]，
> 其社用松，祀戶，葬牆置翣，其樂夏籥、九成、
> 六佾、六列、六英，其服尚青。殷人之禮，其社
> 用石，祀門，葬樹松，其樂大濩、晨露，其服尚
> 白。周人之禮，其社用栗，祀竈，葬樹柏，其樂
> 大武、三象、棘下，其服尚赤。禮樂相詭，服制
> 相反，然而皆不失親疏之恩，上下之倫。[88]
> 胡人彈骨，越人契臂，中國歃血也，所由各異，
> 其於信一也。三苗髮垂首，羌人括領，中國冠
> 笄，越人劗鬋，其於服一也。帝顓頊之法，婦人
> 不辟男子於路者，拂之於四達之衢。今之國都，
> 男女切踦，肩摩於道，其於俗一也。故四夷之禮
> 不同。[89]

〈齊俗〉的作者因此推崇一種「應時耦變，見形施宜」、「論世

---

[87] 上文「有虞氏之禮」本作「有虞氏之祀」，「夏后氏之禮」本作「夏后氏」，脫「之禮」二字，王念孫云：「祀當為禮，此涉下文祀中霤而誤也。有虞氏之禮總下三事而言，不專指祭祀。下文夏后氏之禮（今本脫『之禮』二字）、殷人之禮、周人之禮皆其證。」說見劉文典《淮南鴻烈集解》卷十一，頁63，當句下集解所引王氏注。今並從校補。

[88] 劉文典《淮南鴻烈集解》卷十一，頁63。

[89] 劉文典《淮南鴻烈集解》卷十一，頁61。

立法、隨時舉事」，通達而切合實際的治事之術。⑩王充則是站
在同稟一「氣」的觀點，來論證陸賈所謂「萬世不易法，古今同
綱紀」⑨的道理；《論衡・齊世》說：

> 上世之天，下世之天也，天不變易，氣不改更；
> 上世之民，下世之民也，俱稟元氣，元氣純和，
> 古今不異，則稟以爲形體者何故不同？一天一
> 地，並生萬物，萬物之生，俱得一氣，氣之薄
> 渥，萬世若一。⑫
>
> 上世之人所懷五常也，下世之人亦所懷五常也，
> 俱懷五常之道，共稟一氣而生，上世何以質樸？
> 下世何以文薄？⑬

王充因此認爲，所謂「聖人」並不是古代的專利，只要「天地氣
和，即生聖人，和氣不獨在先古」。因此，聖人當然不是古代的
特產。之所以認定「古聖優於今」，其實只是世俗之人「好褒古
而毀今，少所見而多所聞」的偏見。基於這樣的觀點，必要時他
也「問孔」、「刺孟」、「非韓」。這類的觀點，和陸賈「書不
必起仲尼之門，藥不必出扁鵲之方」的觀點是遙相呼應的。而陸
賈本身崇儒卻能兼融道、法、陰陽，也正是這種「因世而權行」
主張的落實表現。

---

⑩ 劉文典《淮南鴻烈集解》卷十一，頁65。

⑨ 陸賈《新語》，頁4-5。

⑫ 漢・王充撰，劉盼遂《論衡集解》（台北：世界書局，1967年12月再版），
　頁381。

⑬ 劉盼遂《論衡集解》，頁383。

（六）道莫大於無為

　　而政道既當依順天道，天道是無為的，依順天道而來的王道、政道因此也當無為。《新語‧無為》篇說：「道莫大於無為」。何謂「無為」？陸賈說：

> 昔虞舜治天下，彈五絃之琴，歌南風之詩，寂若無治國之志，漠若無憂民之心，然天下治。
> （〈無為〉）[94]

這就是治道的「無為」。這樣的「無為」是充滿道家情調的；但，要如何地達到「無為」，陸賈說，那要靠對儒家仁義道德的踐履來達到。〈道基〉說：

> 君子握道而治，口德而行，席仁而坐，杖義而強，虛無寂寞，通動無量。[95]

〈至德〉說得更清楚了，它說：

> 君子之為治也，塊然若無事，寂然若無聲，官府若無吏，亭落若無民，閭里不訟于巷，老幼不愁于庭，近者無所議，遠者無所聽，郵驛無夜行之吏，鄉閭無夜名之征，犬不夜吠，鳥不夜鳴。老者息于堂，丁壯者耕耘于田，在朝者忠于君，在家者孝于親。[96]

這就是陸賈所嚮往的理想政治與社會藍圖，一個充滿安寧和諧，

---

[94] 陸賈《新語》，頁6。

[95] 陸賈《新語》，頁3。

[96] 陸賈《新語》，頁14。

各安其安，各樂其樂，不紛不爭的社會。這樣的政治與社會，氣質上是道家式的；但，在安定和諧中卻摻和著儒家的道德、倫常成分。就整體文字氣氛而言，與守山閣本《慎子》與《韓非子・大體》裏的理想國依稀相似。〈大體〉說：

> 至安之世，法如朝露，純樸不散；心無結怨，口無煩言。故車馬不疲弊於遠路，旌旗不亂於大津，萬民不失命於寇戎，雄駿不創壽於旗幢，豪傑不著名於圖書，不錄功於盤盂，紀年之牒空虛。澹然閒靜，因天命，持大體。故使人無離法之罪，魚無失水之禍。[97]

它們基本上都是從《老子》的「小國寡民」（八十章）演化而來的。所不同的，《老子》要求返古，「使人復結繩而用之」，使民「至老死不相往來」，排斥文明的開發與推進。《韓非子・大體》則是爲了推銷其「因道全法」的主張，強調用「法」來達到這一切，保障這一切。陸賈則是在其中注入了儒家「忠」、「孝」的成分，把忠、孝也列入這個理想社會的安定內容之一。其所反映的，正是已然邁入平治階段的西漢初期，所實際企盼的政治、社會狀況。換言之，在《老子》，那樣的社會是純道而斥儒、斥法的；在《韓非子・大體》，那樣美麗的新世界是「因道全法」，道、法結合下的產物；在陸賈，那卻是儒道兼糅的成果。他一方面嚮往道家寧靜純和的境界，又堅信儒學的秩序與平和，希望結合二者去達到：在安寧平和中，自有穩定可悅的事功。

---

[97] 陳奇猷《韓非子集釋》，頁512。

（七）惡政致災，天人相應

而如前所述，陸賈以人君切身的表現，作為政治興衰的關鍵，說「安危之要，⑱吉凶之（符），⑲一出於身；（存亡）之道，⑳成敗之事，一起於言」㉑（〈明誡〉），㉒這個「身」當然是指的國君之身，他要人君完全地負起政治興衰，國家危亡的責任；說：

> 堯舜不易日月而興，桀紂不易星辰而亡，天道不
> 改而人道易也。……世衰道微，非天之所為也，
> 乃國君者有所取之也。㉓

這樣的看法原本是極正確明智的，和《荀子・天論》有著相同的旨趣。〈天論〉說：

> 天行有常，不為堯存，不為桀亡。……日月星辰
> 瑞曆是禹桀之所同也，禹以治，桀以亂，治亂非

---

⑱ 「要」，《子彙》本、程本、天一閣本作「効」，傅校本、唐本作「效」，茲依唐本校。說見王利器《新語校注》頁153注11所引。

⑲ 此句原缺「符」字，宋翔鳳依《群書治要》補此。說見王利器《新語校注》頁153注12所引校補。

⑳ 此句原缺「存亡」二字，宋翔鳳依《群書治要》補此。說見王利器《新語校注》頁153注13所引校補。

㉑ 「一起於言」本作「一起於行」，宋翔鳳云：上文曰「斯乃口出善言，身行善道之所致也」，此云「安危之要，吉凶之符，一出於身」與上「身行善道」相應；云「存亡之道，成敗之事，一起於言」與上「口出善言」相應。說見王利器《新語校注》頁153注15所引校補。

㉒ 全引文見陸賈《新語》，頁18。

㉓ 陸賈《新語》，頁18。

天也。⑭

陸賈是楚人，荀子晚年逃讒至楚，春申君以爲蘭陵令，終老於楚，荀子的學生浮邱伯（鮑邱）又與陸賈交游而相善，陸賈在〈資質〉篇中還曾稱頌他的德行，陸賈本崇儒，緣此種種機緣，陸賈的這些觀點受到荀卿的影響是很自然的。

然而，當進一步推論其原因的時候，陸賈卻跌入陰陽家天人災異的窠臼，轉出了與荀子截然相反的方向，〈明誡〉說：

> 惡政生惡氣，惡氣生災異。蝮虫之類，隨氣而生，虹蜺之屬，回政而見。治道失於下，則天文度於上；惡政流於民，則虫災生於地。賢君智，則知隨變而改，緣類而試。……聖人之理，恩及昆虫，澤及草木，乘天氣而生，隨寒暑而動者，莫不延（頸而望治），⑮傾耳而聽化。⑯

把天象、物候的正常與否說成是政道良窳所引起，它們彼此之間的關係甚至密切得如影隨形，此起彼應。在〈道基〉裏，他說天對聖人功德的啓悟，除了「潤之以風雨，曝之以日光，溫之以節氣，降之以殞霜，位之以眾星，制之以斗衡，苞之以六合，羅之以綱紀」，充分呈現各種自然現象，提供各種自然條件之外，還能「改之以災變，告之以禎祥。」又把萬類的化生，不論是「跂行喘息，蜎飛蠕動之類」，還是「水生陸行，根著葉長之屬」都

---

⑭ 戰國・荀卿撰，清・王先謙集解《荀子集解》（台北：藝文印書館，1973年9月），頁527。

⑮ 此句原缺四字，宋翔鳳依傳校本、唐本補此，說見王利器《新語校注》頁156注17所引。

⑯ 陸賈《新語》，頁18。

歸結爲「天地相承，氣感相應而成者也。」〈術事〉也說：

> 性藏於人，則氣達於天。事以類相從，聲以音
> 相應。[⑪]

在這些理論裏，陸賈很明顯表現出兩個看法：1.他以「氣」來做爲一切天人事、物的肇生基元，宇宙間一切天人事物的肇生，基本上都是這一氣之作用。「氣」很自然地便成爲一切天人事物交流溝通的媒介。2.因了這一「氣」，一切的天人事物可以隨時地相感相應。換言之，在陸賈看來，一切的天人事物似乎是同質異構的，它們通過先天那同質的「氣」，仍然可以相互往來，彼此感應。人物後天的表現似乎隨時都可能還原爲先天的質「氣」，去與大自然（尤其是所謂的「天地」）或他物相交通。這種還原甚至是不需過程，當下隨時都存在與進行的。

這兩個看法最少呈現出兩種意義：1.其以「氣」爲萬物肇生基元的說法，不論是源於陰陽家，還是試圖解析《老子》「道生一，一生二，三生萬物。」的命題，或甚至是呼應《莊子·知北遊》「臭腐化爲神奇，神奇化爲臭腐，通天下一氣」的說法，在漢代都是首例。此後，到了《淮南子》的〈原道〉、〈俶眞〉、〈天文〉、〈精神〉各篇裏，透過「太始」、「虛霩」、「宇宙」、「元氣」、「始也者」、「未始有始也者」、「未始有乎未始有始也者」、「有也者」、「無也者」、「未始有有無也者」、「未始有乎未始有有無也者」層層擬設，推衍到了極致，終於架構出中國傳統宇宙論的基本模式。2.其以一切天人事物爲可以通過「氣」來相感相應的觀點，當是陰陽家的說法，稍早出

---

⑪ 陸賈《新語》，頁5。

現於《呂氏春秋》的〈應同〉篇。〈應同〉說「類固相召，氣同則合，聲比則應」。[⑩⑧]其專用於人事的政治事件，在漢，陸賈是首例。此下到了董仲舒的大力推闡，結合著前此的災異理論，竟發展成爲代表董仲舒，乃甚至整個兩漢，獨樹一格的天人災異感應理論。從此以後，災異譴告、瑞應一類的論題，在兩漢的學術、政治、社會上被一再廣泛地談論著，成爲流行風潮。對於政治的衰亡，荀子的結論是人職不修，本事不理。陸賈則在仁義道德之外，援引了陰陽家災異類應的說法。矛盾的是，這類的說法也曾經是陸賈所反對的。在〈懷慮〉篇中，陸賈曾說：

> 世人不學詩書，存仁義，（尊）聖人之道，[⑩⑨]
> 極經藝之深；乃論不驗之語，學不然之事，圖
> 天地之形，說災變之異，（乖先）王之法，[⑩⑩]異
> 聖人之意，惑學者之心，移眾人之志，指天畫
> 地，是非世事，動人以邪變，驚人以奇怪，聽之
> 者若神，視之者如異，然猶不可以濟於厄而度
> 其身。[⑩⑪]

大抵戰國以來所興起的陰陽學說，挾著正盛的氣勢，秦漢以後，因緣際會地蔚成普遍的風潮，瀰漫於政治、社會、文化、學術各層面。生處在這樣的時代環境中，陸賈也不免受到影響。他一方面以人君的行德、行善與否，做爲政治成敗的關鍵，把天人不必

---

⑩⑧ 許維遹《呂氏春秋集釋等五書（上）》，頁493。

⑩⑨ 此句原缺「尊」字，宋翔鳳依別本補此，說見王利器《新語校注》頁137注2所引。

⑩⑩ 此句原缺「乖先」二字，宋翔鳳依《子彙》本補此，說見王利器《新語校注》頁138注7所引。

⑩⑪ 陸賈《新語》，頁15-16。

要的附會與糾葛理智地切開；然而卻又不能自脫於災異瑞應的時代風潮，唯物地以氣化類應的道理，再度地將天（自然現象）、人（政治施爲）搭上了線。其癥結就在於陸賈是天人合則的堅持者，因爲堅持天人合則，所以終究無法全然自免於「天人相應」的軌轍。而像這樣的天人災異、氣化類應理論，在陸賈之前公然明白地提出來的，有《呂氏春秋》的〈應同篇〉，其後有《淮南子》的部分篇章理論，到董仲舒的《春秋繁露》推闡到了極致。從此，儒學和災異說結了不解之緣。不但陰陽家的著作，如「十二紀」之類被編入儒家經典《禮記·月令》中，災異、類應、讖緯也成爲漢代今文經學中的重要成分。李存山說：

> 陰陽五行的框架被儒、道所吸收，天人相感的內容與荀學相結合，這是漢初儒學演變最值得探討的現象，由于漢儒面對強大的君主權力，要用天人災異來恐畏、儆戒人君，強迫他執行「內聖外王」的路線，只有同天人災異的思想結合在一起，才不完全是儒家的一廂情願。[12]

眞是一針見血之論。不過，作爲漢代這一系學說起點的陸賈，到底不同於他自己所反對的讖緯家，他從不曾以天爲有意志的人格神，來降災施罰。他只是唯物地以「氣」和類應的道理來說明天人之間的關聯，希望透過天象、物候的變化來警戒人君必須行德，這是他和此下大言災異的其他漢儒，乃至讖緯家不同的地方。

---

⑫ 見李存山〈秦後第一儒──陸賈〉，《中國哲學史》（1992年10月），頁26。

結　論

　　因應著政治局勢的由分裂走向統一，秦漢的學術也結束了戰國以來百家爭鳴的局面，而逐漸趨於一統。其反應於統治意識形態方面的，有鑑於秦以法家一統，唯我獨尊，盡斥他家之速敗，漢改採融合式的一統。因此，不論是武帝以前以道為統的，還是武帝以後以儒為統的，都無不吸收他家，兼糅他家。換言之，較之於秦的純以法統，漢代的先以道統和後以儒統都帶著較多的彈性，不論在實質內容還是技巧手法上都表現了較大的包容性。其以道統的黃老，司馬談說是「因陰陽之大順，採儒墨之善，撮名法之要」；其以儒為統的，一樣兼融道、法與陰陽。因此，以道為統的，道中有儒、法、陰陽；以儒為統的，儒中一樣合道、法、陰陽。所不同的，只是成分比重的偏倚問題。有關以道為統的黃老理論中兼儒、法、陰陽的情況，筆者已在其他專著與多篇論文中討論過，在此不贅述。其以儒為統的，由陸賈發端，經賈誼，到董仲舒而成熟鼎盛，達成目標，造成了武帝的「獨尊」儒術。說是「獨尊」，其實兼糅了不少道、法與陰陽成分。在漢儒相繼詆秦用刑太極的理論中，已經很明白地宣示了：劉漢不管是以道統，還是以儒統，是斷然不會再走像秦一樣純以法統的老路子了。而作為這一過程源頭的陸賈政論中，便具體而微地反映了這種情況。在他大力崇儒稱古的過程中，始終沒有忽略對現實的考量，與儒學自身的薄弱處，而與法家的權勢、行權觀念做適度的結合。也深心明白於面對一統的專制政權，光標仁義，是無法保證德化之必然，而必須借助陰陽家的天人災異說來制約，儘管

他自己並不頂喜歡這些東西。他用他道家的智慧洞察了這一切，而且努力冷靜地論述了。六、七十年後，儒學終於取代黃老學說，成爲兩漢，乃至此下兩千年主要的統治意識形態，陸賈的起步之功是不可忽視的。

肆、從《新書》看賈誼融合儒、道、法的思想要論

前　言

　　賈誼的思想表現了漢代思想家兼融各家的典型。他站在擁護中央的法家基礎上，力主尊君與削藩，反放鑄，反無爲，反和親匈奴。又結合著儒家的禮制，主張定經制，建立堂、陛、地九級的尊卑制，奏諫體貌大臣，呼籲全套完備的儲君馴化教育。又重民本，愼選吏，求賢士，也十分黃老地論道術。在哲學上，他統合儒家的道德說與黃老道家的道德理論，企圖組成一個以六爲度的天人大論。

一、《新書》的眞僞及其相關問題

　　在漢代思想家中，賈誼以最輕的年紀，至高的才情崛起，在政治、學術兩界煥發著逼人的光芒，卻又以極盛之年齎志以終。他十八歲嶄露頭角，享名郡中。二十二歲爲博士，卻以三十三歲的英年早逝。在短短約十年左右的政治生涯中，他七度上疏，大興大革地議政：請重農（文帝二年，西元前178年），禁鑄錢

（文帝五年，西元前175年），陳治安（文帝十一年，西元前
169年），議削藩。提議改正朔、易服色、法制度、定官名、興
禮樂，像一陣旋風，吹掃過文帝的朝廷。這一明君賢臣的有幸相
遇，卻遺憾地終究沒能有預期的圓滿結果。

對於這樣一位年輕敢爲，豪情萬丈大才子一生的際遇窮通
與才學思想，歷來評斷者自《史》、《漢》、《通鑑》而下，不
乏其人。唐有皮日休，宋有歐陽修、蘇軾、朱熹、眞德秀、高
似孫、黃震、胡份，明有李夢陽、黃寶、何孟春、劉鳳，清有姚
鼐、汪中、王耕心、盧文紹、袁枚、章太炎。[①]其中除司馬光謂
其「學不純正」、「悖本末之統，謬緩急之序」，[②]蘇東坡慨其
「才足經世」，卻不善用，不善處窮，坐令枯喪，較屬反面批評
外，其餘大抵給予正面評價。或稱其「通達國體，雖古之伊、
管，不能遠過。」（《漢書·賈誼傳》引劉向言）；[③]或贊其謀
論過人，「正義明道」，「謀國至忠」，[④]惋惜其遭逢不順，有
志難伸。可以說，除了司馬光外，歷來之評者都公認賈誼「聰明
辯博，曉練治體」（用司馬光語）；對於他種種大興大革的政
論，也莫不給予極高的推崇；於其受斥疏貶，尤寄以無限同情。

而他那些被公認爲「聰明辯博，曉練治體」的大論，根據
〈漢志〉的記載，原應有五十八篇，其內容部分與《漢書》本傳

---

① 參見祁玉章《賈子探微》第五章〈賈子品評〉，頁77-92。
② 參見《司馬文正公傳家集》（下）卷六十五〈賈生論〉（《國學基本叢書四百
　種》，台北：臺灣商務印書館，1968年9月），頁806；亦同見《賈子探微》第五
　章，頁78。
③ 王先謙《漢書補注·賈誼傳贊》，頁1081。
④ 參見清·王耕心《賈子次詁》卷十五「翼篇三」〈緒記〉（清光緒二十九年正定
　王氏刻本）。

相重，其詳略嚴謹情況亦明顯有相當程度之歧異。自宋陳振孫以下因對今本《新書》之眞僞問題有了疑慮，且歷代爭訟紛紜。疑者大致以本傳所載爲準，否定今本《新書》之眞，以爲舉凡本傳所無者，悉皆「淺駁不足觀」、「瞀亂無條理」，「非誼本書」。持這類觀點者，除陳振孫外，明何孟春、清姚鼐、盧文弨等皆是。何孟春認爲：賈誼極其重視，且向文帝提出的改正朔，易服色，定制度，興禮樂，草具儀法，色尚黃，數用五等奏議，今本《新書》竟無一字提及。因斷定〈漢志〉所謂五十八篇，散佚必多，今本《新書》是後人因其散佚，「掇其僅存者，無復倫次，篇析而章裂之」，湊足五十八篇之數。⑤姚鼐說世傳《新書》是「妄人僞爲者」，「以陋辭駢廁其間」，「不復成文」，只有《漢書》本傳所載賈生之文「條理通貫，其辭甚偉。」⑥盧文弨則先說此書是「習于賈生者萃而爲之」，其人且必「去賈生之世不大相遼絕」，最後乾脆說是「出於其徒之所纂集」。書中凡與《漢書》相重之處，盧氏都認爲「割裂顛倒，致不可讀」。不過，他也承認〈傅職〉、〈輔佐〉、〈容經〉、〈道術〉、〈論政〉五篇雖爲《漢書》所無，卻「古雅淵奧，非後人所能僞撰」。⑦並不全然接受陳振孫的說法。《四庫全書總目提要》因折衷地說其書「不全眞亦不全僞」。所謂「不全僞」，是承認〈過秦〉、〈治安策〉本皆五十八篇之一。所謂「不全眞」，是採用何孟春之類說法，以原本爲散佚，好事者取本傳各篇「割裂

⑤ 詳何孟春《訂注賈太傅新書・序》，明正德己卯（十四年1519滇刊本），頁5。

⑥ 詳《惜抱軒文集》卷五〈辨賈誼新書〉（《四部叢刊》台北：臺灣商務印書館影上海涵芬樓原刊初印本），頁35。

⑦ 詳盧文弨《重刻賈誼新書・序》（收入《抱經堂叢書・漢兩大儒書》中，台北：藝文印書館景清乾隆刊本），頁1。

其章段，顛倒其次序，而加以標題」，以湊足五十八篇之數。⑧

　　與陳氏一系說法相反的，宋王應麟、明朱國隆、清劉台拱、汪中、俞樾、劉師培、余嘉錫等都認為是班固本傳斲削約省《新書》之文，非《新書》離析本傳文字，湊成五十八篇。因此，《新書》中所見〈過秦〉與〈治安策〉，與《漢書》所載，出現繁簡不同情況，也是很自然的事。換言之，本傳所載是刪節本，《新書》才是賈太傅全文。余嘉錫尤不憚其煩，詳細舉證，並對照本傳與《新書》文字，以明凡載於《漢書》本傳者，其實是擷取五十八篇中之精華。⑨循此而下，本地學者徐復觀、祁玉章，大陸學者魏建功、陰法魯、吳競存、孫欽善等人更舉他證以補強余氏之論，因斷定：「新書五十八篇的內容，全出於賈誼」、「五十八篇為其原書之真」，是班氏雜糅五十八篇之文，以成《漢書》本傳。⑩祁玉章更就原五十八篇所分「事勢」、「連語」、「雜事」三類內容論斷其撰作來源，認為：凡歸屬「事勢」下各篇皆「為文帝陳政事」。歸屬「連語」下各篇，則有「告君之論」，也有為「門人講學之語」。歸屬「雜事」各篇，則是「平日所稱述誦說」，自未必親出賈誼之手，先秦諸子早有

⑧　詳《四庫全書總目提要》第3冊，子部儒家類一卷九十一，《新書》十卷下（台北：藝文印書館，1974年10月四版），頁1807-1808。

⑨　以上王應麟、朱國隆、劉台拱、余嘉錫之說，詳《四庫提要辨證》卷十子部一，收入《四庫全書總目提要》第9冊（台北：藝文印書館，1974年10月四版），頁532-544。汪中之說詳《述學‧內篇‧賈誼新書序》（台北：中華書局《四部備要》據揚州詩局本校勘聚珍仿宋版印），頁4。

⑩　徐復觀說詳《兩漢思想史》卷二，〈賈誼思想的再發現〉（台北：學生書局，1976年6月初版），頁115。祁玉章說詳《賈子探微》第三章〈賈子著述考徵〉，頁37。魏建功等人之說詳〈關於賈誼新書真偽問題的探索〉，王興國《賈誼評傳》（南京大學出版社，1992年1月初版），頁50-54。

前例，其間不免脫爛失次，亦古書所常見，不足怪。⑪書至其孫
賈嘉時始提出。

其次，關於五十八篇的名稱，〈漢志〉原只稱「賈誼五十八
篇」，不稱「新書」。至《新唐書》與《宋史・藝文志》則稱
「新書十卷」。汪中、孫詒讓咸以爲「新書」之稱應是劉向校訂
時所題，相對於「故書」，「凡未校者爲故書，已校定可繕寫爲
新書」，一如《荀子》之稱《孫卿新書》。原本，凡經劉向校訂
過的諸子古本，舊題都叫「新書」，不獨賈誼書。唯自宋元以後
諸子舊題刪改殆盡，只剩誼書保留「新書」之稱，後人因專屬
賈子。⑫不論汪、孫二人推斷是否屬實，至少在唐宋以前，劉勰
《文心雕龍・諸子》篇中已有「賈誼新書」之稱，可見「新書」
之名，至遲梁時已有。

再者，關於《新書》篇目數，自〈漢志〉定著爲五十八篇
後，歷來皆以爲準。唯今本《新書》僅五十六篇（內中〈問孝〉
與〈禮容語上〉兩篇有目無文），外加有文無目的〈解縣〉與附
錄——《漢書・賈誼本傳》，共五十八篇。祁玉章《賈子新書校
釋》則分〈過秦〉爲上、中、下（原分上、下），多出一篇，去
除本傳，仍爲五十八篇。⑬以下我們便根據《史》、《漢》本傳
與相關傳、志，並五十八篇《新書》之內容，來窺探賈誼的思想

⑪ 詳祁玉章《賈子探微》，頁37。
⑫ 詳孫詒讓《札迻》卷七「賈子新書」校條（台北：世界書局影光緒二十年刊成籣
　稿，1964年9月再版），頁10；與《述學・內篇》卷三〈賈子新書・序〉，頁4。
⑬ 以上相關於賈子《新書》的真偽與篇名、篇數問題，參看徐復觀《兩漢思想史》
　卷二，〈賈誼思想之再發現〉，頁112-113、祁玉章《賈子新書校釋・目錄》、王
　興國《賈誼評傳》第二章「著作的真偽與繫年」，頁39-54、蔡廷吉《賈誼研究》
　（文史哲出版社，1984年出版），頁25-32。

要論。而由於傳本《新書》文字訛誤甚多，以下原典引文因悉據世界書局陸良弼（明正德九年）本爲準，參以祁玉章《賈子新書校釋》。

二、賈誼的政治思想

「賈誼五十八篇」〈漢志〉原列入〈諸子略〉的儒家類，劉歆〈移讓太常博士書〉說：「在漢朝之儒唯賈生而已」。從〈過秦〉乃至《新書》的許多篇章看來，賈誼和陸賈一樣確是一本儒家的傳統與論點，隆禮治、稱道德、標仁義，推三代而著秦失，因此自劉向、劉歆、班固皆歸賈誼爲儒。然而，前此，在《史記·自序》裏，太史公卻說：「賈生、鼂錯明申、商，公孫弘以儒術顯」。可見，在司馬遷的觀點裏，賈誼和鼂錯同路，較之以法吏而「緣飾儒術」⑭的公孫弘具有更明顯的法家傾向。

從史載生平事蹟與現存著作看來，賈誼一生的心力主要集中在擁護中央集權與禮制的建立兩端。而不論是擁護中央、裁抑地方，或禮制的建立，賈誼都明顯表現了法家的觀點，也有相當篇幅的理論可察。他站在擁護中央集權的基點上，力主削藩。在禮制的建立方面，他也站在尊君的基點上主張定經制、建立堂、陛、地九級的尊卑制，奏諫體貌大臣，呼籲全套完備的儲君馴化教育。他儒、法兼糅地籲尊君、主削藩、禁鑄錢、定經制，重民本、求賢士、愼選吏、教太子、反無爲、對匈奴。卻又十分黃老地論「道術」，相當老莊地賦〈鵬鳥〉，淵博地答鬼神，繼陸賈

---

⑭ 見裴駰集解，司馬貞索隱，張守節正義《史記集解·公孫弘列傳》，頁1361。

之後，又一次展現了漢代思想家兼融各家的典型。

（一）集權與削藩

在漢代完成中央集權政治體制的過程中，賈誼是第一個公開提出相關理論的人。他和稍後的鼂錯，站在法家絕對尊君與擁護中央利益的基點上，對當時的同姓諸侯提出一連串雷厲的批判和裁抑對策，將劉漢朝廷長年以來所難於公開談論和處理的問題，正式搬上臺面上來批論，試圖澈底地加以解決，終於推演至白熱化的程度。其結果，賈誼鬱憾，鼂錯尤以身殉，成了漢代中央集權政體建立過程中的最大祭品，這應是史遷歸二人為同路的原因之一。

1.眾建諸侯而少其力

當初高帝因大封異姓功臣而能早日結束分裂的局面，完成統一。天下初定，異姓功臣王者有九，《漢書・諸侯王年表・序》說：

> 漢興之初，海內新定，同姓寡少，懲戒亡秦孤立之敗，於是剖裂疆土，立二等之爵，功臣侯者百有餘邑，尊王子弟，大啓九國……燕、代……齊、趙……梁、楚……荊、吳……淮南……長沙……諸侯比境周匝三垂，外接胡越，天子自有……凡十五郡，公主列侯頗邑其中。而藩國大者夸州郡，連城數十，宮室百官同制京師。[15]

威勢之盛，頗脅天子。形勢比人強，這時的劉漢朝廷是相當隱忍

---

[15] 王先謙《漢書補注》，頁159-130。

的。這一方面當然是因為「懲戒亡秦孤立之敗」與早日完成統一的現實需要；實際上，在「反秦」的大旗幟下，代秦而起的劉漢朝廷，無論如何是必須做出一些與秦的集權獨裁劃清界限，以示復返三代的具體措施，封建藩侯就是其中重要的一項。一旦天下完成統一，劉漢的帝業逐漸穩固，現實的情況有所改變，中央集權仍是統一帝國最終的目標。

天下底定，朝廷與藩國的矛盾便逐漸地顯露出來，中央與地方的關係，也開始惡化。中央於是開始翦除異姓諸侯，而代之以同姓。於是，淮陰侯韓信以謀反處斬未央宮，梁王彭越以「復謀反」被殺。九江王英布謀反既滅，改其地以封高帝的親子劉長。高帝晚年，甚至刑馬作盟：「非劉氏而王，天下共擊之。」當時，劉氏子弟王者，已是「地犬牙相制」，形成所謂「磐石之宗」（詳《史記・呂后本紀》）。⑯《漢書・武五子傳》說：

> 高皇帝規土連城，布王子孫，是以枝葉扶疏，異姓不得間也。⑰

〈高五王傳・贊〉也說：

> 海內初定，子弟少，激秦孤立亡藩輔，故大封同姓，以填天下。⑱

可見，到了高帝晚年，第一期的工作目標大致是達到了。

到了文帝即位時，異姓諸侯盡去，於是朝廷與同姓諸侯間也開始有了矛盾，一椿椿的謀反事件與徵兆紛紛出現：文帝二年

---

⑯ 裴駰集解，司馬貞索隱，張守節正義《史記集解・孝文帝本紀》，頁191。
⑰ 王先謙《漢書補注》，頁1264。
⑱ 王先謙《漢書補注》，頁957。

濟北王興居謀反，兵敗被虜，自殺；文帝六年，天子親弟淮南王劉長也以謀反罪名廢徙蜀道邛郵，途中絕食而死；吳王劉濞也開始據銅山鑄錢，煮海爲鹽，儼然有獨霸一方之勢。又因太子爲文帝太子博（後來的景帝）所殺，而稱疾不朝。身處這樣的政治情勢中，站在擁護中央利益的立場，賈誼於是有了削藩之議。《漢書·賈誼傳》說：

> 天下初定，制度疏闊，諸侯王僭儗，地過古制，
> 誼數上疏，陳政事，多所欲匡建。[19]

文帝七年（西元前173年）賈誼上了〈治安策〉，策中被列爲燃眉之急，劈頭激昂「痛惜」的，便是此一問題，他說：

> 臣竊跡前事，大抵彊者先反，淮陰王楚，最彊，
> 則最先反；盧綰最弱，最後反；長沙乃在二萬
> 五千戶耳，功少而最完，勢疏而最忠，非獨性異
> 人也，亦形勢然也。（《漢書·賈誼傳》）[20]

衡古度今，他斬釘截鐵地指出中央朝廷的集權威勢與地方諸侯各據地盤彼此間永不可解的對立關係，「謀反」幾乎是不可避免的結局。其或果反，或不果反，完全決定於「形勢」。而所謂的「形勢」，其實是指的力量的大小、強弱。舉凡強者、大者沒有不反的道理；反之，弱者、小者沒有謀反的條件與本錢，自然「忠附」。一旦條件充足，疏者必危，親者必亂，異姓、同姓皆然，沒有例外。就過去的異姓諸侯而言，賈誼說：

> 高皇帝五年即天子之位，割膏腴之地，以王有功

[19] 王先謙《漢書補注》，頁1068。
[20] 王先謙《漢書補注》，頁1070。

之臣，多者百餘城，少者乃三、四十縣，德至渥
也。然後十年之間，反者九起，幾危天下者六、
七。（〈親疏危亂〉）㉑

淮陰侯韓王信、陳豨、彭越、黥布、盧綰皆功臣
也，所嘗愛信也，所愛化而爲仇，所信反而爲
寇。（〈制不定〉）㉒

過去異姓王反，朝廷平滅後只以同姓王去取代，並沒有釜底
抽薪地解決問題，導致此後同姓諸侯有樣學樣，《新書‧制不
定》說：

陛下即位以來，濟北一反，淮南爲逆，今吳又見
告，皆其薄者也。莫大諸侯澹然而未有故者，天
下非有固安之術也，特賴其尚幼倫猥之數也。且
異姓負疆而動者，漢已幸而勝之矣，又不易其所
以然，同姓襲是跡而處，骨肉相動又既有微矣，
其勢盡又復然。㉓

這種情況也非漢所特有，早在幾千年前，炎帝、黃帝就曾兄弟火
併過了。問題的癥結就在於一旦條件具備，無人甘居人下，〈親
疏危亂〉說：

諸侯王雖名爲人臣，實皆有布衣昆弟之心，慮無
不帝制而天子自爲者。㉔

㉑ 賈誼《新書》，頁26。
㉒ 賈誼《新書》，頁17。
㉓ 賈誼《新書》，頁17。
㉔ 賈誼《新書》，頁36。

因此，中央對地方，只須注意它強不強，而不論親疏，〈權重〉說：

> 諸侯勢足以專制，力足以行逆，雖令冠處女，勿
> 謂無敢。勢不足以專制，力不足以行逆，雖生夏
> 青，有仇讎之怨，猶之無傷也。[25]

地方的強大，就是中央的威脅。他試問文帝：假使自高帝以來那些不論謀反與否的強大侯王臣子都在，「陛下即天子之位，試能為治乎？」（〈親疏危亂〉）[26]

因此，處理地方問題，似乎別無選擇地，只有一個原則──削弱它的實力，使無謀反的本錢。《新書・藩傷》說：

> 天下之大計可知已，欲諸王之忠附，則莫若令如
> 長沙；欲臣子之勿菹醢，則莫若令如樊、酈、
> 絳、灌等；欲天下之治安，天子之無憂，莫如眾
> 建諸侯而少其力，力少則易使以義，國小則亡
> 邪心。[27]

說得更坦白一點，賈誼用了商韓一系法家口吻來分析，《新書・制不定》說：

> 屠牛坦一朝解十二牛而芒刃不頓者，所排擊所剝
> 割皆眾理也。然至髖髀之所，非斤則斧矣。仁義
> 恩厚者，此人主之芒刃也；權勢法制，人主之斤
> 斧也。勢已定，權已足矣，乃以仁義恩厚因而澤

[25] 賈誼《新書》，頁16。
[26] 賈誼《新書》，頁36。
[27] 賈誼《新書》，頁12-13。

> 之，故德布而天下有慕志。今諸侯王皆眾髖髀
> 也，釋斤斧之制而欲嬰以芒刃，臣以爲刃不折則
> 缺耳，胡不用之淮南、濟北？勢不可也。㉘

御諸王之道不在仁義恩厚的接親，而在權勢法制的控嚇。以仁義
接親強大諸侯，根本是雞蛋碰石頭，與虎謀皮。身爲帝王，處理
社稷百年大計時，是不宜隱忍不敢的，賈誼說：

> 人主之行異布衣。布衣者，飾小行、競小廉，以
> 自託於鄉黨邑里；人主者，唯天下安、社稷固不
> 耳？……大人者不怵小廉，不牽小行，故立大便
> 以成大功。（〈益壤〉）㉙

至於要如何地「眾建諸侯而少其力」？賈誼提出了「割地定制」
的辦法，就是使

> 齊爲若干國，趙、楚爲若干國……於是齊悼惠王
> 之分地盡而正，趙幽王、楚元王之子孫亦各以次
> 受其祖之分地，燕、吳、淮南他國皆然。其分地
> 眾而子孫少者，建以爲國，空而置之，須其子孫
> 生者，舉使君之。諸侯之地，其削頗入漢者，爲
> 徙其侯國，及封其子孫於彼也，所以數償之。
> （〈五美〉）㉚

換言之，亦即透過越分越小的方法，使原本封地廣，勢力強的諸
侯，一、兩代之後，自然分化爲弱小，極其根本而自然地消弭了

㉘ 賈誼《新書》，頁15-16。

㉙ 賈誼《新書》，頁15。

㉚ 賈誼《新書》，頁17。

對中央的威脅。這種方法至少有幾個好處：

(1) 原藩地悉分給各自的子孫，「一寸之地，一人之眾，天子無所利焉」，中央可免去貪地的嫌疑。

(2) 地制一定，宗室子孫莫慮不王，人人所王之地大大縮小，既無謀反能力，自無謀反之心。下不背叛，上不誅伐，「上下懽親，諸侯順附」，則天子有「仁」名。

(3) 影響所及，諸侯王的那些臣子如貫高、開章之徒，邪心不生，「細民嚮善，大臣效順」，則天子有「義」名。

(4) 地制一定，地方縮小，對中央的威脅完全消除，中央的威勢真正挺立了起來，正常的君臣關係才得以維持和建立，從此，「海內之勢如身之使臂；臂之使指，莫不從制，諸侯之君敢自殺，不敢反志，知必菹醢耳，不敢有異心，輻輳並進而歸命天子。天下無可以徼倖之權，無起禍召亂之業」，這才真正顯出朝廷的英明（〈五美〉）。㉛

2.收回淮南，以益皇子

時為文帝七年（西元前173年），濟北王興居、淮南王長反事剛結案沒幾年，許多諸侯王的後代尚幼小，賈誼認為正是處理這類事情最恰當的時機，錯過了這個時機，一旦新生代長大，歷史只怕要重演，事情便不好辦了。〈宗首〉說：

> 今或親弟某為東帝，然而天下稍安者，何也？大國之王幼在懷衽，漢所置傅方握其事。數年之後，諸侯王大抵皆冠，血氣方剛，漢之所置傅歸

㉛ 以上詳見賈誼《新書》，頁17。

休而不肯仕，漢所置相稱病而賜罷，彼自丞尉以下遍置其私人，如此有異淮南、濟北之為耶？此時而乃欲為治安，雖堯舜不能臣。[32]

在這個重要的時刻，賈誼用心比對了一下當時朝廷皇子的封地與地方大藩國的封地，發現雖然都已傳到新生代，大小強弱的懸殊對中央仍是十分不利。大藩國的後代承襲祖封，封地、勢力都遠比天子親出的皇子強大得多。這種本輕末重，本弱末強的情況，賈誼說，好比一個人得了「尰」（肢體浮腫）與跂蹏（腳掌反屈）的毛病。所謂肢體浮腫是說指比腿粗，腿比腰粗，地方強大過中央；〈大都〉說：

天下之勢方病大尰，一脛之大幾如要，一指之大幾如股。臣聞尾大不掉，末大必折，惡病也，平居不可屈信一、二指，搐身固無聊也。失今弗治，必為痼疾，後雖有扁鵲，弗能為已。[33]

所謂「腳掌反屈」意同「胳膊外彎」，指的是親疏厚薄，顛倒相反，親者薄，疏者反厚。〈大都〉說：

病非徒尰也，又苦跂蹏。元王之子，帝之從弟也；今之王者，從弟之子也。惠王，親兄之子也；今之王者，兄子之子也。親者或無分地以安天下，疏者或專大權以偪天子，臣故曰非徒病尰也，又苦跂蹏。[34]

---

[32] 賈誼《新書》，頁10。
[33] 賈誼《新書》，頁13。
[34] 賈誼《新書》，頁13。

元王，指楚元王交，為高帝少弟，文帝叔父，其子為文帝從弟，時傳至其孫戊，故稱「從弟之子」。惠王，指齊悼惠王肥，高帝庶子，文帝庶兄，時傳至其子哀王襄，故稱「兄子之子」。兩國同封於高帝六年，悼惠王食七十餘城，交王薛郡、東海、彭城等三十六縣，都是來歷久遠且強大的同姓諸侯。「親者」，指的是文帝的子孫。其時文帝有四子，除太子博外，另有淮陽王武（本襲封代王，文帝四年徙封淮陽）、代王參（原封太原王，文帝四年因代王武之徙封淮陽，而改徙封代），及梁懷王揖，三人皆封於文帝二年。時梁王或年尚幼弱，一旦有事，真能起而捍衛朝廷，僅代與淮陽而已，而這兩國比起齊、楚之承祖蔭者，大小強弱相差甚遠，賈誼說：

> 今淮陽之比大諸侯，僅過黑子之比於面耳，豈足
> 以為禁御哉？而陛下所恃以為藩悍者，以代、淮
> 陽耳。代北邊與彊匈奴為鄰，人勤自完足矣，唯
> 皇太子之所恃者亦以之二國耳。今淮陽之所有，
> 適足以餌大國耳。（〈益壤〉）[35]

他告訴文帝，「方今制在陛下」，如何安排裁制全在文帝的掌握，天子宜有較優勢的處置。

　　而或許是前一年（文帝六年，西元前174年）才發生淮南劉長的謀反事件，因此，在所有藩國的裁抑之中，賈誼的焦點，特別對準淮南。文帝六年劉長廢徙西蜀，中道絕食而死時，年僅二十五歲，留下四個七、八歲的孤兒。文帝八年封長子安為阜陵侯，次子勃為安陽侯，三子賜為陽周侯，四子良為東城侯。賈誼

---

[35] 賈誼《新書》，頁15。

料定文帝終會進加封王，於是又上書急諫，《新書‧淮難》篇詳
載其疏。首先，他追憶劉長過往種種跋扈不軌，以致伏法絕食。
然後，他提醒文帝防範這些孤兒，所謂「罪人之子」，日後深銜
殺父之仇，效法楚白公勝與伍子胥，復仇作難。他說淮南王之子
幼小，心靈中對父親的種種情事，必然椎心刺痛，「豈能須臾忘
哉？」所有的悲憤與怨氣必然歸之於天子。提醒文帝，白公勝報
仇的，不論是楚王，還是令尹子西、司馬子期，都是自己的伯
叔，其作亂動機也並非「欲取國代主」，只因悲憤難當，不惜同
歸於盡。伍子胥爲報父仇，不惜千里流亡，假外滅己。楚人爲報
父仇而弒君作亂，早有前例，他因此勸文帝，勿厚待淮南孤兒，
「擅仇人足以危漢之資」，以免日後重演「白公子胥報於廣都之
中」或「鱄諸荊軻起於兩柱之間」的不幸。㊲

更何況淮南之地，略括今湘、鄂、江、浙各省，地廣而遠，
南界閩越，北阻淮水，往來迂曲，鞭長莫及，控御不便，前有季
布之反，近有劉長事件，向爲朝臣所忌。今屬王事故新平，罪人
遺孤幼弱，請益皇子封地，不論就時、就地而言，便莫過於淮
南，賈誼於是上奏：

> 今淮南地遠者或數千里，越兩諸侯而縣屬於漢，
> 其吏民縣役往來長安者自悉而補，中道衣敝錢用
> 諸費稱此，其苦屬漢而欲得王至甚，逋逃而歸諸
> 侯者已不少矣，此終非可久以爲奉地也。……臣
> 之愚計，願陛下舉淮南之地以益淮陽。即有後
> 患，割淮陽北邊二三列城與東郡以益梁；即無後

㊲ 賈誼《新書》，頁32-33。

患，代可徙而都睢陽，梁起新郪以北著之河，淮
陽包陳以南揵之江，則大諸侯之有異心者，破膽
而不敢謀。今所恃者代、淮陽二國耳，皇太子亦
恃之。如臣計，梁足以扞齊、趙，淮陽足以禁
吳、楚，則陛下高枕而臥，終無山東之憂矣。
（〈益壤〉）[37]

文帝雖沒採從其議，以淮南地附益皇子淮陽王，卻在少子梁懷王
揖死後的第二年（文帝十二年，西元前168年），徙淮陽王武爲
梁王，益其封地，「北界泰山，西至高陽，得大縣四十餘城」。
唯對淮南，因礙於民間「一尺布尚可縫，一斗粟尚可春，兄弟
二人不相容」的歌謠譏誚，不敢率然舉以附益己子，乃先徙城陽
王王淮南劉長故地。四年後（文帝十六年，西元前164年），終
於遷城陽王返王舊城陽，而將淮南劉長故地三分之，還王其三子
（時少子劉良已死，無後），長子劉安襲號淮南王，次子劉勃爲
衡山王，三子劉賜爲濟北王。雖不採從賈誼收回淮南以益皇子之
見，多少也參探了他眾建定制之策，做到了「一寸之地，一人之
眾，天子亡所利焉，……誠以定制而已……地制一定，宗室子孫
莫慮不王」（《漢書》賈誼本傳）[38]的大原則。

（二）諫放鑄

除了淮南封地的問題外，對於吳王劉濞據銅山以鑄錢，賈誼
也上書進諫。據《漢書・食貨志》的記載：秦代通行半兩銅錢。
漢興，以爲重而難用，曾令民鑄莢錢，卻以多而過輕，導致通貨

---

[37] 賈誼《新書》，頁15-16。
[38] 王先謙《漢書補注》，頁1070。

膨脹，「米至石萬錢，馬至匹百金」。文帝五年四月因下詔除盜
鑄令，更造四銖錢，令民得仿造。是時，不僅吳王劉濞即豫章
銅山以鑄錢，大夫鄧通也以鑄錢而財過王室，致吳、鄧之錢布天
下，賈誼於是上疏力諫。他說，「銅布於下，為天下災」、「民
鑄錢不可不禁」，《新書‧鑄錢》、〈銅布〉兩篇詳載其議；
〈鑄錢〉說：

> 迺者竊聞吏復鑄錢者，民人抵罪，多者一縣百
> 數，少者十數家，屬知識及吏之所疑繫，因榜笞
> 及犇走者類甚不少，於上大不便，願陛下幸無忽
> 法，使天下公得顧租鑄錢。（敢雜以鉛鐵為它巧
> 者，其罪黥，然）[39]鑄錢之情，非殽鉛鐵及錫雜
> 銅也不可得贏，而殽之甚微，又易為，無異鹽羹
> 之易，而其利甚厚。張法雖公鑄，金賜而鑄者
> 情必奸偽也，名曰顧租公鑄法也，而實皆黥罪
> 也。……夫農事不為，而采銅日煩，釋其耒耨、
> 冶鎔、鑪炭，奸錢日繁，止錢日亡，善人休而為
> 奸邪，愿民陷而之刑僇，黥罪繁積，吏民且日
> 鬥矣。[40]

〈銅布〉總結這些意見，歸納出放民鑄錢之三大禍害說：

1. 朝廷明知不雜鉛、石、鐵等雜質無利可圖，雜諸雜質方法簡
   便，獲利又大。卻放民私鑄，再定黥罪以罰，這是誘民入罪，

---

[39]「法使天下公得顧租鑄錢」，《漢書‧食貨志》本句下又有「敢雜以鉛鐵為他巧
　者其罪黥」十二字，下句首並有「然」字，盧文弨以為當從校補，以免下文「實
　皆黥罪」為無根，今從校改，說見祁玉章《賈子新書校釋》，頁531。
[40] 賈誼《新書》，頁33。

其害一。

2. 從此，偽錢日多，人民狡詐相欺，交易失信，其害二。

3. 重利所誘，民多捨農廢耕，採銅鑄錢，影響農事收成，其
   害三。

這些意見不僅是站在維護中央的觀點，事實上也真正看到了
問題的癥結，可以說是相當切實而中肯的。可惜文帝未加採從。
其後吳王劉濞竟以鑄銅煮鹽而富埒天子，重以景帝殺吳太子之
事，終於叛變，竟如賈誼先前所憂慮的。

（三）崇禮與尊君

其次，就禮制的建立一端而言，賈誼也常常站在尊君的立
場來議禮。《史》、《漢》儘管一歸賈誼為法家，一歸賈誼為儒
家，卻同樣沒有明載賈誼的師承。只有《漢書‧儒林傳》以張蒼
及賈誼同修《春秋左氏傳》，賈誼且曾為《左氏傳訓故》。陸德
明《經典釋文序錄》因以張蒼為賈誼老師，說張蒼上承荀卿，下
授洛陽賈誼。清人汪中因推定其始相承授時間為文帝即位初年。[41]
其可信度，徐復觀與王師更生早已辨之。[42] 實則，賈誼十八歲見
知於河南吳公，關鍵性地決定了他此後一生的際遇與命運。《漢
書》本傳說：吳公「故嘗與李斯同邑，而學事焉」，李斯為荀
卿弟子，由這條線索看來，賈誼的學術思想直接受吳公影響，間
接或與李斯、荀卿有關，似乎更為可靠。吳公既與李斯同邑，而

[41] 參見汪中《述學‧內篇》卷三〈賈誼年表〉，頁6-7。

[42] 參見徐復觀《兩漢思想史》卷二，頁122，王師更生〈救世愛國的少年賈誼〉
（《中華文化復興月刊》十三卷八期），頁 66-67。蔡廷吉《賈誼研究》，
頁11-12。

曾學事於李斯，《漢書‧賈誼傳》說他文帝時「治平爲天下第
一」，或爲儒中帶法的人物。至於荀卿，則爲儒門崇禮之宗師。
賈誼的禮論許多地方都可以看出是對荀子禮論的推衍與發揮。

1.荀子的禮論

(1) 禮的功能：分、飾、養

禮在荀子思想體系中幾乎是一切德目的總綱。整體地說，它
內以治氣養心，化性起僞；外以定分止爭，經國治民。荀子說：

> 凡治氣養心之術莫經由禮（〈修身〉）[43]
>
> 禮者治辨之極也，強國之本也，威行之道也，功
> 名之總也。（〈議兵〉）[44]
>
> 禮者法之大分，類之綱紀也。（〈勸學〉）[45]
>
> 禮義生而制法度。（〈性惡〉）[46]

禮也是立法的依據和準則。詳細地說，〈非相〉說：「禮者，分
也。」「人道莫不有辨，辨莫大於分，分莫大於禮。」禮的第一
功能就「分」，它要定出一個合理的等差，使「貴賤有等，長幼
有差，富貴輕重皆有稱。」（〈富國〉）[47]讓社會各階層的關係
協調有秩，以消弭矛盾與紛爭。

其次，禮「斷短續長，損有餘，益不足」（〈禮論〉）地使
人「吉凶憂愉之情」所發露的一切生命活動與生活節目得到最合

---

[43] 王先謙《荀子集解》，頁138。
[44] 王先謙《荀子集解》，頁491。
[45] 王先謙《荀子集解》，頁119。
[46] 王先謙《荀子集解》，頁709。
[47] 王先謙《荀子集解》，頁345。

理的安排，以最順當完美的狀態呈現，〈禮論〉說：

> 吉凶憂愉發於顏色……發於聲音……發於飲
> 食……發於衣服……發於居處，兩情者人生固有
> 端焉。若夫斷之、繼之、博之、淺之、益之、損
> 之、類之、盡之、盛之、美之，使本末終始莫不
> 順比純備，足以爲萬世則，則是禮也。[48]

換言之，禮有調制、美化「吉凶憂愉」之情的功能，〈禮論〉
說：「凡禮，事生飾歡也，送死飾哀也，祭祀飾敬也，師旅飾威
也」。[49]禮的第二功能因此就是「飾」。

禮不但有分、飾的功能，荀子認爲禮還有「養」的功能，
〈禮論〉說：「禮者養也」，它要「養人之欲，給人之求」。用
「芻豢稻梁，五味調香」來養口，「雕琢刻鏤、黼黻文章」來
養目，「椒蘭芬苾」來養鼻，「琴瑟竽笙」來養目，「疏房、檖
貌、越席、床笫、几筵」來養體，禮有養欲的功能。如何使欲、
物二者之間調制得當，欲不屈而物不窮，彼此合理發展，兩者
「相持而長」（《禮論》），[50]「禮」便是其間的依據。

而人的生命活動、生活節目歸結到最後，主要還是個養生
送死問題，荀子〈禮論〉篇因此用了絕大的篇幅來討論耳、目、
口、鼻、四體之養，乃至死喪的禮度與禮數。

(2) 禮有三本

除了禮的功能之外，荀子還提出了天地、先祖、君師以爲禮

---

[48] 王先謙《荀子集解》，頁607-309。

[49] 王先謙《荀子集解》，頁614。

[50] 王先謙《荀子集解》，頁583-584。

所尊奉的對象，合稱「三本」。〈禮論〉說：

> 禮，上事天，下事地，尊先祖而隆君師，是禮之
> 三本也。[51]

因為，天地是萬物生命化育的根源，是「生之本」，先祖是種族
繁衍的本源，是「類之本」；而君師則是人類一切社會活動與價
值秩序的最高準則，是「治之本」。三者是人類一切生命現象與
活動的最高根源，應加崇奉。這該是現存儒家典籍中「天、地、
君、親、師」一系崇奉的最早記載。

(3) 禮、法結合與尊君

除了隆禮之外，荀子也重法。在荀子的政治理念中，王霸是
雜糅的，《荀子・君道》說：「法者，治之端也。」[52] 〈性惡〉
說：「禮義生而制法度」，[53] 禮是立法的依據。荀子禮的推行往
往與法相結合。〈王制〉說：

> 聽政之大分，以善至者待之以禮，以不善至者待
> 之以刑。兩者分別，則賢不肖不雜，是非不亂。[54]

荀子儼然以法（賞罰的執行）來作為禮義推行的後盾與輔助。

除了隆禮重法之外，荀子也尊君。〈正論〉說：「天子勢
位置尊，無敵於天下」。[55] 這不但因為君是「三本」之一，更重
要的是，人君是公權力的化身，他代表著公權力，因此須具備超

---

[51] 王先謙《荀子集解》，頁588。
[52] 王先謙《荀子集解》，頁419。
[53] 王先謙《荀子集解》，頁709。
[54] 王先謙《荀子集解》，頁305。
[55] 王先謙《荀子集解》，頁562。

高優越的條件，也有特殊於人的責任，他必須能「以類舉，以理推」，有「至強、至明、至辨」的條件與能力，[56]〈君道〉說：

> 君者……能群也……善生養人者也，善班治人者也，善顯設人者也，善藩飾人者也。[57]

最好，他就是聖人，荀子說：「非聖人莫之能王」，尊君因此也就是推崇聖人。這樣的尊君與法家是不相同的。這是站在人治的觀點上，認定人重於法的儒家觀念來尊君的。〈君道〉說：「法不能獨立，類不能自行，得其人則存，失其人則亡」，「法者治之端也，君子者法之原也。」[58]因此，與法家的尊君是不相同的。

2.賈誼的禮論

　　或許是間接受到荀子的影響，賈誼也高度推崇禮，以禮為一切人文節目的總綱紀，氣魄宏偉地想用禮來統合政治、社會、經濟，乃至一切人文活動，其終極目的卻通向中央集權與尊君的總標竿。賈誼論禮，和荀子一樣，儒、法兼糅，卻較荀子煥發著更濃的法家色彩。他從不同角度發揮了荀子禮的分、飾兩大功能。相較於荀子之著重養生送死節目，賈誼似更注重禮的尊君目的與表現形式，亦即禮「別尊卑、異貴賤」的分辨功能，與對禮容的嚴格規定與要求。

　　基本上，賈誼和荀子一樣，以禮為內以修己，外以養民之

---

[56] 王先謙《荀子集解》，頁552。

[57] 王先謙《荀子集解》，頁428-429。

[58] 王先謙《荀子集解》，頁419。

要。《新書·禮》不但首標禮的兩大功能說：「禮者自行之義，養民之道也」，還大篇幅推衍了它們的詳細內容說：

> 道德仁義非禮不成，教訓正俗非禮不備，分爭辯訟非禮不決，君臣上下父子兄弟非禮不定，宦學事師非禮不親，班朝治軍、蒞官行法非禮威嚴不行，禱祠祭祀、供給鬼神非禮不誠不莊。禮者所以固國家、定社稷，使君無失其民者也。⑤⑨

不論道德仁義的推衍，風俗教化的養成，人倫的確立，還是訟案的裁決，政治綱紀的確立，法令軍紀的整飭，無一不賴禮以建立和維繫。禮規定了各階層、各種不同身分人的職分、權責與分際，舉凡國家、個人、社會、家庭等的組織與建立，在在以禮爲支撐。禮規定「天子愛天下，諸侯愛境內，大夫愛官屬，士庶各愛其家」，也規定了天子諸侯上下之間的分際與節度，更規定了「君仁臣忠、父慈子孝、兄愛弟敬、夫和妻柔、姑慈婦聽」等等人倫道德的內容與質性。這樣的禮，含容的範圍是很廣大的。禮透過「恭敬、撙節、退讓」的內外形態去完成它「固國家、定社稷」的使命。

(1) 禮的尊君目的——禮的分辨功能

①多其臣等以尊君

賈誼雖和荀子一樣以禮爲內以自行，外以養民的基本依據；但，在推衍禮的價值功能中，賈誼特別著重君臣尊卑這一環，亦即禮的分辨功能，他說：

---

⑤⑨ 賈誼《新書》，頁40。

> 主主臣臣，禮之正也；⑥威德在君，禮之分也；
> 尊卑、大小、強弱有位，禮之數也⋯⋯禮者，所
> 以守尊卑之經，強弱之稱者也。⋯⋯禮者臣下所
> 以承其上也。（〈禮〉）⑥

禮的主體功能就是要挺出君威，凸顯君尊，保證君強，換句話
說，就是尊君。而尊君的主要方法就是透過一定的禮制，疊架臣
等，去烘托君威。〈階級〉說：

> 人主之尊辟無異、堂、陛，陛九級者，堂高大幾
> 六尺矣，若堂無陛級者，堂高殆不過尺矣。天子
> 如堂，群臣如陛，眾庶如地，此其辟也。故陛九
> 級，上廉遠地，則堂高；陛亡級，廉近地，則堂
> 卑。高者難攀，卑者易陵，理勢然也。故古者
> 聖王制爲列等，內有公卿、大夫、士，外有公、
> 侯、伯、子、男，然後有官師、小吏，施及庶
> 人，等級分明，而天子加焉，故其尊不可及也。⑥

〈服疑〉也說：

> 天子之於其下也，加五等已往則以爲臣。⑥例臣

---

⑥ 「主主臣臣」本作「主臣」，文義不明，盧文弨據宋潭本改爲「主主臣臣」，祁
　玉章云：「此本作主臣」，原爲古籍重文（主〓臣〓）之寫法，「傳寫者誤脫之
　耳」，今從校改，說詳祁氏《賈子新書校釋》，頁677-678。

⑥ 賈誼《新書》，頁40-41。

⑥ 賈誼《新書》，頁19。

⑥ 此句本作「加五等已往則爲臣」，祁玉章云：「此文盧從潭本於『則』下增
　『以』字，是也。『已往則以爲臣』，與下文『以往則以爲僕』，句法一律」，
　說見《賈子新書校釋》，頁157，今從校改。

> 之於下也，加五等以往則以爲僕。僕則亦臣，禮
> 也。然稱僕，不敢稱臣者，尊天子，避嫌疑也。⑥

他主張透過堂、陛、地的等級禮制設計，多其臣等，以烘托人君
的尊威。在這個禮制裏，天子的尊威是高高在上，不可企及的，
庶人是低賤貼地的。在天子與庶民之間，他設了九層等級，以使
天子的威勢能被疊架至最高，目的在使他的尊威不受任何侵犯
或踰越。這樣的設計，法家的色彩是十分鮮明的，因爲只有法家
才講絕對的尊君，才極力把君、臣、民之間的高下等差講求得如
此嚴峻，從君到臣有五等，從臣到民又有五等。固然，儒家原本
也重秩序、嚴等差；並歸結於明君臣之分，孔子說：「君君、臣
臣、父父、子子。」（《論語‧顏淵》）⑥反對僭越，擁護封建
等級制，在這些地方，儒法兩家是有些交集。賈誼堂、陛、地的
尊君理論或許就是緣此交集架構起來的。但，孔子的「君君、臣
臣」，所要求的，不只是上下尊卑之不可踰越，也同時包括了名
分、理分之妥貼稱合。換言之，它即使不是孟子「土芥、寇讎」
的雙向對等要求，至少也有「各盡理分」的自我期勉。法家則不
同，法家的尊君卑臣是絕對而沒有任何商榷餘地的。賈誼觀念中
的君臣關係正是這樣的意味，〈階級〉說：「履雖鮮，弗以加
枕；冠雖蔽，弗以苴履」，⑥上下尊卑是不可任意更動的。〈服
疑〉說：

> 主之與臣，若日之與星，以臣不幾可以疑主，賤
> 不幾可以冒貴。下不凌等，則上位尊；臣不踰

---

⑥ 賈誼《新書》，頁14。
⑥ 朱熹《四書集註》，頁136。
⑥ 賈誼《新書》，頁19。

級，則主位安；謹守倫紀，則亂無由生。⑥⑦

不過，儘管把君臣關係講得如此嚴峻和絕對，對於君民之間，賈
誼倒是沿承傳統儒家民本的觀點，極力加以彌補。換言之，賈誼
論君臣關係是法家式的，其論君民關係卻是傳統的儒家式的，此
容後述。

　　而從上面的敘述中，我們至少可以看出：在荀子所述禮的
三功能中，賈誼最極力強調的，是「分」的功能。堂、陛、地
九級的設定是為了「分」，日、星、冠、履之對喻也是務求其
「分」。賈誼甚至想透過等級、號令、勢力、衣服等的嚴明區
分，來重新整飭整個社會、政治秩序。

　②區其衣服、號令、等級、勢力以尊君

　　賈誼站在尊君的觀點，全面檢討了當時中央與地方的現行
禮數及社會風氣，發現真正是疑而不分，混同無別。就諸王的用
度禮數而言，不論是官名、印信、臣秩、衛御、車飾、親戚、妃
嬪、宮牆、門衛、乘輿，乃至號令，都與天子相同。天子之與諸
侯，臣下之與君上，所享用的禮數、禮度竟幾乎是一致而不分。
〈等齊〉說：

　　天子之相號為丞相，黃金之印；諸侯之相號為丞
　　相，黃金之印，而尊無異等，秩加二千石之上。
　　天子列卿秩二千石，諸侯列卿秩二千石，則臣已
　　同矣。……天子衛御號為大僕，銀印，秩二千
　　石；諸侯之御號曰大僕，銀印，秩二千石，則御

---

⑥⑦ 賈誼《新書》，頁15。

已齊矣。御既已齊，則車飾具惡得不齊？天子親
號云太后，諸侯親號云太后；天子妃號曰后，諸
侯妃號曰后，然則諸侯何損？而天子何加焉？妻
既已同，則夫何以異？天子宮門曰司馬，闌入者
為城旦；諸侯官門曰司馬，闌入者為城旦。殿門
俱為殿門，闌入之罪亦俱棄市，宮墻門衛同名，
其嚴一等，罪已鈞矣。天子之言曰令，諸侯之
言曰令；……天子卑號皆稱陛下，諸侯卑號稱陛
下；天子車曰乘輿，諸侯車曰乘輿，乘輿等也。⑱

這樣尊卑不分，沒大沒小的情況，必然導致政治失序的亂象。
因為尊卑貴賤並不是天生寫在臉上的，它有賴後天透過等級、勢
力、衣服、號令去標識，乃能凸顯，〈齊等〉說：

人之情不異，面目狀貌同類，貴賤之別非人人天
根著於形容也，所持以別貴賤、明尊卑者。⑲

沒有這些區分，上下無別，自然要生爭亂而壞了政治綱紀。〈服
疑〉說：

衣服疑者是謂爭先，厚澤疑者是謂爭賞，權力疑
者是謂爭彊，等級無限是謂爭尊。彼人者近則冀
幸，疑則比爭。⑳

而或許是因為受到社會逐漸安定、工商自然發展的影響，根據
《新書·俗激》、〈時變〉、〈瑰瑋〉、〈孽產子〉等各篇的論

---

⑱ 賈誼《新書》，頁13-14。
⑲ 賈誼《新書》，頁14。
⑳ 賈誼《新書》，頁14。

述，類似這樣尊卑不分，貴賤無別的情況，事實上並不僅止於地方諸王，而實已普及於下層民眾，成為一種流行於社會上的奢靡風氣。〈俗激〉說：「今世以侈靡相競，而上無制度，棄禮義，捐廉恥日甚，可謂月異而歲不同矣。」[71]〈孽產子〉說：

> 民賣產子，得為之繡衣、絲經履、偏諸緣，入之閒中，是古者天子后之服也，后之所以廟而不以燕也，而眾庶得以衣孽妾。白縠之衣，薄紈之裏，緁以偏諸，美者黼繡，是古者天子之服也，今貴人大賈者喪（相）資若兄弟，嘉會召客，得以被墻。古者以天下奉一帝一后而節適，今貴人大賈屋壁得為帝服，賈婦優倡下賤產子得為后飾，然而天下不屈者，殆未有也。且主帝之身，自衣皁綈，而靡賈侈貴，墻得被繡，后以緣其領，孽妾以緣其履，此臣之所謂舛也。[72]

過去帝王后妃在非常的正式場合才講求的用度，當時一般商人、婦女，甚至倡優，平日都穿戴用將起來。影響所及，必致人心腐化，去本逐末。賈誼認為這一切已經到了該全面整飭的地步了。在〈服疑〉篇裏，他因此主張重新全面性地調整和規劃全國上下各階層的各項禮數和用度，將全體君、臣、民納入一個合理的規範來統籌分配，使

> 高下異，名號異，權力異，事勢異，旗章異，符瑞異，禮寵異，秩祿異，冠履異，衣帶異，環佩異，車馬異，妻妾異，澤厚異，官室異，床席

---

[71] 賈誼《新書》，頁21。

[72] 賈誼《新書》，頁23。

> 異，器皿異，飲食異，祭祀異，死喪異。故高則
> 此品周高，下則此品周下，加人者品此臨之，埤
> 人者品此承之，遷則品此者進，出則品此者損。
> （〈服疑〉）[73]

上上下下依著一定的標準來斟酌損益，調整統一。這樣，就統治階層而言，可以達到「等級分明，則下不得疑；權力絕尤，則臣無冀志」（〈服疑〉）[74] 的地步。就下民而言，亦所以「去淫侈之俗，行節儉之術，使車輿有度，衣服器械各有制數」。總之，透過禮的全面性重新資源分配，賈誼希望達到「貴賤有級，服位有等」，讓全天下人「見其服而知貴賤，望其章而知其勢季，人定其心，各著其目」，[75] 人人身分、地位標在服飾上，外表一望而可知，安分守等，不疑不亂，「主主臣臣上下有差，父子六親各得其宜，奸人無所冀幸，群眾信上而不疑惑」（〈俗激〉），[76] 這叫「定經制」，這才是賈誼禮制的最終目的。

從法家尊君不二的基點出發，賈誼終於地毯式地澈底安排了政治、社會秩序，把荀子禮的分辨功能發揮到了極致。

③體貌群臣，亦以尊君

除了多疊臣等，區分衣服、號令以烘托、凸顯君之至高至

---

[73] 此數句「異」下文本皆有「則」字，盧文弨云：「當於『異』字為句，此高下者是其根本也，以下諸異，皆由乎此，並當以『異』字為句，此處不當有『則』字，明矣。」參見祁玉章《賈子新書校釋》，頁160，今從校改。以上引文全見賈誼《新書》，頁14-15。

[74] 賈誼《新書》，頁14。

[75] 賈誼《新書》，頁15。

[76] 賈誼《新書》，頁21。

上，獨一無二外，賈誼認為：對群臣的禮敬，也是對人君的尊
重。儘管文帝三年議以賈誼任公卿之位，遭到周勃、灌嬰等人的
極力反對；文帝四年，周勃因事下獄，受盡獄吏的欺凌，賈誼還
是上疏力諫文帝應該體貌大臣，〈階級〉說：

> 鄙諺曰：「欲投鼠而忌器」，此善喻也。鼠近於
> 器，尚憚而弗投，恐傷器也，況乎貴大臣之近於
> 主帝乎？廉恥禮節以治君子，故有賜死而無僇
> 辱。是以係、縛、榜、笞、髡、刖、黥、劓之
> 罪，不及士大夫，以其離主上不遠也。禮不敢齒
> 君之路，馬蹴其芻者有罪，見君之几杖則起，遭
> 君之乘輿則下，入正門則趨。君之寵臣雖或有
> 過，刑僇不加其身，尊君之勢也。此則所以為主
> 上豫遠不敬也，所以體貌群臣而屬其節也。今自
> 王侯三公之貴，皆天子之所改容而禮之也，古天
> 子之所謂伯父、伯舅也，今與眾庶徒隸同黥、
> 劓、髡、刖、笞、傌、棄市之法，然則堂下不亡
> 陛乎？被僇辱者，不大迫乎？廉恥不行也。……
> 夫嘗已在貴寵之位，天子改容而嘗體貌之矣，吏
> 民嘗俯伏以敬畏之矣。今而有過，令廢之可也，
> 退之可也，賜之死可也。若夫束縛之，係紲之，
> 輸之司寇，編之徒官，司寇、牢正、徒長、小
> 吏，罵詈而榜笞之，殆非所以令眾庶見也。……
> 夫天子之所嘗敬，眾庶之所嘗寵，死而死爾，賤
> 人安得如此而頓辱之哉？⑰

---

⑰ 賈誼《新書》，頁19。

　　根據前述堂、陛九級禮制而言：人君的尊威是建構在人臣的層層疊架之上的，臣下尊嚴的挺立，就是人君尊威建構的基礎。臣等低，君也高不起來，君臣彼此之間的尊卑榮辱是一體相牽的。因此，爲了維護和保證人君的尊威，必須同時也考慮它的基礎——同時維護臣下的尊嚴。這不僅是打狗看主人的問題，實際上也是人君保護自己尊威的絕對需要，此其一。

　　然後，他舉豫讓不報中行氏而報智伯的史例來證明人臣的折節致忠與否，完全是「人主使然」，他說：

> 人主遇其大臣如遇犬馬，彼將犬馬自爲也；如遇官徒，彼將官徒自爲也。頑頓無恥，篗苟無節，廉恥不立，則且不自好，苟容而可，見利則逝，見便則奪。主上有敗，則因而推之矣；主上有患，則吾苟免而已。立而觀之耳，有便吾身者，則欺賣而利之耳，人主將何便於此？⑱

人主如何看待人臣，人臣便如何地回應人主，這不但是「出乎爾者反乎爾」的因果回報，也同時是刺激、反應的連鎖關係，這應該是孟子犬馬、腹心，土芥、寇讎一系觀念的繼承。目的在警告人君，不善待臣下的結果，回收其害的將是人君自己，此其二。

　　最後，他呼籲人君，透過高度的尊重與曲爲阿護，去抬高臣下的自尊，以鞭策臣下提昇自我的道德要求，這才足以爲民表率，爲國效命，才叫社稷之臣。〈階級〉說：

> 古者禮不及庶人，刑不至君子，所以屬寵臣之節

---

⑱ 賈誼《新書》，頁19-20。

也。古者大臣有坐不廉而廢者，不謂不廉，曰簠
簋不飾；坐穢污姑婦姐姨母，男女無別者，不謂
污穢，曰帷薄不脩；坐罷軟不勝任者，不謂罷
軟，曰下官不職。故貴大臣定其有罪矣，猶未斥
然至以呼之也，尚遷就而為之諱也。故其在大譴
大訶之域者，聞譴訶，則白冠氂纓，盤水加劍，
造寢室而請其罪爾，上弗使執、縛、係、引而行
也。其有中罪者，聞命而自弛，上不使人頸鑿而
加也。其有大罪者，聞令則北而再拜，跪而自
裁，上不使人捽抑而刑之也，曰：「子大夫自有
過耳，吾遇子有禮矣。」遇之有禮，故群臣自
憙；屬以廉恥，故人務節行。上設廉恥禮義以遇
其臣，而群臣不以節行而報其上者，即非人類
也。故化成俗定，則為人臣者，主爾亡身，國爾
忘家，公爾忘私，利不苟就，害不苟去，唯義所
在，主上之化也。故父兄之臣誠死宗廟，法度之
臣誠死社稷，輔翼之臣誠死君上，守衛捍敵之臣
誠死城郭封境。……顧行而忘利，守節而伏義，
故可以託不御之權，可以託六尺之孤，此屬廉
恥、行禮義之所致也。⑦

這明明是孔子「道之以德，齊之以禮，有恥且格」一系的說法，
卻儘借法家的尊君目標為大前提，目的應該是希望使他禮遇群
臣、尊重臣下的儒家觀點，能獲得較大的接受和保證。從這些
地方，我們明顯看出了賈誼理論依違於儒、法兩家背後的某些

---

⑦ 賈誼《新書》，頁20。

苦衷。

(2) 禮容的嚴格要求——禮的整飭功能

　　禮既不是內在的本然情性，而是外在的節文學習，賈誼論禮因此很強調外在形式的標識與顯示。前述衣服、等級、號令等的劃定都屬記號標識；除了記號標識之外，賈誼論禮也很重視容態的表現。《新書・容經》全篇都在討論如何透過內在心志的培養與準備，去呈現出端肅合宜的禮容，而有所謂的「志色之經」、「容經」、「視經」、「言經」。包括了如何在朝廷、祭祀、軍旅、喪紀等等各種不同場合，以不同的心態、眼神、言語、形象去面對和處理相關事宜。並詳細規定了在立、坐、行、趨、盤旋、跪、拜、伏、坐車、立車、用兵、動武時所應具備的標準姿勢與動作及其禁忌。務使人明白「接君臣、上下、父子、兄弟、內外、大小、品事之各有容志」，做到「身之倨佝，乎（手）之高下，顏色、聲氣各有宜稱」（詳〈容經〉）[80]隨時隨地展現出最一絲不苟的端肅完美容態。

　　在這些地方，賈誼幾乎是用了法家嚴肅硬刻的精神風格來發揮儒家荀學一家的禮論，他認為這樣可以使人「在位可畏，施舍可愛，進退可度，周旋可則，容貌可觀，作事可法，德行可象，聲氣可樂，動作有文，言語有章，以承其上，以接其等，以臨其下，以畜其民。」（〈容經〉）[81]因此，禮容的整飭與要求並不只是「明尊卑」之道，也同時是「綜攝其國之理」了。

　　值得注意的是：賈誼的禮容要求並不全講求態勢的繁富；更

---

[80] 賈誼《新書》，頁42-43。
[81] 賈誼《新書》，頁43。

重要的是，講求品質的精良，亦即其所能產生的實質效果，〈容經〉說：

> 夫有威而可畏謂之威，有儀而可象謂之文。富不
> 可爲量，多不可爲數。[82]

威、文並重，這才是賈誼禮容的最高標準。因此，在談到禮的終極目標時，賈誼回歸到儒家的論點，引用孔子的話作爲答案。他說：「質勝文則野，文勝質則史，文質彬彬，然後君子。」

其次，他既然說端肅禮容的功能對象是「以承其上，以接其等；以臨其下，以畜其民」，則顯然這一切主要還是在爲王侯公卿說項的，因爲只有王侯公卿才要「承其上」、「畜其民」。

(3) 儲君的馴化與訓練

賈誼論禮，和他的削藩與尊君觀念一樣地澈底、詳備而周延。站在尊君的觀點上，他不但主張嚴疊臣等以顯君威，嚴守服制以區別尊卑，間接地透過禮遇群臣，以尊重人君；還史無前例地創制了全套相關於儲君的馴化教育。在那裏，從儲君的胎教、冊立、保育、教養，到訓練、輔佐，有始有終，一應俱全，又一次展現了賈誼過人的充沛精力、智慧，與求全不苟的獨特個性。

①正本止爭——太子的胎教與冊立

賈誼說：「天下之命懸於太子，太子之善在於蚤諭教與選左右。」（〈保傅〉）[83]「諭教」要早到什麼時候？賈誼說，要早到從胎教開始。〈胎教〉破題便引《易》「正其本而萬物理」

---

[82] 賈誼《新書》，頁43。
[83] 賈誼《新書》，頁37。

來說明成功的政治與人君肇基於一絲不苟的太子胎教。接著他引「青史氏之記」，詳細設定了一套嚴密的胎教。根據他的說法，胎教的執行是從后妃懷孕的末三個月（亦即第七個月）開始進行。在這三個月中，從孕婦所聽的音樂、所吃的東西，到新生兒的哭聲、命名、禁忌與懸弧之禮，都有太師、太宰、太卜等專官的嚴格管制與負責，務要要求孕婦在這三個月中絕對地坐立有儀，喜怒中節，一絲不得苟。然後太子尚在幼兒時代，便須透過一定的儀式，經由后妃抱出，歷經太史、太祝、太宰、州伯等的層層稱辭、禮贊與傳語，下達於州府，周告於天下，正式予以冊立。《新書‧立後義》詳載了全部冊立的儀節、規制與意義，目的在周知「諸貴以下至於百姓男女，無敢與世子同者，以防民百姓猶有爭為君者」。[84]簡言之，即是「定分止爭」。

②太子的保傅與教育

迨太子長到一定年紀便開始接受特殊的專業教育與訓練。〈保傅〉、〈傅職〉、〈輔佐〉各篇詳載了這些訓練與教育的內容。就教材內容來說，他不但要學《春秋》、學禮、學樂、學語，還要學訓典，學任術、學忠孝、仁信、禮義、文武、賞罰。總之是智育、德育並學，學科、術科並施，道德、賞罰並教的。目的在讓圍繞在太子前後的，充滿了道德、禮儀、恭謹、良善。經年累月長期的吸收、薰陶，「初生而見正事，聞正言，行正道，左右前後皆正人」，太子沒有任何理由與機會不正、不美、不善。就掌教的專官而言，上至太師、太傅、太保，下至少師、少傅、少保、詔工、太史各有各的職司，分工負責，賈誼說：

---

[84] 賈誼《新書》，頁71。

「保，保其身；傅，傅之德；師，道之教訓」。三公必須與太子燕居出入，嚴格敦促，務要教得太子恭謹向學，禮容儀態順比中節，往來應對貼切得體，居處有度，飲食合節，不放縱，不淫逸，連歌樂休閒都閑雅得宜；又知天象，明物象，識禁忌，賈誼說，姬周就是靠著這樣完備的儲君胎教與禮教訓練，生養出八百年無二的武王來的。

而這些三公三少的人選，賈誼說，當然必須是「天下之端士、孝弟、博聞、有道術者」，讓他們隨時隨地督導照應太子，讓太子自幼被安置在最理想的情境中，「習與智長……化與心成」，賈誼說：「少成若天性，習慣成自然」，讓好與正滲入到太子生命深層的每一個角落與細胞，成為他生命的成分，日後治政的成功也就是很自然而當然的事了。

除了三公、三少等人的燕居陪侍、左右輔導外，到了一定年紀，太子還須入「五學」，正式接受學校教育：入東學學仁，入西學學德，入南學學信，入北學學爵，入太學承師問道。大概正式的一般性課程內容施教是在太學，其餘四學可能是德行或政治專屬學門的補強教育。因此，在「五學」學過之後，賈誼說，還要「退而習考於太傅」，目的在「長德智而得理道」。一旦太子既冠，長大成人，三公三少等的保傅職責便告一段落，而由有司接手，有史以司過，宰以徹膳，「瞽史誦詩，工誦箴諫，大夫進謀，士傳民語」，益以進善之旌，誹謗之木，敢諫之鼓，從外隨時叮嚀告誡，把太子一切可能的行為疏失防範到最嚴密澈底的程度。通過這樣胎兒、幼兒、少年、青年一波又一波，一階段接一階段，層層嚴格品管下塑造、裁教出來的人格，實際上已不只是個成功的儲君，根本是個不折不扣，無所不善的聖人與聖王了。

（以上所述詳〈保傅〉）⑧⑤

　　賈誼其實是把儒家理想中聖人、聖王的裁育構想，落實到
一個貴族式的人君馴化教育中來執行和推衍。而通過這樣層層禮
制長期培育、陶鍊出來的聖王，叫人如何不「尊」？因此，歸
結到最後，賈誼的尊君和荀子的尊君，在某方面，竟有了一致的
結論。

（四）攘夷之策與三表五餌

　　賈誼維護中央大一統的觀點不僅強烈表現在對藩國的裁抑，
也明顯顯現在對匈奴的策略上。〈治安策〉緊接著可為痛惜的藩
國問題之後，「可為流涕」的兩點所涉及的便是此一問題。《新
書》一連串以〈解懸〉、〈威不信〉、〈匈奴〉、〈勢卑〉四篇
詳細載述了賈誼這一方面的主張。

　　匈奴自秦漢以來始終是中國北方的邊陲大患，始皇因築長城
以戒防。入漢以後，冒頓單于殺父自立。高帝時以四十萬（《漢
書・匈奴傳》作三十萬，《史記》作四十萬）精騎，圍帝於白
登，高帝幾不能免。及圍解，因使劉敬結和親之約，歲奉絮繒、
酒、食物，約為兄弟。孝惠、高后兩朝，冒頓侵辱不已，漢仍獻
車馬和親。文帝即位，復修和親。三年，匈奴右賢王入寇河南
地，為灌嬰擊走，出塞。四年，匈奴自請和親，漢許之。六年，
漢卻遣中大夫意、謁者令肩遺匈奴甚厚，並致書匈奴，使無負兄
弟之約。可見，至少在文帝即位的前幾年，在對匈奴方面，表面
上看來，漢並不絕對居劣勢，卻為了清靜安定的黃老目標，主動

⑧⑤ 賈誼《新書》，頁36-38。

對匈奴厚賂示好。

面對這樣的情況，賈誼提出了嚴厲的批判，他說：

> 天下之勢方倒懸。……凡天子者，天下之首也，
> 何也？上也；蠻夷者，天下之足也，何也？下
> 也。今匈奴嫚侮侵掠，至不敬也，爲天下患至亡
> 已也，而漢歲致金絮采繒以奉之。夷狄徵令，是
> 主上之操也；天子共貢，是臣下之禮也。足反居
> 上，首顧居下，倒懸如此，莫之能解，猶爲國有
> 人乎？非但倒懸而已，又類癖且病痱。夫癖者一
> 面病，痱者一方痛。今西邊北邊之郡，雖有長
> 爵，不輕得復，五尺以上，不輕得息，斥候望烽
> 燧不得臥，將吏被介胄而睡，臣故曰，一方病
> 矣。醫能治之而上不使，可爲流涕者此也。陛下
> 何忍以帝皇之號，爲戎人諸侯，勢既卑辱，而禍
> 不息，長此安窮，進謀者率以爲是，固不可解
> 也，亡具甚矣。（《漢書・賈誼傳》）[86]

他站在儒家傳統我族中心，尊王攘夷的觀點上，萬分鄙夷匈奴
而羞漢。他根據《詩》「普天之下莫非王土，率土之濱莫非王
臣」，認爲身爲天子，理當統轄全天下，納「蠻夷戎狄」於「所
作」的範圍內。遺憾漢擁有皇帝的尊號，所制卻「不出長城」。
他猜想匈奴之眾「控弦大率六萬騎」，依五口出一甲兵的概率推
算，匈奴總人口應是「三十萬耳」，不及漢一個千石大縣，卻囂
張如是，「甚非道也」。漢以天下之大而困於如一縣之匈奴，甚

---

[86] 王先謙《漢書補注》，頁1070。

為可恥。他說像匈奴這樣一個胡族，在古代根本是「小諸侯之所鉒權而服也」，竟习悍如此，令人難以忍受。他因此建議文帝，「立一官、置一吏，以主匈奴」，用「耀蟬之術」把匈奴民眾誘降來歸，達到澈底瓦解匈奴的目的。他並自請擔任這個「主匈奴」的「屬國之官」。他有把握在半年之內，令「休屠飯失其口」，再過一陣子，令「休屠繫頸以草，膝行頓顙」來歸義，有把握使「中國日治，匈奴日危，大國大富，匈奴適亡」。他深信「王者戰義，亂者戰德」，因此主張「以厚德懷服四夷，舉明義將示遠方」。在〈匈奴〉篇中他並詳述了他那「義戰」、「德戰」的「耀蟬之術」，所謂「與單于爭其民」的具體方案——三表五餌（以上詳〈勢卑〉、〈匈奴〉）。⑧⑦

　　比較起來，「三表」講的比較原則性，統括地說，就是設法使匈奴之人了解，並進而信任漢廷的誠信與仁愛。所謂的「五餌」，講得就比較地具體而詳細。〈匈奴〉說：

> 賞於國者不可以均，賞均則窶而尚薄，不足以動人。故善賞者踔之駭，轢之從，而時厚之，令視之足見也，誦之足語也，乃可傾一國之心。⑧⑧

這裏首先確定一個大原則，那就是不能，也不必全匈奴遍賞，而必須是抽樣式的，重點式的，選擇少部分特定的對象來實施。這些特定的對象是「匈奴之來者」、「匈奴之使至者」、匈奴「降者之傑」。對這些人，賈誼說，應該刻意地厚待之，禮遇之，使之衣錦繡，多車乘，華馬蓋，以滑誘其目，而勸其眾；或賜之玉

---

⑧⑦ 賈誼《新書》，頁28-31。
⑧⑧ 賈誼《新書》，頁29。

食，以滑誘其口，而勸其眾；或娛以樂舞、婦人，以滑誘其耳；或時賜家用，使養尊處優，以滑誘其腹；時時附循抬幸其降者，示好其貴人，親撫其嬰兒，以收買其心。讓這些抽樣特選的少數匈奴人，作為漢廷撫化政策下的樣品對象，自然而自動地為漢廷的德、義做宣傳，以誘引籠絡全匈奴人民的耳、目、口、腹，乃至心。他相信這樣一來，必然使得匈奴上下之間，

> 中乖而相疑矣。單于寢不聊寐，食不甘口，彈劍挾弓而蹲穹廬之隅，左視右覷以為盡仇也。彼其群臣雖欲毋走，若虎在後；眾欲無來，恐或軒之，此謂勢然。其貴人之見單于，猶近虎狼也；其南面而歸漢也，猶弱子之慕慈母也；其眾之見將吏，猶靈近仇讎也。南鄉而欲走漢，猶水流下也。⑧⑨

他預估「遠期五歲，近期二年之內，匈奴亡矣。」這叫「德戰」，叫做「耀蟬之術」。簡單地說，就是「要以物質聲色的誘惑弱化匈奴，分化匈奴。」⑨⑩

在這方面，賈誼明顯綻露出了書生天真、愚闇，妄自尊大而昧於情勢的缺失。蓋匈奴本為游牧民族，性好射獵，人人自幼習攻戰，個個上馬能戰，梟勇無比，那有明顯的兵民之分？加上居無定所，東併西兼，確實人口本難掌握。楚漢相爭之際，冒頓殺父自立，此後氣勢便如貫日之長虹，「西擊走月氏，南并樓煩、白羊河南王，侵燕、代，悉復收秦所使蒙恬所奪匈奴地」，

---

⑧⑨ 賈誼《新書》，頁30-31。
⑨⑩ 說見徐復觀《兩漢思想史》卷二，頁130。

光是「控弦之士」，保守地估計，便有三十餘萬。那次圍高帝於
白登的匈奴「精騎」，《史記・匈奴列傳》說是「四十萬騎」。
文帝時，匈奴又使右賢王夷滅月氏，定樓蘭、烏孫、呼揭，及其
旁二十六國，「盡入爲匈奴」，[91]人民、兵眾的擴增可想而知。
賈誼徒沉醉於孝文三年灌嬰勝利的表相，昧於實際情況，一廂情
願，了無根據地估算亂猜，大打其仁義德化的如意算盤，終演成
他所有政論中最闇弱無效的一環，亦無怪班固稱「其術固已疏
矣」，而不加採錄。

（五）民本與君道

　　儘管在談到中央與地方的關係，君、臣、民的尊卑勢位時，
賈誼都是站在絕對法家的立場與觀點；甚至力主運用權勢法制，
削弱地方，以強化中央，尊君而卑臣。在面對周勃事件時，雖仍
不改其尊君的立場，卻已經別有意味地，明顯透顯出儒家禮敬臣
下，砥勵士節與臣操之主張。當談到人民與政治的關係時，更全
然回歸到傳統儒家民本前提上來推衍和發論。〈大政上〉說：

> 聞之於政也，民無不爲本也，國以爲本，君以爲
> 本，吏以爲本。故國以民爲安危，君以民爲威
> 侮，吏以民爲貴賤，此之謂民無不爲本也。聞之
> 於政也，民無不爲命也，國以爲命，君以爲命，
> 吏以爲命。故國以民爲存亡，君以民爲盲明，吏
> 以民爲賢不肖，此之謂民無不爲命也。聞之於政
> 也，民無不爲功也，故國以爲功，君以爲功，吏

---

[91] 詳見劉宋・裴駰集解，唐・司馬貞索隱，張守節正義《史記集解》，頁1180。

以爲功。國以民爲興壞，君以民爲弱強，吏以民
爲能不能，此之謂民無不爲功也。聞之於政也，
民無不爲力也，故國以爲力，君以爲力，吏以爲
力。故夫戰之勝也，民欲勝也；攻之得也，民欲
得也；守之存也，民欲存也。故吏率民而守，而
民不欲存，則莫能以存矣；故率民而攻，民不欲
得，則莫能以得矣；故率民而戰，民不欲勝，
則莫能以勝矣。……夫民者萬世之本也，不可
欺也。⑫

〈大政下〉說：

王者有易政而無易國，有易吏而無易民。⑬
民者，萬世之本也，不可欺。……故夫民者，大
族也，民不可不畏也。故夫民者多力而不可敵
也。（〈大政上〉）⑭

人民是國家的根源，國家存在的依據，國家命脈之所繫。一切政
治成效、官吏功績的考核，在在以人民的反應爲依據。舉凡戰爭
的成敗，國家的興亡，完全決定於人民的意願。因爲，人民是廣
大的，具有不可抗拒的聲勢與力量。

但，人民同時也是愚昧無知的，正因他們的無知，所以有賴
爲政者的教化。你怎麼教，他們才怎麼是，教化人民便是政治的
主要內容；〈大政下〉說：

---

⑫ 賈誼《新書》，頁58-60。
⑬ 賈誼《新書》，頁61。
⑭ 賈誼《新書》，頁60。

> 夫民爲言萌也，萌之爲言也盲，故惟上之所扶而
> 以之，民無不化也，故曰民萌、民萌哉，直言其
> 意而爲之名也。……民者積愚也。⑨⑤

〈大政上〉說：

> 夫士民者，率之以道，然後士民道也；率之以
> 義，然後士民義也；率之以忠，然後士民忠也；
> 率之以信，然後士民信也。⑨⑥
>
> 夫民者，諸侯之本也；教者，政之本也；道者，
> 教之本也。（〈大政下〉）⑨⑦

而或許因爲人民是愚盲無知的，在其上有知識卻沒爵位的便是
「士」，賈誼便往往士、民連稱，「民」與「士民」交錯使用；
賈誼說：

> 士民者國家之所樹，而諸侯之本也，不可輕也。
> （〈大政上〉）⑨⑧
>
> 菑與福也，非降在天也，必在士民。（〈大
> 政上〉）⑨⑨
>
> 君子之貴也，士民貴之，故謂之貴也；故君子之
> 富也，士民樂之，故謂之富也。故君子之貴也，
> 與民以福，故士民貴之；故君子之富也，與民以

---

⑨⑤ 賈誼《新書》，頁61。
⑨⑥ 賈誼《新書》，頁60。
⑨⑦ 賈誼《新書》，頁62。
⑨⑧ 賈誼《新書》，頁60。
⑨⑨ 賈誼《新書》，頁59。

財，故士民樂之。（〈大政上〉）⑩

人民雖然是「愚」的，「盲」的，卻是不可欺負、輕侮的，不僅涖政施治要尊重人民的需要，任官選吏也要考量人民接受的傾向，不能與人民站在相反的立場，〈大政上〉說：

> 天有常福，必與有德；天有常菑，必與奪民時。故夫民者，至賤而不可簡也，至愚而不可欺也。故自古至於今，與民爲仇者，有遲有速，而民必勝之。⑪

〈大政下〉也說：

> 故夫民者雖愚也，明上選吏焉，必使民與焉。（〈大政下〉）⑫
> 夫民者吏之程也，察吏於民，然後隨之。夫民至卑也，使之取吏焉，必取其愛焉。故十人愛之有歸，則十人之吏也；百人愛之有歸，則百人之吏也；千人愛之有歸，則千人之吏也；萬人愛之有歸，則萬人之吏也。故萬人之吏也，撰卿相焉。⑬

這幾乎就等同於透過非正式的民調而間接民選了。而人民既是愚昧的，官吏一旦選出之後，其教化人民成功的程度，便是他的政績，〈大政下〉說：「君功見於選吏，吏功見於治民。」「民

---

⑩ 賈誼《新書》，頁60。
⑪ 賈誼《新書》，頁59。
⑫ 賈誼《新書》，頁61。
⑬ 賈誼《新書》，頁62。

之不善也，失之者吏也；故民之善者，吏之功也。」[104]這類的理論觀念基本上應該是《尚書‧五子之歌》「民惟邦本，本固邦寧」，[105]乃至孔、孟、荀一系民本理論觀點的繼承。

然後在〈脩政語〉與〈大政下〉裏都同時談到了爲君治國之道。〈脩政語下〉引師尚父對周武王之言說：

> 吾聞之於政也曰，天下壙壙然，一人有之；萬民藂藂，一人理之。故天下者非一家之有也，有道者之有也。故夫天下者，唯有道者理之，唯有道者紀之，唯有道者使之，唯有道者宜處而久之。故夫天下者，難得而易失也，難常而易亡也。故守天下者非以道則弗得而長也，故夫道者萬世之寶也[106]。

故爲君之道首在「有道」。〈大政下〉說：「君也者道之所出也」。人君必須有道、行道，使自己成爲道的化身。這個「道」指的是什麼？就〈大政上、下〉與〈脩政語上、下〉的敘述，顯然相當瑣碎而廣泛，大致上是傳統儒家仁義德政，選賢與能，寬厚、恤民，去惡行善之類德操與施爲。〈脩政語下〉引粥子對周成王問「道之要」說：「爲人上者恭而仁，爲人君者敬士愛民，以終其身。」要「思善則行之，聞善則行之。」[107]〈脩政

---

[104] 賈誼《新書》，頁61。
[105] 周‧不詳撰人，唐‧孔穎達疏《尚書注疏》（台北：藝文印書館影嘉慶二十年江西南昌學府開雕《重刊宋本尚書注疏附校勘記》），頁100。
[106] 賈誼《新書》，頁66。
[107] 賈誼《新書》，頁66。

語上〉說：「明君愼其舉」，要「得賢而舉之」。⑱〈大政下〉
說：「明君在於政也，愼之於吏也。」「君功見於選吏。」能
否愼選官吏，也是君道的重要一環。〈大政下〉又說：求士要
以「道」，待士要以「敬」。⑲〈大政上〉說：人君治政要愼誅
賞，而誅賞宜從寬，不宜從嚴，與其殺不辜也，寧失於有罪也。

> 故夫罪也者疑，則附之去巳。夫功也者疑，則附
> 之與巳。……一罪疑則弗遂誅也，故不肖得改
> 也；故一功疑則必弗倍也，故愚民可勸也。……
> 故誅而不忌，賞而不曲，不反民之罪而動之，不
> 滅民之功而棄之。故上爲非，則諫而止之，以道
> 紀之；下爲非，則矜而恕之，道而赦之，柔而
> 假之。⑩

簡言之，便是德重於刑。最後，因爲上行下效的緣故，人君還必
須努力向善，以爲臣民表率；〈大政上〉說：

> 故爲人君者，其出令也，其如聲，士民學之，其
> 如響，曲折而從，君其如景矣。鳴呼！戒之哉！
> 戒之哉！君鄉善於此，則共默協民皆鄉善於彼
> 矣，猶景之象形也。君爲惡於此，則嘻嘻然協民
> 皆爲惡於彼矣，猶響之應聲。⑪

〈大政下〉說：

---

⑱ 賈誼《新書》，頁64。
⑲ 賈誼《新書》，頁61。
⑩ 賈誼《新書》，頁59。
⑪ 賈誼《新書》，頁60。

故君能為善，則吏必能為善矣；吏能為善，則民
必能為善矣。故民之不善也，失之者吏也；故民
之善者，吏之功也。故吏之不善也，失之者君
也；吏之善者，君之功也。是故，君明而吏賢
而民治矣。故苟上好之，其下必化之，此道之
政也。⑫

在《新書》的所有理論中，這部分的內容，儒學色彩最為醇
厚。其論君道，雖或不免流於瑣碎、廣泛；然那本是對先秦傳統
儒家君道論的概括性繼承。其論民本，卻有力地發揮了先秦儒學
民本觀念之精萃，而且說得剴切而精警，這在賈誼思想各論中是
難得地最純粹不雜的。

有一點值得注意的是，〈大政下〉在論為官、治民、立身、
處世之道時說：

事君之道不過於事父，……事長之道不過於事
兄，……使下之道不過於使弟，……交接之道不
過於為身，……慈民之道不過於愛其子，……居
官之道不過於居家。……夫道者，行之於父，則
行之於君矣；行之於兄，則行之於長矣；行之於
弟，則行之於下矣；行之於身，則行之於友矣；
行之於子，則行之於民矣；行之於家，則行之於
官矣。故士則未仕而能以試矣。⑬

以為官、交接之本在身與家，則更顯然是「刑于寡妻，至于兄

---

⑫ 賈誼《新書》，頁61。
⑬ 賈誼《新書》，頁62。

弟，以御于家邦」，治國、平天下在修身、齊家一系的觀點了。

可惜的是，這一部分的理論在賈誼所有的思想理論中，雖然是成色最單一不雜的，卻同時也是創發性較少的一環。其推衍民本觀念之處固然劁切而有力，大抵仍是承前而發揮。其論爲君治國之道，乃至爲官在身、在家之理，基本上都是整理前此儒學舊說，無甚新意。從這些小地方，我們也可以看出，先秦儒學入漢以後，若不轉型，是很難有更好的出路，也同時說明了，陸賈、賈誼，乃至董仲舒等「漢儒」推闡儒學時，不能不兼合各家思想的原因。

三、賈誼的哲學思想

在賈誼的《新書》裏，〈道術〉、〈六術〉與〈道德說〉三篇是較爲特殊的篇章。從篇名看來，這三篇不是講「道」、「德」，就是論「術」。就內容看來，其所論與外此各篇爲針對當時各項實際問題而發的政論明顯有所不同，它們是賈誼哲學性理論的推演。然而，不論是文字的表達、語辭的運用，還是思想的詮釋，在在都不免含混、扭絞，甚難釐清，重以版本文字之脫誤，難怪近代學者論賈誼思想理論時少觸及，即或涉及，成效亦不彰。

實則，這三篇東西是賈誼試爲統合儒家道德說與道家黃老道德論的天人大論。因此，在〈道術〉篇裏，前半他先以《管子‧心術》一系虛靜因任的黃老統御術，來詮釋所謂的「道術」；後半便竭盡所知地羅列了「品善之體」——五十六種善德及其反

德。這五十六種善德，從名稱看來，大致上是儒家一系所推崇的立身行爲品操。在〈六術〉篇裏，他論述了許多以「六」爲法的天人事物，包括德的六理——道、德、性、神、明、命，陰陽的六節，聲音的六律，天地的六合，衡量的六度，人倫的六親，典籍的六藝，以及儒家道德的六行。明顯表現了以「六」爲框架，統組天、地、人事物的企圖。在〈道德說〉裏他以玉爲喻，詮釋前述「德」之「六理」，又提出「德有六美」——道、仁、義、忠、信、密。就名稱言，是儒家的德目名稱；然其詮釋「六理」與「六美」卻是採用了《韓非子‧解老》一家黃老道家的表詮方式。而歸結於「六藝」與「六美」、「六理」的關係，說六藝內容所載，正是這「六美」、「六理」之德。

（一）道術與道德

賈誼《新書》中的「道」是多種含義的，它既是指的一種統御術，也指的一種認識方法，乃甚至是宇宙本體與倫理道德。在《新書》的〈道術〉、〈六術〉、〈道德說〉三篇的理論中，便明顯呈現這種現象，〈道術〉篇一開始就詮釋「道」與「術」的關係說：

> 道者，所從接物也，其本者謂之虛，其末者謂之術。虛者，言其精微也，平素而無誤儲也。術也者，所從制物也，動靜之術也，凡此皆道也。⑭

一開始賈誼就把「道」界定在現象界裏來講。「道」是應對事物的，它有本末（體用）之分，就本（體）而言，它精微、素樸不

---

⑭ 賈誼《新書》，頁52。

可見，所以說它「虛」；就末（用）而言，它是一種處理事物的技巧與要領，一種掌握事物的手法，因此叫「術」。就體、就用形態儘管不同，卻都是「道」。

然後他開始就「體」、「用」不同層面來詮釋道的「接物」，他說：

> 請問虛之接物如何？對曰：「鏡儀而居，無執不藏，美惡畢至，各得其當，衡虛無私，平靜而處，輕重畢懸，各得其所。明主者，南面而正，清虛而靜，令命自宣，命物自定，如鑑之應，如衡之稱，有疊和之，有端隨之，物鞠其極，而以當施之，此虛之接物也。」曰：「請問術之接物，何如？」對曰：「人主仁而境內和矣，人主義而境內理矣，人主有理而境內肅矣，人主有信而境內貞矣，人主公而境內服矣，人主法而境內軌矣。舉賢則民化善，使能則官職治，英俊在位則主尊，羽翼勝任則民顯，操德而固則威立，教順而必則令行，周聽則不蔽，稽驗則不惶，明好惡則民心化，密事端則人主神。術者接物之隊，凡權重者必謹於事，令行者必謹於言，則過敗鮮矣，此術之接物之道者也。其為原無屈，其應變無極，故聖人尊之，道之詳不可勝述也。」[15]

就本體「虛」一義而言，道如秤如鏡，無所堅持，也絕不隱瞞，以應對外物。其施用於君道上，人君治政，應如鏡、如衡，清虛

---

[15] 賈誼《新書》，頁52-53。

安靜，公平無私，聽任外物，然後恰當應對。就末用之「術」一義而言，賈誼便全然就政道發論，說人主應先調整好自己，使自己仁、義、理、信、公、法諸德兼備，又能任賢使能，「周聽、稽驗」、「明好惡」、「密事端」，處理起政治來，便能令行民化，威立主尊，神妙無比。這樣的「道術」，當然是指的政道、治術。他要求統治者透過虛、靜、無執、無私等的自我要求，把自己調整到最平正、客觀的標準狀態，讓所統御的對象在極其自然的情況下找到自己的位置，並且如實反應，纖毫不爽，這叫「令名自宣」、「令物自定」、「美惡畢至，各得其當」，講的其實就是《管子‧內業》、〈心術〉、〈白心〉一系「靜因」的統御術，也是黃老刑名家君靜臣動、因而不動，應而不設的統御術。〈白心〉說：

聖人之治也，靜身以待之，物至而名自治之。⑯

〈心術上〉說：

因也者，無益無損也，以其形，因爲之名，……
其應非所設也，其動非所取也。⑰

這就是賈誼所說的「令名自宣」、「令物自定」。〈心術上〉又說：

毋代馬走，使盡其力；毋代鳥飛，使弊其羽翼；
毋先物動，以觀其則。動則失位，靜乃自得……
毋先物動者，搖者不定，趮者不靜，言動之不可
以觀也……故日動則失位……靜則能制動矣，故

---

⑯ 安井衡《管子纂詁》卷十三，第38，頁15。
⑰ 安井衡《管子纂詁》卷十二，第36，頁7-8。

曰靜乃自得。⑱

這就是賈誼所說的，使「美惡畢至」、「輕重畢縣」。所不同的，〈心術〉終於提煉出了「靜因」的君術，並以申子的「刑名」爲其具體的操作方案。賈誼卻不曾明指刑名，只提出了這樣一個原則。不過，當這個靜因的統御原則落實而爲操作的方法時，賈誼卻一方面沿承儒家的觀點，說要講求仁、義、禮、信、公、選賢、舉能、操德、明好惡，另一方面也參酌法家周聽、稽驗、密事端、應變之術去相配合，而呈現道、法、儒兼糅的思想色彩。由認識方法下轉而爲統御術，這是賈誼「道」的一義。

而緊接在這個黃老（道法結合）與儒術混糅的統御術之後，〈道術〉篇繼述「品善之體」，開列了五十六種善德及其反德，它們是：

慈、孝、忠、惠、友、悌、恭、敬、貞、信、端、平、清、廉、公、正、度、恕、慈、潔、德、行、退、讓、仁、義、和、調、寬、裕、熅、良、軌、道、儉、節、愼、戒、知、慧、禮、儀、順、比、傽、雅、辯、察、威、嚴、任、節、勇、敢、誠、必。

其反德則是：

囂、孽、倍、讎、虐、敖、媟、傆、僞、慢、跖、險、濁、貪、私、邪、妄、荒、忍、汰、怨、污、伐、冒、疾、懭、乖、戾、陋、偏、驁、嚚、易、辟、侈、靡、怠、傲、愚、童、濫、詭、逆、錯、野、陋、訥、眊、圂、恨、欺、罷、怯、擈、殆、恒。⑲

---

⑱ 安井衡《管子纂詁》卷十二，第36，頁3-4。
⑲ 以上詳賈誼《新書》，頁53。

　　賈誼幾乎把他所能想到、知道的德目通通整理排列了上去，
並且說：

> 凡此品也，善之體也，所謂「道」也。故守道者
> 謂之士，樂道者謂之君子，知道者謂之明，行道
> 者謂之賢，且明且賢，此謂聖人。[⑳]

這五十六品「善」，其實絕大多數是儒家一派所標榜的立身行事
的品操與德目，賈誼卻也說他們是「所謂道也」。而士、君子、
賢、聖人也是儒家所推崇的典範，可見，在賈誼觀念中，所謂的
「道」，黃老虛靜因任的統御術和儒家立身行事的德目都包含在
內，甚至是協調統一的，這又是「道」的另一義。

（二）道德之創生與六理

　　在〈道德說〉裏，賈誼以道、德說明宇宙生化的本源、過程
與性質，而有所謂「六理」與「六美」。〈道德說〉說：

> 道者無形，平和而神，道有載物者畢以順理適
> 行。[㉑]……德者離無而之有，故潤則倨然濁而始
> 形矣。[㉒]
> 道德造物，物有形而道德之神專而為一。[㉓]
> 物所道始謂之道，所得以生謂之德。德之有也，
> 以道為本，故曰道者德之本也。德生物，又養

---

⑳ 賈誼《新書》，頁54。

㉑ 此句本作「道物有載物者，畢以順理和適行」，祁玉章校釋引劉師培斠補以為「衍
　上『物』字及『和』字」，其說見祁玉章《賈子新書校釋》，頁965，今從校改。

㉒ 賈誼《新書》，頁56。

㉓ 賈誼《新書》，頁56。

物，則物安，德之理也，諸生者皆德之所生。⑭
道冰（凝）而（爲德，⑮神載於德，德者道之澤
也，道雖神，必載於德，而頌乃有所，因以發動
變化而爲）變，變及諸生之理皆道之化也，各
有條理，以載於德，德受道之化而發之，各不
同狀。⑯

德生於道而有理，守理則合於道，與道理密而弗
離也，故能畜物養物，物莫不仰恃德。⑰

綜觀這些敘述，我們可以清楚知道賈誼對於宇宙生化的某些觀
念。籠統地說：

1. 萬物是由道所造生的。詳細地說，道只是造化的根源，實際
   的化生工作與畜養工作都是由德來進行的，道只是德與物的
   本源。

2. 道無形、穩定而神妙，萬物卻有形。無形的道先凝爲德，再往
   下開始變化生物，德是道生化萬物的門界，是道所凝的，因此
   是「離無而之有」，介於有無之間，徐復觀說它「是將形而未

---

⑭ 此句本作「諸生者皆生於德之所生」，祁玉章據劉師培斠補以為「『生於』二字
   疑衍」，其說見祁玉章《賈子新書校釋》，頁959，今從校改。

⑮ 「道冰而為德」以下七句本僅作「道冰而變」一句，中間脫「為德」以下至
   「變」以上三十二字，義不可通，祁玉章據《子彙》本與盧文弨抱經堂校本補
   入。而舊本「冰」下原有一「疑」字，祁玉章以為：冰，古「凝」字，下有一
   「疑」字，當是舊校者不識「冰」即「凝」字，故注一「疑」作標記耳。說見祁
   玉章《賈子新書校釋》，以上各說同見祁玉章《賈子新書校釋》，頁967-968，今
   從校改。

⑯ 賈誼《新書》，頁56。

⑰ 上兩句本作「故能物畜養養，其不仰恃德」，盧文弨校本作此，義較通暢，其說
   見祁玉章《賈子新書校釋》。頁937，因從校改。全引文見賈誼《新書》，頁57。

形，在有形與無形之間，虛與實之間的存在。」⑱

3.「道」只是本源，萬物其實是由「德」獲得生機。因此，就根
　源而言，稱爲「道」；就能使萬物獲得生機而言則稱「德」。

道雖爲德之本，高於德而神妙；但那神妙是寓託於德之上，賴德
以呈顯的，沒有了德，萬物無從生，道的神妙也沒了著落。道必
須藉由德，顯現出各種不同的「理」，才能化生出各種不同形狀
的物，因此說「德」是「道之澤」。道無形，德有理，萬物因此
各有不同的形狀。

　　這樣的說法基本上是統承《老子》，乃至先秦黃老道家的宇
宙論。《韓非子‧揚搉》說：「夫道，弘大而無形，德者核理而
普至。」⑲《老子》說：道是虛無的，是「玄牝」，是天地根，
萬物母，「道生一，一生二，二生三，三生萬物」。道由「一」
開始生化萬物，「一」是道生化萬物的門界，戰國以下乃至漢代
的黃老學家在詮釋《老子》「道生一，一生二，二生三，三生萬
物」的宇宙論命題時，便常以「一」詮釋「道」，稱代「道」，
以「一」爲「道」在現象界中的替身。賈誼之前，〈十大經‧成
法〉說：「一者道其本也……萬物之多，皆閱一空。」⑳賈誼之
後，《淮南子》說得更清楚，它說：

　　道始於一。（〈天文〉）㉛

　　道者，一立而萬物生矣。……萬物之總皆閱一

---

⑱ 徐復觀《兩漢思想史》卷二〈賈誼思想的再發現〉，頁163。

⑲ 陳奇猷《韓非子集釋》，頁122。

⑳ 馬王堆出土《帛書老子》，頁220。

㉛ 劉文典《淮南鴻烈集解》卷三，頁174。

孔，百事之根皆出一門。（〈原道〉）⑫

道出一門，通九原，散六衢（〈俶眞〉）⑬

一也者，萬物之本也。（〈詮言〉）⑭

都說明了「道」是通過「一」去執行生化，開始它在現象界裏的運作，道的靈妙偉大功能都是透過「一」去呈顯。所不同的，賈誼將「一」換成了「德」，以「德」取代「一」，替代「道」執行現象界裏的一切生成化育。這一系列詮釋《老子》道生萬物命題的理論，入漢以後，從現存資料看來，賈誼是首例，到《淮南子》則推展到頂峰。

其次，也因爲「道」的一切生化畜養功能全靠「德」來進行，「道」的生化功能能爲人所覺察的，應該是能呈顯理的「德」以下部分。換言之，道因德以顯理，德有諸理才能生化萬物，〈道德說〉與〈六術〉因此便以「德之六理」來說明「道」的創生、性格，及其內質。〈六術〉說：

德有六理，何謂「六理」？曰：道、德、性、神、明、命，此六者德之理也。六理無，不生也，已生而六理存乎所生之內。⑮

既說「德有六理」，卻又把「道」、「德」括納入「六理」之中，這就犯了語辭的概念與義界混淆不明的毛病。較爲曲全的合理解釋是：「道」因「德」以顯「理」，「德」有「理」而道

---

⑫ 劉文典《淮南鴻烈集解》卷一，頁20。

⑬ 劉文典《淮南鴻烈集解》卷二，頁36。

⑭ 劉文典《淮南鴻烈集解》卷十四，頁8。

⑮ 賈誼《新書》，頁54。

無形，不呈「理」，故不說「道有六理」，而以「德」代稱，說
「德有六理」，其實就是指的「道之化生有六理」。從這「六
理」中，賈誼既論述了道創生物的歷程，也詮釋了其間的質性，
沒有這「六理」，萬物是無從創生的。

　　從前，《老子》在詮釋「道」時，喜歡以水作喻，因爲道無
形，在有形的現象界事物裏，水性最貼合道性，最有資格作爲道
的「代言者」。同樣地，賈誼也認爲，道無形，德卻介於有無、
虛實之間，都不易辨識說明。在有形的事物界裏，只有玉，最全
備德（亦即「道」）的創生質性，最足以說明，因爲玉性與德
（道）性最一致，他說：

　　　德畢施物，物雖有之，⑬微細難識，夫玉者，眞
　　　德象也。⑬七六理在玉，⑬明而易見也，是以擧玉
　　　以諭物之所受於德者，⑬與玉一體也。（〈道
　　　德説〉）⑭
　　　諸生者皆德之所生，而能象人德者獨玉也⑭象德

---

⑬　此句本作「物雖有知」，「知」字祁玉章據《子彙》本、盧文弨本改作「之」，
　　其說見祁玉章《賈子新書校釋》，頁978，今從校改。
⑬七　「象」字《子彙》、胡、程本並訛作「寫」字，盧本作「爲」，即古「象」字，是
　　也。其說見祁玉章《賈子新書校釋》，頁979，今從校改。
⑬八　此句本作「六理在六」，義不可道，祁玉章依盧文弨本校改作「在玉」，今從
　　之，其說見祁玉章《賈子新書校釋》，頁979。今從校改。
⑬九　「所受於德」本作「所愛於德」，義不可通，祁玉章依盧文弨校改作「所受於
　　德」，今從之，其說見祁玉章《賈子新書校釋》，頁979。
⑭　全引文見賈誼《新書》，頁58。
⑭一　此句本作「而能人象德者獨玉也」義不可通。祁玉章云：彙本無「人」字，李、
　　胡、盧本「人象」倒，蓋從潭本，是也，因據正。說見祁玉章《賈子新書校
　　釋》，頁960。

體。⑭六理盡見於玉也各有狀，是故以玉放德之六理。（〈道德說〉）⑭

因此，在〈道德說〉裏，他便借玉性為喻，詳述了德（道）的創生之理，他說：

> 澤者鑑也，謂之道，倨如竊膏謂之德，⑭湛而潤、厚而膠謂之性，康若樂流謂之神，光耀謂之明，礐乎堅哉謂之命，此之謂六理。鑑生空竅，而通之以道。德生理，通之以六德之畢離狀。⑭六德者，德之有六理畢離狀也。性生氣，而通之以曉。〔曉〕神生變，⑭而通之以化。（明）生識，⑭而通之以知。命生形，而通之以定。⑭

前此與後此，賈誼更兩度詳細解說這段文字，前略而後詳，因引後者以闡釋。他先詮釋「澤者鑑也，謂之道……鑑生空竅，而通

---

⑭ 此句本作「寫德體」，祈玉章校釋引盧校云：「寫疑 ，即象字。」今從校改。其說見祁玉章《賈子新書校釋》，頁961。

⑭ 全文見賈誼《新書》，頁56。

⑭ 此句「竊膏」之下本有「之理」二字，祁玉章云：盧文弨校本無二字，今依其下文例，釋性、神、明、命皆無「之理」二字，此亦不當有，因從盧本校改。說見祁玉章《賈子新書校釋》，頁961。

⑭ 「畢理狀」本作「理離狀」，祁玉章引俞樾校云：「理離狀即畢離狀，蓋畢誤作里，又誤作理耳。」其說見祁玉章《賈子新書校釋》，頁962。今從校改。

⑭ 「神生變」上本有「曉」字，作「曉神生變」。祁玉章以為「曉」字涉上「曉」字而誤。李、《子彙》、胡、程、盧本即無「曉」字，今從校改。說見祁玉章《賈子新書校釋》，頁963。

⑭ 「明生識」，「明」字本脫，祁玉章云：「『生識』上當有『明』字，下文云『明生識，通之以知』是其證，他本亦並有『明』字，今據補。」其說見祁玉章《賈子新書校釋》，頁963，今從校改。

⑭ 賈誼《新書》，頁56。

之以道」說：

> 道者無形，平和而神，道有載物者，畢以順理適
> 行。故物有清而澤，澤者鑑也，監以道之神，模
> 貫物形，通達空竅，奉一出入為先，故謂之鑑；
> 鑑者，所以能（態）也。見者，目也，道德施物
> 精微而為目，是故物之始形也，分先而為目，目
> 成也，形乃從，是以人及有因之在氣，莫精於
> 目。目清而潤澤若濡，無塵穢雜焉，故能見也。
> 由此觀之，目足以明道德之潤澤矣，故曰：「澤
> 者鑑也；生空竅，通之以道。」[14]

他以玉如鏡子一般，光潔清虛（無瑕剔透），能模生物象之性，
來說明「道」能由虛無（空竅）中生化萬物的功能與質性。道這
種能由清虛中模生物形的質性，首先賦生在人的眼睛，人的眼睛
因此是比他形先賦生的，也像道一樣清澈澄明、能見物，只因為
它是道德化生萬物中，最精微的賦生，是最具道性的。

然後他以玉的潤如凝脂之性說「德」，詮釋「倨如竊膏謂之
德……德生理，通之以六德之畢離狀。」〈道德說〉說：

> 德者，離無而之有，故潤則倨然濁而始形矣，故
> 六理發焉。六理所以為變而生也，所生有理，然
> 則物得潤以生，故謂潤德。德者，變及物理之所
> 出也。夫變者，道之頌也，道冰而（為德，神載
> 於德。德者，道之澤也。道雖神，必載於德，而

---

[14] 賈誼《新書》，頁56。

頌乃有所，因以發動變化而為）變，⑮變及諸生
之理，皆道之化也，各有條理，以載於德，德受
道之化而發之，各不同狀，德潤，故曰：「如膏
謂之德；德生理，通之以六德之畢離狀⑮。」⑯

「德」是「道」所化生、所凝聚而成的，「德」出現，創生便離
開「無」而邁向「有」，其狀態也產生變化，不再是虛清的，而
呈現似虛還實，若無還有，稍濁如白色膏脂之類的狀態，因此，
「理」也漸漸顯了出來，這便正式進入化生萬有的階段，也就是
創生的主曲。

再來他以玉溫潤、厚實而膠凝之質說「性」，詮釋「湛而
潤，厚而膠謂之性……性生氣，而道之以曉」。〈道德說〉說：

道德之神專而為一，氣明，其潤益厚矣。濁而
膠，相連在物之中，為物莫生，氣皆集焉，故謂
之性。性，神氣之所會也；性立，則神氣曉曉然
發而通行於外矣，與外物之感相應，故曰澤厚而
膠謂之性；性生氣，通之以曉。⑯

他說當德凝聚益甚，潤澤益厚，終摶聚為物質性的「氣」，進入
物中。在物未生成之前，那氣已集，因此稱作「性」。「性」是

⑮ 自「為德」至「變化而為」共三十二字，潭本別本皆脫，原作「道冰而變」，意
不可通。彙本與盧本皆有，祁玉章因據以補入。今從校改。說見祁玉章《賈子新
書校釋》，頁967-968。
⑮ 「畢離狀」本作「畢雖狀」，祁玉章以為：「雖」當作「離」，形似而誤也，上
文即兩見「離狀」，今據諸本正。說見《賈子新書校釋》，頁968，今從校改。
⑯ 以上引文見賈誼《新書》，頁56。
⑯ 賈誼《新書》，頁56-57。

道德精微之「氣」摶聚而成，性一旦生成，那道德的精微之氣，
便明朗通暢地流衍表現了出來，和外物相接觸，相感應。

　　再次，他以玉穩定安靜的氣質說「神」，詮釋「康若樂流謂
之神，神生變而通之以化」，他說：

> 神者，道德神氣發於性也，康若樂流，不可物效
> 也；變化無所不爲。物理及諸變之起，皆神之
> 所化也。故曰「若樂流謂之神；神生變，通之
> 以化。」[154]

徐復觀引《爾雅‧釋詁》釋「康」爲「安靜」。釋「康若樂流」
爲「既虛且靜，有如音樂之流動」。這段其實是說，性一生成
之後，那內在於性的精微之氣便安安靜靜，如樂音之流出，卻
無法似具體之物可印證。儘管無法印證，它卻變化多端，這就
是「神」。一切事物之理及現象界各種變化的產生，其實都是
「神」的作用。

　　再後，他以玉的光亮之質說「明」，解釋「光輝謂之明……
明生識，而通之以知」，說：

> 明者，神氣在內則無光而爲之，明則有耀於
> 外矣，外內通一，則象得失事理是非，[155] 皆

---

[154] 此兩句本作「理生變，通以之化」，祁玉章據陶鴻慶以「理」爲「神」字之誤，
　　因校改爲「神生變」；又據盧文弨校改「以之」爲「之以」，其說見祁玉章《賈
　　子新書校釋》，頁969-970，今從之。全引文見賈誼《新書》，頁57。

[155] 此句本作「則爲得失事理是非」，祁玉章引劉師培校云：「『爲』字不可通，
　　『爲』蓋『烏』訛。……烏 即『象』字別體，上文，『寫德』亦『烏德』之訛。
　　此文亦然。象與效同，則『象得失』即『得失畢呈』之義。」其說見祁玉章《賈
　　子新書校釋》，頁970，今從之。

> 職於知，故曰「光輝謂之明；明生識，通之
> 以知。」⑯

這是說神氣如果只潛聚在內為性，當然顯不出來。然而，一旦
流露出來而為「神」時，便朗亮而可察。這時候內在之「性」、
「神」與外境相暢相通，其正反好壞之理便呈顯而可知，這叫
「明」。

最後他以玉石堅硬之質來說「命」，解釋「礐乎堅哉謂之
命，命生形而道之以定。」〈道德說〉說：

> 命者，物皆得道德之施以生，則澤潤、性氣、神
> 明、及形體之位、分、數、度有極量指奏矣。此
> 皆所受其道德，非以嗜欲取捨然也。其受此具
> 也，礐然有定矣，不可得辭也，故曰命。命者不
> 得毋生，生則有形，形而道、德、性、神、明、
> 命因載於物形，故礐堅謂之命；命生形，通之
> 以定。⑰

這裏，他結說物形之生成。這一路上由道之澤、德之膏、性之氣
膠、神之樂流，到明之光輝，大致上都不是堅確固定的狀態，只
有到形體生成之後，創生的過程才算完成，一切才算確定。形體
一旦確定，不論喜不喜歡，要不要，從此不可改易，就像石一樣
堅硬。而「六理」也就這樣賦在於物之上了。這就好比玉，論它
內在的光澤、色彩、剔透、亮度，都不絕對穩定，而可能隨周遭
環境條件，如濕度、溫度、光度而變幻，唯有那硬硬的石形是固

---

⑯ 賈誼《新書》，頁57。
⑰ 賈誼《新書》，頁57。

定的，而一切玉的美麗質性卻都含包在這硬石之中了。

　　道德的創生既完成，六理因此賦在於物之上，物便煥發著六理的氣質之美，叫做「德之六美」；記載這六項道德的氣質之美的典籍，就叫「六藝」。一切人生上的祭祀求福，都從這裏（六藝中）找到根源，做學問、發議論、傳道、授業也以此爲範圍，爲內容，爲歸趨。〈道德說〉說：

> 德有六美。何謂六美？有德、有道、有仁、有義、有忠、有密，此六者，德之美也。道者德之本也，仁者德之出也，義者德之理也，忠者德之厚也，信者德之固也，密者德之高也。六理六美，德之所生。……故曰道此之謂道，德此之謂德，行此之謂行，所謂行此者德也。是故，著此竹帛謂之書，書者此之著者也；詩者，此之志者也；易者，此之占者也；春秋者，此之紀者也；禮者，此之體者也；樂者，此之樂者也。祭祀鬼神，爲此福者也；博學辯義，爲此辭者也。⑱

稍後又加以詮釋說：

> 物所道始謂之道，所得以生謂之德；德之有也，以道爲本，故曰「道者德之本也。」德生物，又養物，則物安利矣。安利物者，行仁也，仁行出於德，故曰「仁者德之出也」。德生理，理立則有宜適之謂義，義者理也，故曰「義者德之理也」。德生物，人養長之而弗離也，德（得）

---

⑱ 賈誼《新書》，頁56。

以安利，德之遇物也忠厚，故曰「忠者德之厚
也」。德之忠厚也，信固而不易，此德之常也，
故曰「信者德之固也」。德生於道而有理，守理
則合於道，與道、理密而弗離也，故能畜物養
物。其不仰恃德，此德之高，故曰「密者德之
高也」。道[159]而勿失則有道矣，得而守之則有德
矣，行而無休則行成矣，故曰「道此謂之道，德
此謂之德，[160]行此謂之行」，諸此言者盡德變，
變世者理也。[161]

這是詮釋「六美」。這「六美」，先前說是「德、道、仁、義、
忠、密」，根據其下的內容解說與稍後的詮釋，卻都說是「道、
仁、義、忠、信、密」。由於這兩次都是有內容的詮釋，因此，
我們相信後者為是。他說，「道」是「物」與「德」的根源，
「仁」是指德能養物，使物「安利」，「義」是德因「理」所表
現出的恰當情況。「忠」是指德潤物、養物甚厚。「信」指德厚
潤物、畜物以為常，而恆定不改的特質。「密」是指德由「道」
生，而呈「理」，與「道」與「理」密不可分。這「六美」都
是「德」在孕生畜養萬物時所變生煥發出來的「理」。論完「六
美」，他再論「六藝」，〈道德說〉說：

書者，著德之理於竹帛而陳之，令人觀焉以著所

---

[159] 「此德之高」二句本作「此德之高而勿失則有道矣」，祁玉章云：「盧（文弨）
據舊校增『故曰云云』九字，是也。」其說見祁玉章《賈子新書校釋》，頁973，
今從之。

[160] 此句本脫，祁玉章云：「盧增『德此之謂德』是也，前文即此三句並列，今亦據
補。」說見祁玉章《賈子新書校釋》，頁974。

[161] 賈誼《新書》，頁57。

從事，故曰「書者此之著者也。」詩者，志德之
理而明其旨，令人緣之以自成也，⑯故曰「詩者
此之志者也」。易者，察人之精、德之理而與弗
循，而占其吉凶，故曰「易者此之占者也」。春
秋者，守往事之合德之理之與不合而紀其成敗，
以為來事師法，故曰「春秋者此之紀者也」。禮
者，體德理而為之節文，成人事，故曰「禮者此
之體者也」。⑯樂者，書、詩、易、春秋、禮五
者之道備，則合於德矣，合則驩然大樂矣，故曰
「樂者此之謂樂者也」。人能脩德之理，則安
利，之謂福。莫不慕福，弗能必得，而人心以為
鬼神能與於利害，是故其犧牲、俎豆、粢盛、齋
戒，而祭鬼神，欲以佐成福，故曰「祭祀鬼神為
此福者也」。德之理盡施於人，其在人也，內而
難見，是以先王舉德之頌，而為辭語，以明其
理，陳之天下，令人觀焉；垂之後世，⑯辯議以
審查之，以轉相告。⑯是故，弟子隨師而同受，

---

⑯ 此句本作「今人緣之以自成」，桂案：緣上句「書者，令人觀焉以著所從事。」
   則此句宜作「詩者，令人緣之以自成」，始相對，「今」當是「令」字之誤。

⑯ 此句本作「體德禮而為之節文」義不可通，祁玉章校釋本「體德禮」作「體德理
   而為之節文」，言體現德之六理，義較勝，因從校改，說見祁玉章《賈子新書校
   釋》，頁976。

⑯ 此句本作「垂人之後世」，義不可通，祁玉章依李夢陽、何孟春、盧文弨本刪去
   「人」字，說見祁玉章《賈子新書校釋》，頁977。

⑯ 此句本作「轉於告」，義不可通，祁玉章據李夢陽、何孟春、盧文弨本改為「轉
   相告」，今從之，說見祁玉章《賈子新書校釋》，頁978。

傳學以達其知，而明其辭，以立其誠。故曰⑯
「博學辯議為此辭者也。」⑰

《書》是將這六德之理寫在竹帛上；《詩》是記這德之六理，進
而闡明其旨，使人依此自修以成德；《易》是仔細體察人對於這
德所呈現之理究竟遵不遵循？何者該遵？何者不遵？並占驗其吉
凶。《春秋》是核驗過去發生的事情合不合德之理，而記下其
成敗的結果，做為未來的行事準則。《禮》是實踐這德之理，並
適度地調整它的儀文，以佐助人事。《樂》則是在前述《書》、
《詩》、《易》、《春秋》、《禮》之理都全備合德之後，高興
的大歡暢。這就是「六藝」的內容與眞諦。人能修好這「六藝」
道理，便能平安樂利，便是有福。問題就在未必能修得到，因此
就需要透過設貢品、齋戒、祭祀去求福。祭祀鬼神，就是為了能
求得這種德福。換言之，祭祀求福是為讀經、識理、修德不足而
作的補強。其次，這德之理雖好，雖美，卻在內而難能體察。先
王因此透過語辭的稱頌、論辯，去詳細闡述它的道理，使人弄得
清楚，並流傳給後世。所以後世師弟子以此相承相教，正是為了
明瞭這道德之理的眞諦，這便是「六藝」的功能與意義。

在這些理論裏，賈誼大魄力地融合了黃老道家「道」的宇
宙創生論與儒家的道德說，冶為一鑪，而塑造出屬於漢人式的天
人結合的大論，尤其是〈道德說〉那種先說後解的表達方式，正
是《管子‧心術》一系的表述模式，其中有許多觀點與理論甚至
是來自《管子》，有些地方卻又與《禮記》的說法同一系列。比

---

⑯ 「故曰」：本作「議曰」，與上文句例不合。祁玉章據李夢陽、盧文弨本與《子
彙》本改作「故曰」，說見祁玉章《賈子新書校釋》，頁978，今從之。
⑰ 賈誼《新書》，頁57。

如，以玉喻德，較早見之於《詩經》的「言念君子，溫其如玉」（〈秦風・小戎〉）。[168]先秦以前《管子・水地》也以玉喻德，〈水地〉說：

> 夫玉，溫潤以澤，仁也；鄰以理者，知也；堅而不蹙，義也；廉而不劌，行也；鮮而不垢，潔也；折而不撓，勇也；瑕適皆見，情也；[169]茂華光澤，並通而不相陵，容也；叩之，其音清搏徹遠，純而不殺，辭也。[170]

《禮記・聘義》也說：

> 夫昔者君子比德於玉焉：溫潤而澤，仁也；縝密以栗，知也；廉而不劌，義也；垂之如隊，禮也；叩之，其聲清越以旁達，信也；其終詘然，樂也；瑕不揜瑜，瑜不揜瑕，忠也。[171]

賈誼之後，《說苑・雜言》也說：「玉有六美，君子貴之。」[172]

---

[168] 周・不詳撰人，漢・鄭玄注，唐・孔穎達疏《毛詩注疏》（台北：藝文印書館重刊《毛詩注疏》附校勘記），頁236。

[169] 此句本作「瑕適皆見，精也。」意不可解。安井衡說：「精」，《荀子》作「情」，是也，說見安井衡《管子纂詁》卷十四，頁3，當句下纂詁。桂案：「情」，謂「真實」。言「玉」，瑕瑜並見，是真實不虛隱遮掩。意較適切，因從校改。

[170] 安井衡《管子纂詁》卷十四，頁2-3。

[171] 唐・孔穎達疏，陸德明釋文《禮記注疏》（台北：藝文印書館）卷十三，第四十八，頁1031。

[172] 漢・劉向傳《新序・說苑》（台北：世界書局，出版年月不詳〔世界文庫四部刊要〕），頁143。

（三）以六為度的天人串聯

　　除了以「六理」、「六美」來論述道的創生過程、內容及其質性、成果之外，賈誼並以「六」為度，串聯起天人事物，〈六術〉在列出德之「六理」後，緊接著便說：

> 陰陽、天地、人，盡六理為內度；內度成業，故謂之六法。六法藏內，變而內外遂，外遂六術，故謂之「六行」。是以陰陽各有六月之節，而天地有六合之事，人有仁、義、禮、智、聖之行，行和則樂，與樂則六，此之謂六行。陰陽天地之動也，不失六行，故能合六法，人謹脩六行，則亦可以合六法矣。……內法六法，外體六行，以與書、詩、易、春秋、禮樂、六者之術，以為大義，謂之六藝……。他事亦皆以六為度：聲音之道以六為首，……謂之六律；……人之戚屬以六為法；人有六親，……六親有次，不可相踰。數度之道以六為法，……事之以六為法者不可勝。⑱

他以「六」為度來統合天人事物，大抵是說：德之六理形成之後，一切天人事物便以此為法度，叫做「六法」。人能依「六法」修其行為，叫「六行」，這「六行」是仁、義、禮、智、聖、樂。陰陽依「六法」而各當令六個月，天地依「六法」而有上下四方之「六合」，聲音依「六法」而有「六律」、「六呂」，六種陰聲，六種陽聲。人的親戚關係依「六法」也有「六

---

⑱ 賈誼《新書》，頁54。

親」，連衡度之數也都配合著「六法」而有度、法、釐、分、
寸、尺六種。總之，舉凡一切陰陽、天、地、人事物都要配合、
依循這「六法」。人的行為表現不合「六行」，便要修「六藝」
去矯正。聲音六律之發為五音（宮、商、角、徵、羽）也要調
「和」才好。為了保證父、昆弟、從父昆弟、從祖昆弟、從曾
祖昆弟、族兄弟等「六親」之有次不踰越，必須設昭、穆、孫
嗣「三廟」之禮，訂定粗衰、齊衰、大紅（大功）、細紅（小
功）、總麻五等喪服制。在這些地方，賈誼又一次地展現了他長
於禮，思以禮來經綸、統組政治、社會、人事，乃至一切天人事
物的強烈企圖與宏偉氣魄。

結　論

　　不論從史載生平事蹟或《新書》所展現的理論看來，賈誼
都是個相當求全而富理想的完美主義者。因推行「黃老治術」而
進入調養狀態下的文帝朝廷與社會，在賈誼看來（根據〈治安
策〉所述的），竟是如此地千瘡百孔，不忍卒睹。基於愛之深、
責之切的心理，與滿腔煥發、洋溢的才情驅使下，他幾乎貫注了
全幅的生命與熾忱去大興大革地上疏、諫議。他的那些意見，雖
不免求全，理想甚高；但，絕大多數都還能面對現實問題，切中
核心。問題是，他是個天才，天才所見，往往比別人早一步，他
把漢廷至武帝朝才能解決的問題，包括削藩、伐匈奴等等理論，
提前了幾十年來急切要求文帝實行。由於時空條件、主客觀因素
諸多難以配合，註定了不能見諸實現的結果。其實，漢廷並沒有
全然忽視他的意見與構想，只是那樣的進度與處理令賈誼無法接

受。幾十年後，他的全部理想，武帝和主父偃終於替他全幅完成。⑭而從賈誼死後，景帝朝的七國之亂看來，文帝的顧慮不是沒有道理的。一等明君和一等賢臣的邂逅，不能有絕對圓滿的結果，這其中原本有著許多無奈的主客觀因素，是很值得深入省思和研究的。

但，不論從他大興大革的諸多政論，還是氣勢宏偉的天人統合中，我們都可以明顯看出，身處一個中央集權政治體制在平和穩健成長時代中的大政論家、大思想家，是如何地以他豐沛的才情，高遠的見識，過人的魄力，和澈底、求全、板眼不失的風格，結合著儒、道、法各家的學說，催助他的朝廷早日完成中央集權的一統政制。並為逐漸來臨的治世，規劃一個端肅整飭而安列有序的政治、社會藍圖。對於前項目標，他是以絕對法家的立場與態度來諫議的。對於後項目標，他則是儒、法、道兼糅地談。他以儒家的層層禮制為架構，法家的尊君為標的，部分黃老道家的學說為補強，完成了他的禮治世界與充滿道德色彩的天人哲學。他上承陸賈，下開董仲舒，又一次明白反映了先秦儒學要在一個中央集權政治體制中求生存，所必須有的轉型、調適與堅持。

---

⑭ 參見施樹民〈賈誼為何不受重用〉，《浙江師大學報》1993年第4期，頁96-97。

伍、從天道觀看董仲舒融合陰陽與儒學的天人合一思想

前 言

　　繼鄒衍之後，董仲舒成功地結合了陰陽學與儒學，去推闡自己的理論學說。他承繼鄒衍以來的陰陽說與《書經》、《孟子》以下尚德的天命觀，架構其天人合一的災異理論。在這些理論裏，天的意義是多重的，天人是合類的，其關係是緊密相副的，大道與君德、天道與治道也都相通。只不過，它們都是透過「氣」的類應作用去達成。他一本公羊學好言天人災異的傳統，大量吸收戰國以下陰陽學的成果，與當代強勢的思想潮流取得協調，終於達成了荀子以來儒學外王的理想目標。

一、漢代學術思想的特質

（一）以一統衆，融合各家

　　先秦的學術思想入漢以後，因應著政治的統一，也呈現出一統的局面。所謂的「一統」，其實是指的標榜一家而兼採各家。就標榜一家而言，前漢七十年的「黃老」治期，標榜道家；武帝

獨尊儒術以後，標榜儒家。就兼糅各家而言，標榜道家的「黃老」治術，其實是以道、法糅合爲主調，「因道全法」，[①]而「兼儒墨」、[②]「採儒、墨之善」。[③]標榜儒家的儒學獨尊，其實是陽儒陰法、王霸雜治。換言之，不論標榜道家或標榜儒家，一旦落實到實際的統御技巧，或政務處理，都沒能揚棄法家的思想操作。

（二）雜糅陰陽學

更特殊的，不論以道一統，兼糅各家；還是以儒一統，兼糅各家，皆莫不雜糅濃厚的陰陽色彩，陰陽家學是漢代思想的底色。標榜道家的，在「兼儒、墨，合名、法」之餘，也擷採陰陽家的精氣說，架構其氣化的宇宙論，與精誠感通說，或衍生出「氣」的衛生之經。甚至在陰陽五行的架構下，將一切天、人事物重新組織，使之系統化、規律化，以爲治道的準則。這些我們可以從漢代黃老道家集大成的理論著作《淮南子》的〈俶眞〉、〈時則〉、〈覽冥〉、〈精神〉、〈天文〉、〈地形〉各篇理論得到證明。標榜儒家的，則是以陰陽五行推衍天人災異，並轉而爲讖緯、符命之學，這我們可以從董仲舒的《春秋繁露》、各類緯書，與《白虎通》的內容中明顯看出。

換言之，陰陽家學是漢代學術思想的底流，自戰國鄒衍以後，它便以強大的滲透力，普遍地漫延於秦、漢的政治、社會、學術、文化各層面，形成了一種時代思潮。因爲它不但詭異、神

---

① 見陳奇猷《韓非子集釋·大體》，頁512。
② 見王先謙《漢書補注·藝文志》，頁897。
③ 見裴駰集解，司馬貞索隱，張守節正義《史記集解·自序》，頁1349。

奇，而且天、人兼顧，內聖、外王皆照應，故能普遍迎合各階層的需求。就天、人兼顧而言，它不但就天言天（非若儒墨之就政治、修養、人生言天），其「氣」的觀念更提供思想界詮釋宇宙創生的方便條件。而〈漢志〉說陰陽家的源起，本就是觀天象以指導人事，「敬順昊天，歷象日月星辰，敬授民時」的。就「內聖」言，其「精氣」理論普遍提供上下各階層修養攝生的指導；就「外王」言，其五德終始的天命理論，更爲秦漢以下，專制帝王政權的取得，提供合理的依據。其詭異、神祕的氣氛與色彩，尤其提供了可以恣意想像與附會的空間。凡此種種因素，皆造成它廣受秦漢以下統治者以及知識分子普遍喜愛的原因，終於形成它籠罩東西兩漢的盛況。

這些思想特質也明顯地反映在董仲舒的思想理論中。

二、董仲舒學術思想的成分

從〈天人三策〉和《春秋繁露》看來，[④]董仲舒的思想理論至少包括三大成分：一是儒家的道德禮義傳統，一是陰陽家的五行災異說，三是道法家的刑名統御術。

（一）儒家的道德禮義傳統

這是董仲舒一切天人學說的最終歸趨，也是判定他成爲一

---

④ 今本《春秋繁露》自《崇文總目》而下，若程大昌、朱子、陳振孫、黃震、胡應麟等人皆疑非仲舒所作。近人除徐復觀力辯其真外，（見《兩漢思想史》，學生書局，1979年6月初版，卷二，頁312-316。）學者之研究，尤多以《春秋繁露》爲研究董仲舒思想的重要資料，本文之撰寫因從之。

代儒宗的主要依據。從〈天人三策〉看來，在第一策相關於天道的諸問裏，漢武帝先後提出：受命之符、災變緣由，與性命之情夭、壽、仁、鄙之理三個問題。董仲舒依次對以天瑞應誠、災異譴告、承天化以任德教。尤其針對第三問，董仲舒大量地推闡其任德不任刑、主教化以正萬民，設庠序以興仁義，正心以正遠近，與修飭五常之道的儒學本調。而在第二策的王道二問中，又再度地提出興大學以養賢士之議。第三策武帝問「天人之應」，仲舒尤其透過天道生長衰殺與君道愛養刑罰的比對中，去歸結出上承天意，下明教化，知仁義，重禮節，不與民爭利的結論，更進而提出罷黜百家，獨尊儒術之議。

　　就《春秋繁露》看來，董仲舒從《春秋》學出發，由人道上推天道，再藉由天道來規範治道，把學術與政治緊密地結合起來。全書約近三分之一的篇章討論《春秋》的微言大義，八分之一的篇章專論禮制，涉及天地、宗廟、山川之祭，求雨、止雨的儀式與意義，大大地發揮了敬天畏祖之理。其論人性，基本上也依違於孟、荀兩家之間，結合兩儒之說來發論。

（二）陰陽家的五行災異論

　　董仲舒的學說儘管以經學、儒學為起點，也以經學、儒學為歸趨；但在推衍、詮釋與論證的過程中，卻幾乎全以陰陽學為素材。在〈天人三策〉的一、三兩策裏，武帝本來就是問的天、人災異與相應問題，董仲舒答以陰陽家的瑞應、譴告與天人比附，是很自然的事。

　　而在《春秋繁露》裏，董仲舒雖然由推闡春秋學出發，所執據的，卻是侈言天人相應的齊學陰陽說，這就使他的學說充滿

了詭異色彩。全書約有近半的篇章討論天人之間的對應，或陰陽消長、五行配屬、生剋，順逆之理，大量地援採了鄒衍以來陰陽學發展的成果，以架構其唯物類應的天道觀，推闡其天人災異之論，以解證儒家道德的天命思想。

（三）道法家的刑名統御術

此外，在〈保位權〉、〈立元神〉、〈離合根〉、〈基義〉、〈考功名〉、〈深察名號〉、〈天地之行〉以及諸多論陰陽的篇章裏，董仲舒一方面推闡鄒衍一系陰陽消長之理，一方面基於天人合一的觀點，又吸收黃老帛書一系天道、治道相通、陽尊陰卑的思想理論，與《管子‧內業》乃至申不害、韓非一系靜因無為的刑名要論，充實了其天人合一論與陽尊陰卑三綱說的內容。

這（二）、（三）兩者是董仲舒在將儒家外王的理想落實到政治層面的過程中，不能不有的參探。其中有著對現實環境與政治情況相當程度的牽就、妥協與考量。

有關董仲舒思想中的道、法家傾向，筆者已在〈董仲舒的黃老思想〉⑤一文中討論過，今不贅述，只論其結合著儒學與陰陽兩大思想系統所形成的天人合一思想中的天道觀。

---

⑤ 參見陳麗桂《秦漢時期的黃老思想》（台北：文津出版社，1997年2月），頁185-206。

三、董仲舒結合陰陽與儒學的天道觀

（一）陰陽學與儒學的結合──從鄒衍到董仲舒

　　儒學創始於春秋時代的孔子，其淵源卻可遠溯自周代重德的人文精神與禮樂文化，是魯文化，乃至周文化系統下的產物。陰陽學，〈漢志〉推其源於古羲和王官的專業知識，原來職責是觀天象以指導人事，末流演變爲「舍人事而任鬼神」。前者指出了陰陽家重自然、崇天道的特質，後者（末流）則指出了陰陽學中濃厚的殷文化宗教色彩。這兩種獨特的氣質性格，在開放的齊文化中都承襲、兼具。陰陽學基本上是殷文化、齊文化系統下的產物。它崇天道、重視自然知識，乃至尚鬼神、信機祥，和儒學的重人文、崇道德，守制度，明顯呈現不同的風貌。但，或許是齊、魯相鄰的關係，儒學與陰陽學早有相參相兼的情況。根據史籍的記載，至少從戰國時代陰陽家的總代表鄒衍開始，陰陽家學與儒學就有了結合的趨勢。《史記》不但將鄒衍的事蹟載於〈孟荀列傳〉中，並且將孟子與鄒衍交錯論述，又說：鄒衍的學說儘管「怪迂」而「閎大不經」，多載「機祥度制」，「然要其歸，必止乎仁義節儉、君臣上下、六親之施」。[6]司馬談曾推崇儒學「列君臣父子之禮、序夫婦長幼之別」的特色，是「百家弗能易」的優點。可見，在鄒衍的學說中，原本有著相當成分的儒學色彩。桓寬《鹽鐵論》說：

　　　　鄒子以儒術于世主，不用；即以變化終始之論，

---

⑥ 劉宋・裴駰集解，唐・司馬貞索隱，唐・張守節正義《史記集解》，頁939。

> 辛以顯名……鄒子之作變化之術，亦歸於仁義。
> （〈論儒〉）⑦
> 鄒子疾晚世之儒墨，不知天地之弘，昭曠之道，
> 於是推大聖終始之運，以喻王公列士，中國名山
> 通谷以至海外……。（〈論鄒〉）⑧

可見，鄒衍對當代「顯學」——儒、墨之術，尤其儒家的仁義說，曾經熱切地投入過，冀以此仕用，卻失敗了。或許原本他就是齊國的儒、墨之徒。幾經思索檢討，憑他齊人開放的性格與豐富的自然知識，⑨意識到儒學「守舊術，不知世務」、「能方而不能圓」，⑩又重人事，講人文，「不求知天」，是最大的侷限。於是，改弦易轍，從自然學與方術的觀點出發，暢談世界地理與「變化終始」、「符應」之論，大大地擴展了時人的思想領域與時空觀念，終於引起人君與王公大人的高度興趣，一砲而紅。觀其所以走紅的理論，至少有兩類：一是侈言「天地之弘」，〈孟荀列傳〉所謂「閎大不經」的「大九州」說；一是言陰陽消息、「變化終始」，且有「符應」的「主運」。前者大大突破了儒家我族中心的思想侷限，後者則論及政權天授的合理性，與時君內心的關切有交集，終於走紅。可惜，由於文獻不

---

⑦ 王利器審訂，王貞珉注譯《鹽鐵論譯注》，頁104。
⑧ 王利器審訂，王貞珉注譯《鹽鐵論譯注》，頁456。
⑨ 《大平御覽》八四二引劉向《別錄》云：「傳言鄒衍在燕，有谷地美而寒，不生五穀。鄒子居之，吹律而溫至，生黍到今，名黍谷焉。」王夢鷗以為所謂「吹律」，顯然是替他們定下種黍的季節。《史記·曆書》言戰國時獨有鄒衍明曆術，「吹律」恰定古曆術「候氣」之法。顯見鄒衍深通自然知識。王說詳《鄒衍遺說考》（臺灣商務印書館，1996年3月出版），頁26。
⑩ 王利器審訂，王貞珉注譯《鹽鐵論譯注·論儒》，頁104。

足，我們僅能從〈孟荀列傳〉之類資料中，略知其成名走紅的大
九州說與「變化終始之論」，卻無從詳細得知，他是如何地透過
大九州，乃至「變化終始之論」，去歸出「仁義、節儉、君臣上
下、六親之施」來？但，太史公既言鄒衍「深觀陰陽消息」而
作「五德終始變化之論」，則董仲舒陰陽五行消長生勝之說，
必然與鄒衍的學說有著相當的淵源。惜鄒衍著作散佚，無由確知
其詳。但，至少可以肯定，以儒學為歸趨，藉推闡陰陽說以成名
的，董仲舒不是第一人。早於董仲舒一、兩百年，鄒衍已經做過
了，而且，在開始時至少是成功的。先前，孔子曾以儒術說人主
而不成功，孟子和鄒衍也先後以儒術說齊王，仍歸失敗。改變材
料，糅採陰陽術，鄒衍卻成功了。司馬遷在敘述鄒衍成名後「游
諸侯，見尊禮」時，感慨地歎息：「豈與仲尼菜色陳蔡、孟軻困
於齊梁同乎哉？」[11]並譏其「有意阿世俗苟合」。顯見，至少從
戰國鄒衍的時代起，陰陽之學就已經是足以阿世取合的討喜之學
了。由是，從鄒衍到董仲舒的一百七、八十年間，[12]儒者兼擅陰
陽學者不乏其人。

（二）天人合一與陰陽學

　　中國以農立國，天人思想發達甚早，早在《詩》、《書》的
時代裏，就有了濃厚的天人合一觀念。依班〈志〉的說法，陰陽
學早在王官之學的時代，就其觀天象以指導人事而言，已有明顯

---

[11] 參見劉宋‧裴駰集解，唐‧司馬貞索隱，唐‧張守節正義《史記集解‧孟荀列
　　傳》，頁1350。
[12] 依世界書局《歷代人物年里通譜》之推定，董仲舒生於西元前176年，卒於西元前
　　104年。鄒衍的生卒年，依王夢鷗《鄒衍遺說考》的推測，約生於西元前340年，
　　卒於西元前288年。其間相距約170～180年。

的天人合則特質。戰國以後，隨著陰陽學的普遍傳播，「天人合一」不但成爲秦漢學術思想的重要論題，也成爲董仲舒學術思想的總綱。在〈天人三策〉裏，武帝所關切提問的，大致是相關於天人的問題。董仲舒也大致都是就天人合一的觀點對策。在《春秋繁露》裏，董仲舒同樣藉《公羊春秋》以推闡其天人大論，假陰陽災異以宣揚儒學的道德仁義說。〈竹林〉說：「《春秋》推天施而順人理。」〈俞序〉說：「仲尼之作《春秋》，上正探天端，……下明得失……」。[13]他以天人合一思想作爲他一切哲學理論的總綱，其天人合一思想又以陰陽學爲主要內容。其所推的「天施」與所採的「天端」，基本上是鄒衍以來的那一套陰陽消長變化之理。換言之，董仲舒也和鄒衍一樣，因應時勢之需，利用戰國以來的那一套陰陽說，作爲他仁義、德化主張的後盾，終於爲「博而寡要，勞而少功」[14]的儒學，注入了較新穎的成分，有了較時髦、吸引人的面貌，一改過去刻板的形象，堂而皇之地躍上政治舞臺，成爲官方的統治意識。《漢書·五行志》說：「董仲舒始推陰陽，爲儒者宗」。[15]董仲舒是以陰陽學作爲他所推崇的儒學的主要材料，才能成就儒學獨尊的大業，而被推爲儒宗。但是，董仲舒究竟不是鄒衍，也沒有成爲鄒衍，因爲他畢竟隆隆重重、轟轟烈烈地完成了「歸止於仁義」的崇儒大業，不似鄒衍，只博得一身的榮顯而已。儒宗與陰陽術士之間高、下之別，或許就在這裏。

---

[13] 凌曙注《春秋繁露注》，頁127-128。

[14] 見劉宋·裴駰集解，唐·司馬貞索隱，唐·張守節正義《史記集解·自序》，頁1349。

[15] 王先謙《漢書補注·五行志上之上》，頁600。

（三）天的義涵

董仲舒所謂的「天」，基本上是心、物雜糅的，他在《春秋繁露》裏說：「天者百神之君」（〈郊義〉），[16]又說：「天者萬物之祖，萬物非天不生。」（〈順命〉）[17]「天地者萬物之本，先祖之所出也。」（〈觀德〉）[18]可見，在董仲舒的意念中，「天」既是百神之君，又是化生萬物的最初根源。至於這「百神之君」與「萬物之祖」有什麼關係？是否如西方至神「上帝」同時也創造萬物，董仲舒沒有明言。

1.百神之君

在這一義下的「天」，是唯心的，是帶有宗教意義的至上之神。祂統轄天上諸神，也制約人間帝王，為人間帝王所最當敬畏崇奉的對象。祂也如人一樣，有喜怒哀樂之情。〈天辨在人〉說：

> 喜怒之禍，哀樂之義，不獨在人，亦在於天……
> 天無喜氣，亦何以暖而春生育？天無怒氣，亦何以清而秋就殺？天無樂氣，亦何以踈陽而夏養長？天無哀氣，亦何以激陰而冬閉藏？故曰：
> 「天乃有喜怒哀樂之行，人亦有春秋冬夏之氣者，合類之謂也。」[19]

---

[16] 凌曙《春秋繁露注》，頁333。
[17] 凌曙《春秋繁露注》，頁340。
[18] 凌曙《春秋繁露注》，頁216。
[19] 凌曙《春秋繁露注》，頁268-269。

四時的生、長、殺、藏就是天喜怒哀樂的表現。天不但有喜、怒、哀、樂之情，以生、殺、長、養萬物，而且能降災異，威示人君，〈必仁且智〉說：

> 災者天之譴也，異者天之威也；譴之而不知，乃畏之以威。[20]

　　就統轄天上諸神而言，天的尊威高於眾神，對天的祭祀因此不能等同於一般祭祀。天子要透過對郊祭的重視，來表達對天的尊崇，這包括了(1)不祭天，不可以祭小神。(2)郊祭要先卜，卜不吉，不可以祭，百神之祭卻不必卜。(3)「郊不避喪」（詳〈郊祀〉）。[21]〈郊事〉說：

> 古昔天子之禮莫重於郊，郊常以正月上辛者，所以先百神而最居前。禮，三年喪不祭其先，而不敢廢郊，郊重於宗廟，天尊於人。[22]

「郊」是一切祭禮中最重的，大喪可停百神之祭，卻不可停「郊」，因為天高於人。〈郊祭〉說：

> 春秋之義，國有大喪者，止宗廟之祭而不止郊祭，不敢以父母之喪廢事天地之禮……唯祭天為越喪而行事。[23]

(4)凡有大事必先透過郊祭，向天報備。〈郊祭〉說：「天子每歲首必先郊祭以享天……每將興師，必先郊祭以告天，乃敢征

---

[20] 凌曙《春秋繁露注》，頁207。
[21] 凌曙《春秋繁露注》，頁339-340。
[22] 凌曙《春秋繁露注》，頁345。
[23] 凌曙《春秋繁露注》，頁334。

伐。」㉔(5)唯天子配祭天。按照君權神授的觀念，天子的帝位是天給的，天與天子的關係猶如父與子，天傳天下予天子，猶父傳家業予子，「天子」的稱號本意謂「天之子」，天子因此應該以子道事天如事父，凡遇郊祭，必躬身與祭，不可薦代，猶子之事父，昏定晨省，不假他手。(6)況在上唯天爲尊，在下唯君爲大，故亦唯天子配祭天。（詳〈郊祀〉、〈順命〉）㉕

就制約人間帝王而言，天透過災異去對帝王顯示他的權威與慍怒。因此，帝王一旦遇到災異，應知天之示威與慍怒，而修省改過，以止天怒，同時透過祭祀去解除，《春秋繁露》裏因此有了各種求雨，止雨，變救之祭。

在這些地方，董仲舒很明顯地，是把人的行爲、人間的政治架構和帝王權威，向上投射至天，使天具有了人的性格、人間的政治架構，與高過帝王的權威。再回過頭來，利用這個與人同性格，卻高過一切人的至高權威神，來制約人間的帝王。

2.陰陽五行之氣

另一義的「天」，是物質性的陰陽五行之「氣」，《春秋繁露》說：

> 天有十端……天……地……陰……陽……火……金……木……水……土……人……凡十端而畢，天之數也。（〈官制象天〉）㉖

㉔ 凌曙《春秋繁露注》，頁335。
㉕ 凌曙《春秋繁露注》，頁331、339、341。
㉖ 凌曙《春秋繁露注》，頁173。

> 大道之常，一陰一陽。（〈陰陽義〉）㉗
>
> 天有五行，木、金、水、火、土是也。（〈五
> 行對〉）㉘
>
> 天德施，地德化，人德義；天氣上，地氣下，人
> 氣在其間。（〈人副天數〉）㉙
>
> 天地之間有陰陽之氣常漸人者，若水常漸魚也。
> 所以異於水者，可見與不可見耳，其澹澹然也。
> （〈天地陰陽〉）㉚

天所含包的內容至少有十項：天、地、陰陽、五行和人。這十項基本上都是「氣」所形成，天是氣，地是氣，陰陽是氣，五行是氣，連人也是氣所生成。遍天地之間皆充滿氣。人在此充滿氣的天地之間，好比魚在充滿水的空間裏；不過，氣卻是無形的存在。而這些「氣」，歸結起來，就是陰陽兩類，其循行的分態則有木、火、土、金、水五種。

這樣的「天」，是唯物的，是漢人氣化宇宙論涵攝下的「天」。這樣的「天」，其核心的質素是「氣」；依其質性及消長變化的情況，則有了陰陽、五行之分，與四時的呈現。〈五行相生〉說：

> 天地之氣合而爲一，分爲陰陽，判爲四時，列爲
> 五行。㉛

㉗ 凌曙《春秋繁露注》，頁275。
㉘ 凌曙《春秋繁露注》，頁248。
㉙ 凌曙《春秋繁露注》，頁290。
㉚ 凌曙《春秋繁露注》，頁393。
㉛ 凌曙《春秋繁露注》，頁302。

在以「陰陽」與「五行」爲名的各篇裏，董仲舒因此大規模地推
闡陰陽消長之理與五行變化之道。

(1) 陰陽消長與尊卑

他規定了陰陽二氣的位置、質性，所支配的節令，運行方
向、軌道，及二者在一年四季裏的消長狀況。大體而言，「陽以
南方爲位，以北方爲休；陰以北方爲位，南方爲伏。陽至其位而
大暑熱，陰至其位而大寒凍」（〈陰陽位〉）。[32]陽出於東北，
南行入於西北；陰出於東南，北行入於西南。「陰始於秋，陽始
於春」（〈王道通三〉）。[33]陽主生，陰主殺。陰陽二氣在一年
之中各主六個月：陽氣主春夏，陰氣主秋冬。二氣輪替不並出，
「春出陽而入陰，秋出陰而入陽，夏右陽而左陰，多右陰而左
陽」（〈陰陽出入上下〉）。方向相反，途轍殊分，「並行而
不相亂，澆滑而各持分」。[34]舉凡四季、二至、二分的呈現，晝
夜、寒暑的變化，都用陰陽之氣的消長、遞嬗來詮釋，他同時又
賦予了陰陽二氣帶有價值判斷的質性：陽氣煖，陰氣寒；陽氣
予，陰氣奪；陽氣仁，陰氣戾；陽氣寬，陰氣急；陽氣愛，陰氣
惡；陽氣生，陰氣殺。（〈陽尊陰卑〉）。[35]這些基本上都還有
天文學的依據。

但，他最大的目的卻不在說明自然候象，而是藉由自然候
象所呈現的陰陽消長狀況，歸結出天道「任陽不任陰」、「貴陽
而賤陰」，以提煉出政道上「貴德賤刑」的德化論，與「陽尊

---

[32] 凌曙《春秋繁露注》，頁270-271。

[33] 凌曙《春秋繁露注》，頁265。

[34] 兩則見凌曙《春秋繁露注》，頁276。

[35] 凌曙《春秋繁露注》，頁260-261。

陰卑」、「君尊臣卑」，乃至人倫上父尊子卑、夫尊妻卑的三綱說，為法家尊君的刑名統御術再一次提供了論證，並為此下《白虎通》的綱常理論奠基。

(2) 五行生剋與配屬

物質氣的「天」除了有陰陽兩種質性外，也以木、火，土、金、水五種不同的形態在遞嬗變化著，而有所謂「比相生」、「間相勝」。木生火，火生土，土生金，金生水，水生木，這叫「比相生」。金剋木，水剋火，木剋土，火剋金，土剋水，這叫「間相勝」（詳〈五行對〉、〈五行相勝〉）。[36]這些，基本上也大致合乎物理事實與生活常識、經驗。但，他的目的卻不在此，他的目的是在架構一個以五行為框架，緊密的天人網路。一如陰陽一般，他先將五行與自然節候配屬，並規定其質性與方位。〈五行對〉說：

> 水為冬，金為秋，土為季夏，火為夏，木為春。
> 春主生，夏主長，季夏主養，秋主收，冬主藏。[37]

〈五行相生〉說：東方木，南方火，中央土，西方金，北方水。〈治水五行〉把一年三百六十五天均分為五，分由五行主之，每行約各主七十二日，並分別述說它們的屬性：木燥濁而青，火慘陽而赤，土濕濁而黃，金慘淡而白，水清寒而黑。然後他依照這些方位和屬性，分別為它們配上官、德、器、職掌，甚至古聖賢與施政原則，依次是：

㊱ 凌曙《春秋繁露注》，頁248。
㊲ 凌曙《春秋繁露注》，頁297-306。

五行	木	火	土	金	水
方位	東方	南方	中央	西方	北方
五官	司農	司馬	司營	司徒	司寇
五德	仁	智	信	義	禮
職掌與器	執規而生	執矩而長	執繩制四方	執權而伐	執衡而藏
聖賢	召公	周公	太公	子胥	孔子
施政原則	修仁求善	修法致寬		修義求惡	修刑求清

（以上見〈五行相生〉與〈如天之為〉）[38]

　　這樣的配屬，除五位聖賢之外，大致重見於《淮南子》的〈天文〉篇與〈時則〉篇。但〈天文〉、〈時則〉的配屬更多也更細，還包括了所主的神、帝與獸。這些都極可能是鄒衍一系陰陽學的內容遺留。然而，這一神一物，一動一靜，一有情性，一無情性，迥然不同的兩種性質的「天」，在董仲舒的觀念裏，卻是協調統一，似二實一的。因為第一義主宰之神的「天」的一切對人間帝王的支配與制約行為，必須透過第二義物質「天」的「氣」去執行。透過原生同質的「氣」，人（帝王）的政治行為可以和天的運作產生類應（〈同類相動〉）。[39]因為人（帝王）的喜怒哀樂和天的喜怒哀樂都是「氣」的作用。〈如天之為〉說：

　　　　人有喜怒哀樂，猶天之有春夏秋冬也，……皆天
　　　　氣之然也，其宜直行而無鬱滯一也。[40]

---

[38] 凌曙《春秋繁露注》，頁302-305、390。

[39] 凌曙《春秋繁露注》，頁295-296。

[40] 凌曙《春秋繁露注》，頁391。

因此，人（帝王）的喜怒之氣會牽動天的喜怒之氣也是很自然的。人妄喜妄怒，喜怒之氣「鬱滯」而不能「直行」，必然連帶類應「天」喜怒之氣的「鬱滯」，而產生四時的生殺不能正常「直行」，這便是災異產生的基本形態。

（四）天人關係

在這種神、氣合一的「天」義下，董仲舒開始架構天人關係，建立起天人合一的思想體系。

1.天人相副，人副天數、合天類

人與萬物雖然都是天所化生；但，一本儒家挺立人的尊嚴價值，嚴人禽之分的傳統，董仲舒說，人在天所生萬物中是特類天而獨貴的，〈人副天數〉說：

> 天地之精所以生物者莫貴於人，人受命乎天也，故超然有以倚。物疢疾莫能爲仁義，唯人獨能爲仁義；物疢疾莫能偶天地，唯人獨能偶天地⋯⋯物旁折取天之陰陽以生活耳，而人乃爛然有其文理。⋯⋯㊶

他先從人與物不同的生長狀態中去論證：人是天地所生萬物中稟賦條件最優厚的，物偏側以生，人堂堂挺立而存，可見人是「絕於物而參天地」。然後，他進一步細從人硬體的形骸之狀、之數、功能、性徵，與天的對照比附中，去論證天人的相副相合。

㊶ 凌曙《春秋繁露注》，頁290-291。

他說：「天道十月而成，人亦十月而成」（〈陽尊陰卑〉）。[42]
人全身三百六十小骨節，偶天三百六十日數；十二大骨節偶十二
月；人有形體骨肉，偶地之厚；人耳目聰明，像日月；體有空竅
理脈，像山谷；心有哀樂喜怒，神氣之類；首妥員，像天之圓；
足步而方，像地之形；鼻口呼吸，像風氣；內有五臟，像五行；
外有四肢，像四時；頸以上精神尊嚴，像天；頸以下豐厚卑辱，
像地；乍剛乍柔，像多夏；乍哀乍樂，像陰陽；乍視乍瞑，像
度數；行有倫理，像天地。總之，有數目「可數者，副數」；
無數目「不可數者，副類」。人身上的一切硬體形骸性徵、乃
至軟體情緒反應，「皆當同而副天」，這就是董仲舒透過「副
數」與合類的比附方法，歸納出來的基本天人關係。目的在求
得「天之數、人之形……相參相得」的結論，以方便他論證天
人之道的相感相應（以上皆詳〈人副天數〉）。[43] 〈人副天數〉
又說：

> 道之亦宜以類相應，猶其形也以數相中也。[44]

只有先把天與人的基本構造與質性先同化、類化，才方便他貫通
天道與人道，架構王道參天、天人災異的理論。

2.人之情性由天，有善質，待化而善

人既是天所生，則不僅硬體形骸有稟賦自天的特徵與形象，
與天「副數」或「副類」；就是軟體的性情也有得自天的遺傳，
與天合類而肖似，《春秋繁露》說：

---

[42] 凌曙《春秋繁露注》，頁257。
[43] 凌曙《春秋繁露注》，頁291-293。
[44] 凌曙《春秋繁露注》，頁293。

> 為人者天也，人之為人本於天……天之副在乎
> 人，人之情性有由天者矣。　（〈為人者天〉）㊺

人「由天」的「情性」是什麼？董仲舒說，就是仁義、廉恥、善
善惡惡的道德心；他說：

> 天之為人性命，使行仁義而羞可恥，非若鳥獸
> 然，苟為生、苟為利而已。　（〈竹林〉）㊻
> 今善善惡惡、好榮憎辱，非人能自生，此天施
> 之在人者也……天施之在人者使人有廉恥。
> 　（〈竹林〉）㊼

人天生有廉恥仁義之性，這看來似乎類似孟子的性有善端；
但，董仲舒的意思卻是偏在：天是至高至善的，人的情性遺傳自
天，與天「副類」，沒有理由不善，卻不保證其必善。《春秋繁
露》說：

> 善出於性中，而性未可全為善。　（〈深察
> 名號〉）㊽
> 善出於性，而性不可謂善。　（〈實性〉）㊾

在〈深察名號〉與〈實性〉兩篇中，董仲舒因此大大地發揮了其
糅和孟、荀兩派的性論。

　　他把「性」比喻做禾、卵、繭，是「止之內」，天生的；

㊺ 凌曙《春秋繁露注》，頁251。
㊻ 凌曙《春秋繁露注》，頁43。
㊼ 凌曙《春秋繁露注》，頁44。
㊽ 凌曙《春秋繁露注》，頁238。
㊾ 凌曙《春秋繁露注》，頁244。

把善比喻做米、雞、絲，是「止之外」，後天裁教成的。禾可以
舂出米，繭可以繅出絲，卵可以孵成雞；但禾不就等於米，繭不
就等於絲，卵也不就等於雞，這其中仍有舂、繅、孵的過程與工
夫。同樣的道理，天施在人雖有可以成善之質性，其能否成善，
猶待王者之化成。〈深察名號〉說：

> 天生民性，有善質而未能善，於是爲之立王以
> 善之，此天意也。民受未能善之性於天，而退
> 受成性之敎於王，王承天意，以成民之性爲任
> 者也……萬民之性苟已善，則王者受命尚何
> 任矣？⑤

王者的重責大任之一就是要成民之性，順扶民天生之善質，使
眞成「善」。而在董仲舒看來，這也是老天的意思，是天命的一
環。聖王順天命，以化民性，這也是「推天施以順人理」。這樣
的說法，基本上是結合著孟、荀的性論而來的。荀子說：

> 性者本始材樸也，僞者文理隆盛也。無性，則僞
> 之無所加；無僞，則性不能自美。（〈禮論〉）⑤

《中庸》說：「天命之謂性。」性是天所賦生的，本無所謂善
惡，卻是成「善」的先決條件。善不善卻是後天的裁教。沒有
「性」，「善」無從裁成；反之，沒有後天裁教工夫，本然之
「性」亦無由變「善」。董仲舒禾米、繭絲、卵雞之喻，基本上
沿此而來。荀子認爲，先天之性有本然之慾，循性發展，易流於
惡。因此必須透過聖王後天的禮義裁化，疏節其慾，才能臻善

---

⑤ 凌曙《春秋繁露注》，頁240。
⑤ 凌曙《春秋繁露注》，頁609。

（詳〈性惡〉）。⑤②董仲舒也是這個意思；〈天人三策〉說：

> 天令之謂命，命非聖人不行；質樸之謂性，性非
> 敬化不成；人欲之謂情，情非度制不節。是故，
> 王者上謹於承天意以順命也；下務明教化民以成
> 性也；正法度之宜，別上下之序，以防欲也。修
> 此三者，而大本舉矣。⑤③

孟子說，人性天生有實踐道德的潛能——所謂的四善端，經後天
存養擴充可漸至「浩然」；但能不能成氣候，全靠存養與擴充。
董仲舒也不否認「性」有「善質」，因此，他說禾中有米質，繭
中有絲質，卵中有雞性，透過舂、繰、孵，可以成米、絲、繭。
能不能成米、絲、繭，全靠舂、繰、孵的工夫。但，董仲舒顯然
較偏向荀子的說法。因為孟、荀對於成「善」歷程與工夫的最大
歧異就在一內一外，途轍殊分。孟子因為認定善端在內，因此順
內以養，盡其在我，不假外求，亦不待外爍。荀子則因認定性中
有慾，高危險而不穩定，故須外假禮義來圈定。董仲舒對性的臻
善也是極力強調聖王裁化的功能與必然。

　　不儘如此，他雖然說「性」有「善」質，卻不以「善」為
「性」唯一之質，〈深察名號〉說：

> 吾以心之名得人之誠，人之誠有貪有仁，仁、貪
> 之氣兩在于身。身之名取諸天，天兩有陰陽之
> 施，身亦兩有貪仁之性。天有陰陽禁，身有情欲

---

⑤② 王先謙《荀子集解》，頁703-707。
⑤③ 王先謙《漢書補注》卷二十六〈董仲舒傳〉，頁1170。

桎，與天道一也。⑭

「性」之質是仁貪兩具，善惡相混的，一如天兼有陰陽二氣，
這又是一種天人相副、天人合一。這和荀子嚴重關切「性」中之
「慾」，異中有同。有關董仲舒之性論，宜另撰專文細論，暫不
詳述。

（五）王道參天

天人之形、之性、之質既然相副而合則，天道久長，治道也
應該法天道以久長。《春秋繁露》說：

> 天、地、人主一也。（〈王道通三〉）⑮
> 天道施、地道化、人道義。（〈天道施〉）⑯

〈王道通三〉更由「王」字的字形結構，論證王道參天之義；
它說：

> 古之造文者，三畫而連其中謂之王。三畫者，
> 天、地與人也；而連其中者，通其道也。取天
> 地與人之中以爲貫而參通之，非王者孰能當
> 是？……唯人道可以參天。⑰

王者如何「參天」？原則性地說，〈王道通三〉說：

> 王者唯天之施，施其時而成之，法其命如循之諸
> 人，法其數而以起事，法其道而以出治，法其志

---

⑭ 凌曙《春秋繁露注》，頁237。
⑮ 凌曙《春秋繁露注》，頁265。
⑯ 凌曙《春秋繁露注》，頁395。
⑰ 凌曙《春秋繁露注》，頁262-263。

> 而歸之於仁。[58]

詳細地說，至少可以分幾點來論證：

1.官制參天：「以三成之，而四重之」

首先，在硬體方面，天人之間有許多數與度是相副、相合的，王者在治道的硬體上，諸如官制、選制等亦宜參天而副數。〈官制象天〉說：

> 天以三成之，王以三自持，立成數以為植，而四
> 重之，其可以無失矣。備天數以參事，治謹於道
> 之意也。[59]

天有三光（日、月、星），四時、十二月、十端，王者相關於政治的硬體架構也要副合這三、四、十、十二之數。就「三」而言，天不但有三光，而且一日有三起（晨、午、晚），三日成一規，三旬是一月，三月成一時，三時（寒、暑、和）成歲功。王者官制上的組織因此都是三的倍數：三公、九卿、二十七大夫、八十一元士。就「四」與「十二」而言，應天之四時，王者擇材有四選（聖人、君子，善人、正人），每選三臣（上、中、下），共十二臣，「人情盡矣」。理由是：禮三讓成節，官三人成選，四選三臣，正是「應天制」。不僅如此，他又合三臣為一「慎」，以相對於三日為一「規」，依「用歲之度，條天之數」的準則，天有十端，一年有四時，天子之臣應該有四十慎，每慎三人，共一百二十臣，正好副合一年十二月、十端的數目。因為

---

[58] 凌曙《春秋繁露注》，頁262。
[59] 凌曙《春秋繁露注》，頁171。

不論就天時、就人身而言，這三、四、十二都是妙合之數。人身四肢、肢三節，全身共十二大骨節而人體立。天也是四時，時三月，一年共十二月而歲數終。如此重視三、四、十二之數，極力地將一切的政治相關係數嵌合其中；同時，如前所述，他還把司農、司馬、司營、司徒、司寇等官職依次搭配上木、火、土、金、水等五德，其目的只有一項，要使「天之數、人之形、官之制相參相得」，以圓滿其天人關係。（以上詳〈官制象天〉）⑥⑩

2.視天而行，省身如天

其次，就軟體方面而言，王者施政要「視天而行」、「視天之所行以為政」。所謂「視天而行」，是指王者的一切政治行為、政治風格，乃至心理狀態，都要以天為法，合天德。包括了：天有四時以長萬物，王者也要兼用四政（慶、賞、刑、罰）以養民；天煖、清、寒、暑合時，王也要好、惡、喜、怒合度，慶、賞、刑、罰適中；天志仁，天道義，王者也須生、殺、予、奪當義若四時，列官置吏以能如五行，好仁惡戾、任德遠刑，如陰陽。天不顛倒時序，王者也須化風清微，政令明告不亂；天默然不言以積成功德，王者也應敦厚忠信而鄙淺華末虛；天道成物，少霜多露，貴陽賤陰，任陽不任陰，王道法天，也應汎愛兼利，多愛少嚴，厚德簡刑，尊德卑刑；天道一而不二，王道也應專而有終；天積眾精以為光，王者也應積眾善以為功（以上詳〈天容〉與〈四時之副〉）。⑥① 〈為人者天〉說：「為人主也，

⑥⑩ 凌曙《春秋繁露注》，頁171-175。
⑥① 凌曙《春秋繁露注》，頁266-267、289-290。

道莫明省身之如天。」⑥

　　總之，人主不論在心理上，或是行為的表現上，政令的發布上，時時處處都須把自己擬化成「天」，想像成天，擁有天的尊高與權力，被服天的質性，承負起天的責任，這叫「參天」，叫「法天」。這些說法大致是結合著陰陽家的天道說與儒家尚德思想而來的。

3.道莫大於中和

　　除此之外，在〈循天之道〉裏，還透過二至二分中和之說，論證王道的中和之理，以及攝身、房中節制之術。它說：

　　　　天有兩和，以成二中，歲立其中，用之無窮。⑥

所謂「兩和」，指的是東方之和——春分，與西方之和——秋分。所謂「二中」，指的是南方之中——夏至，與北方之中——冬至。靠著春、秋兩和的佐助調節，夏、冬二中才能完成生化的歲功，生生化化，循環不已。「二中」代表著陰、陽之氣的至極隆盛。陰、陽運行至「二中」，達到鼎盛，便開始逆轉，「二中」是陰陽之氣無可再踰越的極點。不論是晝短夜長，還是晝長夜短；陰長陽短，還是陽長陰短，至夏冬二至之「中」，都達到不可再越的臨界。〈循天之道〉說：

　　　　陰陽之道不同，至於盛而皆止於中，……中者天
　　　　下之太極也，日月之所至而卻也，長短之隆，不

---

⑥ 凌曙《春秋繁露注》，頁251。
⑥ 凌曙《春秋繁露注》，頁369。

得過中。⑥⁴

但，在二中、兩和之間，作者顯然更強調佐助「二中」，以成歲功的「兩和」之德。他說，南方之「中」（夏至），不得東方之「和」（春分），不能成其「中」；北方之「中」（冬至），不得西方之「和」（秋分），亦不能成其「中」。可見，「天地之美……在兩和之處」，因為那是「二中之所來歸，而遂其為」之處。他盛讚春、秋二季的調制之德，春、秋二分因此成了一年四季中，最美、最有成就的時刻。它說：

> 成於和，生必和也；始於中，止必中也。中者天
> 下之終始也，而和者天地之所生成也。⑥⁵
> 中之所為而必就於和。……和者天之正也，陰陽
> 之平也，其氣最良，物之所生也。誠擇其和者，
> 以為大得天地之奉也。天地之道雖有不和者，必
> 歸之於和，而所為有功；雖有不中者，必止之於
> 中，而所為不失。⑥⁶

不過，就天道整體來說，「二中」做為陰陽之終始，「兩和」做為二氣之調平，合以成歲，兼而成功，相吁相濡，都是不可或缺的；它說：

> 天地之制也，兼和與不和，中與不中而時用之，
> 盡以為功。是故，時無不時者，天地之道也。
> （〈循天之道〉）⑥⁷

---

⑥⁴ 凌曙《春秋繁露注》，頁373。

⑥⁵ 凌曙《春秋繁露注》，頁369-370。

⑥⁶ 凌曙《春秋繁露注》，頁372。

⑥⁷ 凌曙《春秋繁露注》，頁373。

　　類似這樣透過對陰陽二氣在二分二至的德、功，以說明二中兩和的相歸相成情況，目的是在提煉出一種剛柔適中，溫和而不過盛的「布政」之道，乃至養身之理，〈循天之道〉說：

> 夫德莫大於和，而道莫正於中。中者天地之美達理也，聖人之所保守也。詩云：「不剛不柔，布政優優」，此非中和之謂歟？是故，能以中和理天下者，其德大盛；能以中和養其身者，其壽極命。⑱

該篇篇名因此就叫「循天之道」。篇中開宗明義便說：「循天之道以養其身謂之道」。內容更從四時陰陽的生、殺、長、養，到人身男女陰陽的調適節制，終歸於房中之事節制有度。

　　何謂「以中和理天下者，其德大盛」？布政之道又要如何地「優優」有節、不剛不柔？這在〈威德所生〉與〈如天之為〉中有了補充說明，「如天之為」意同「循天之道」。〈威德所生〉說：

> 天有和、有德、有平、有威，有相受之意，有為政之理，不可不審也……德生於和，成生於平，不和無德，不平無威，天之道也。⑲

和、德、平、威依次指的春、夏、秋、冬，無春不成夏養之功，無秋不竟多殺之功，這是天道。政道也一樣，不能一步至極，須先通過調平的階段，才圓滿，不出錯。〈威德所生〉說：

---

⑱ 凌曙《春秋繁露注》，頁370。
⑲ 凌曙《春秋繁露注》，頁387。

> 我雖有所愉而喜，必先和心以求其當，然後發慶
> 賞以立其德。雖有所忿而怒，必先平心以求其
> 政，然後發刑罰以立其威。能常若是者，謂之天
> 德，行天德者謂之聖人。⑦

換言之，政治是理性的事業，必須平穩而正常才能久長。不能率
性地憑感覺從事，必須多方考量，這是政治尊嚴挺立之所在，不
可不慎。〈如天之為〉說：

> 春修仁而求善，秋修義而求惡，冬修刑而致清，
> 夏修德而致寬，此所以順天地、體陰陽。然而方
> 求善之時，見惡而不釋；方求惡之時，見善亦力
> 行；方致清之時，見大善亦立舉之；方致寬之
> 時，見大惡亦力去之，以效天地之方生之時有殺
> 也，方殺之時有生也。是故，志意隨天地，緩急
> 倣陰陽，然而人事之宜行者無所鬱滯。且恕於
> 人，順於天，天人之道兼舉，此謂執其中。⑦

總之，是要面面俱到，審慎裁量。使賞不過濫，刑不過暴，寬
柔剛猛相濟得中，以成就一個平和、條暢、不縱不逸，也不剛不
暴、自然而合理合度的政道，剛中有柔，柔中帶剛，政治的價值
與尊嚴都從這裏產生，故篇名「威德所生」。總之，中和是天道
的極則，它也應該成為政道的極則。

何謂「以中和養其身，其壽極命」？在〈循天之道〉裏，
仍然借用陰陽與氣的觀念來詮釋，而表現出黃老一系的養身衛生

---

⑦ 凌曙《春秋繁露注》，頁388。
⑦ 凌曙《春秋繁露注》，頁390。

之經與房中之術。它說：人修身攝生之理與天地之道相同，不外陰陽之氣的調適（中和）問題。陽氣太寬，陰氣太極，只有中和之氣才得其用、成其功。一個人之所以長壽，只因他心仁，心仁則內在「和、平」、「清淨」，「不失中正」，氣舒暢不宛鬱。欲使氣恆常舒暢不宛鬱，必須和以養之，愛而節之。不侈不泰，平和以儲，不蓄至極盛，不妄洩用；循此原則以攝生，則日常起居宜不奢不泰，寧靜節制；循此以行房，則宜節制，精氣不儲至極，不遇不合。男女身心發育不至一定程度，不妄嫁娶。這也是存在於人身的陰陽之理與中和之道。如果這樣唯物的養生理論真是針對橫戾的江都易王說教的，那就不僅是一般的修身之論，而有著較高的政治意義了。

　　總之，從布政之道到修身之術，《春秋繁露》認為，都可以從天道中找到根源，得到啟悟，都應該效法天道之中和與節適，這和〈中庸〉「喜怒哀樂之未發謂之中，發而皆中節謂之和」，有著同樣的歸趨。因為，不論就儒家還是黃老道家而言，修身都是布政之基，二者是原、委關係，一體相牽的。

（六）天人感應與災異

1.天示威譴與類應自召

　　就天為宗教神一義而言，他有意志，統轄神、人兩界，能降災示懲，執行賞罰。但天終究是無形無聲的，他要如何執行賞罰，顯示威嚴，董仲舒說，透過物象。〈循天之道〉說：

> 天無所言，而意以物……君子察物之異，以求天
> 意，大可見矣。[72]

---

[72] 凌曙《春秋繁露注》，頁379-380。

從前，孟子也曾說：「天不言，以行與事示之」（〈萬章
上〉）。[73]天的「行與事」是什麼？孟子指的是民心的歸趨與帝
業的取得。董仲舒則顯然以陰陽災異與瑞應的物候現象作了解
答。前文所謂的「物」與「物之異」，指的都是災異與瑞應等等
非尋常的物候與現象。〈必仁且智〉說：

> 凡災異之本盡生於國家之失，國家之失乃始萌
> 芽，而天出災異以譴告之。[74]

如果「譴之而不知」，乃「畏之以威」。而這些威、譴的具體現
象是什麼？董仲舒說：

> 日為之食，星霣如雨，雨螽，沙鹿崩，夏大雨
> 水，冬大雨雪，霣石於宋五，六鶂退飛，霣霜不
> 殺，草李梅實。正月不雨，至秋七月，梁山崩，
> 壅河，三日不流，晝晦，彗星見於東方，孛于大
> 辰，鸜鵒來巢。（〈王道〉）[75]

反之，政道能合天德、配天道，則天降以瑞。董仲舒說：

> 王正，則元氣和順，風雨時，景星見，黃龍下。
> 王不正，則上變天，賊氣並見，五帝三皇之治天
> 下，不敢有君民之心，什一而稅，教以愛，使以
> 忠敬長老，親親而尊尊，不奪民時，使民不過歲
> 三日，民家給人足……故天為之下甘露，朱草
> 生，醴泉出，風雨時，嘉禾興，鳳凰麒麟遊於

---

[73] 朱熹《四書集註》，頁307。
[74] 凌曙《春秋繁露注》，頁207-208。
[75] 凌曙《春秋繁露注》，頁82-83。

> 郊，图圄無空虛，畫衣裳而民不犯，四夷傳譯而
> 潮，民情至樸而不文。（〈王道〉）⑦⑥

天以四時生殺乃至災異瑞應顯其權威與情緒，一切天候、物象的
呈現，四時、五行、陰陽正常或非正常的輪替狀況，乃至特殊的
自然現象，在董仲舒的解釋下，都是天的意志表現，是天對帝王
政治行為的回應。〈同類相動〉說：

> 帝王之將興也，其美祥亦先見；其將亡也，妖孽
> 亦先見，物固以類相召也。⑦⑦

這樣的說法，基本上也是心物雜糅的。因為它既以災異瑞應為天
的意志表現，又說那是「氣」的「同類相動」之理，是帝王行為
類應所至。〈同類相動〉說：

> 陽益陽而陰益陰，陽陰之氣因可以類相損益
> 也，……非獨陰陽之氣可以類進退也，雖不祥禍
> 福所從生亦由是也。無非己先起之，而物以類應
> 之而動者也……其實非自然也，有使之然者。⑦⑧

究竟災異是天降，還是人招？是天的意志，還是氣的類應？在董
仲舒的觀念中，這二者顯然是合一的。因為，有意志的神和陰陽
之氣，在董仲舒的「天」義中本來就是相容的。這一天示、一類
應，一動一靜，二者之間本有相當的對立性；但在董仲舒的觀念
與學說中，竟能將之統合，主要的關鍵就在於天不具形象。天本
身的抽象性，提供了兩種本該對立、矛盾的說法之間一個可以緩

---

⑦⑥ 凌曙《春秋繁露注》，頁75-77。
⑦⑦ 凌曙《春秋繁露注》，頁294-295。
⑦⑧ 凌曙《春秋繁露注》，頁295-296。

衝的空間。董仲舒就利用這個緩衝的空間，架構他心物合一的天
人災異論。因為，神也罷、氣也罷，都是無形的。在那個緩衝空
間裏，天既可以是有意志情緒的無形之神，那意志情緒的呈現，
卻同時又可以是陰陽五行之氣的運行變化。就這樣，宗教學的
「神」與本屬科學的自然現象結合為一體。

在諸多以陰陽五行為篇名與內容的篇章中，董仲舒都再三論
證這種天人類應之理。〈同類相動〉說：

> 天有陰陽，人亦有陰陽，天地之陰氣起而人之陰
> 氣應之而起，人之陰氣起而天之陰氣亦宜應之而
> 起，其道一也。⑦⑨

這是藉由陰陽類應之理來論說災異自招。

就五行而言，也是一樣的類應之理，但論述更細、更具體
了。他先將五行與政令相繫屬，再順理成章地論述它們之間的類
應關係。〈五行順逆〉說：

> 木者春生之性，農之本也，勸農事，無奪民時，
> 使民歲不過三日，行什一之稅，進經術之士，挺
> 群禁，出輕繫，開門闔，通障塞。恩及草木，則
> 樹木華美而朱草生；恩及麟蟲，則魚大為，鱣鯨
> 不見，群龍下。如人君出入不時，走狗試馬，馳
> 騁不反……好淫樂，飲酒沈湎，縱恣不顧；政治
> 事多，發役以奪民時；作謀增稅，以奪民財；病
> 疥搔溫，體足胕痛。咎及於木，則茂木枯槁，工
> 匠之輪多傷敗，毒水涫群，漉陂如漁；咎及麟

---

⑦⑨ 凌曙《春秋繁露注》，頁295。

　　蟲，則魚不為，群龍深藏，鯨出現。⑧⁰

以下火、土、金、水四行的搭配，及其對災眚、祥瑞的招致，也
都大致是這樣的公式。在五行與五官、五位、四時等等的比附結
構下，各行與其所配屬的天人事物之間，關係是緊密的，一環失
序，必然產生骨牌效應。董仲舒說，這不是神奇，只是自然的類
應之理。〈同類相動〉說：萬物本來就有去異從同的特質，「氣
同則會，聲比則應」，「美事召美類，惡事招惡類」，正如宮商
之音，牛馬之獸，各從其類而鳴，「此非有神，其數然也」。⑧¹
這是就五行類應來說災異自招之理。

　　要之，人君政治行為的好壞，不管依那一類的「天」義，是
天（神）降？還是類應？都足以獲祥或致災。天人之相感相應是
如此地緊密而不差不爽，人主一切施政，只有遵循天道，回歸天
意，施德化民，庶保無災禍而多祥福，這是儒學的最大關切，也
是董仲舒這一切天人合一論的最終歸趨。

　　追溯這種災異天降的觀點，淵源甚早，自《詩》、《書》、
《左傳》而下，論者不乏其人。《詩‧大雅‧蕩》說：「天降慆
德」，⑧²《書‧湯誓》說：「天命殛之」，⑧³都以天為法式敬畏
的對象，而把人間的禍福上繫於天，說成天降，要帝王「畏天
之威，於時保之。」（《詩‧周頌‧清廟‧我將》）。⑧⁴以後，

---

⑧⁰ 凌曙《春秋繁露注》，頁307-308。

⑧¹ 凌曙《春秋繁露注》，頁294。

⑧² 周‧不詳人撰，漢‧鄭玄箋，唐‧孔穎達正義《毛詩正義》（台北：藝文印書館
　　影宋本毛詩注疏附校勘記），卷十八，頁641。

⑧³ 周‧不詳人撰，漢‧孔安國傳，唐‧孔穎達疏《尚書注疏》（台北：藝文印書館
　　影宋本尚書注疏附校勘記），卷十八，頁108。

⑧⁴ 孔穎達《毛詩正義》，頁497-498。

在《墨子》的〈天志〉與《孟子》的〈梁惠王〉中，都重現過
這樣的觀點，董仲舒天降災異的說法可視爲這一系觀點的擴大與
強化。

　　至於災異自召，因氣類應的觀點，較早可溯源於《荀子》與
《呂氏春秋》。《荀子‧勸學》說：「施薪若一，火就燥也；平
地若一，水就溼也……物各從其類也。」[85]《呂氏春秋‧應同》
也說：

> 類固相召，氣同則合，聲比則應，鼓宮則宮應，
> 鼓角而角動。平地注水，水流溼；均薪施火，火
> 就燥。山雲草莽，水雲魚鱗，旱雲燻火，[86]雨雲
> 水波，無不皆類其所生以示人。[87]
> 堯爲善而眾善至，桀爲非而眾非來，商箴云：
> 「天降災布祥，並有其職。」以言禍福人或召
> 之也。[88]

這類的理論，同時也大致重現在《淮南子‧覽冥》。《春秋繁
露‧同類相動》的基本論點，甚至部分文字，明顯承自呂氏〈應
同〉，而呂氏〈應同〉則是推闡類似《荀子‧勸學》一系的理
論，都是陰陽家的觀點，極可能都是鄒衍一系的遺說。然而，以
此爲基點，董仲舒用了全書近半的篇幅，藉陰陽五行的框架，

85　王先謙《荀子集解》，頁112。

86　「燻火」本作「煙火」，王引之以爲：「煙」當爲「燻」字之誤也，《說文》釋
　　「燻」爲「火飛」。今從校改，說見許維遹《呂氏春秋集釋等五書（上）》，
　　頁494。

87　許維遹集釋《呂氏春秋集釋等五書（上）》，頁493-495。

88　許維遹集釋《呂氏春秋集釋等五書（上）》，頁497-498。

大力推衍，構成其天人說的核心部分。目的在強化君德與災祥感應之絕對性與必然性，以制約高度中央集權體制下的君權。因此，當論及災異產生後，人主當如何解救時，董仲舒仍歸之於君德。

2.五行變救與君德

〈五行變救〉說：

> 五行變至，當救之以德，施之天下，則咎除；不
> 救以德，不出三年，天當雨石。[89]

所謂「救之以德」，當然包括了導致五行產生類應而失序的各種政令與政治行為需改弦易轍，比如：木之變，因繇役多賦重；救之則當「省繇役，薄賦斂」。火之變，因善惡不明，賢愚失序，賞罰欠當；救之則當「舉賢良，賞有功，封有德。」土之變，因不孝弟，過荒淫；救之則當「省宮室，去雕文，舉孝弟，恤黎元。」金之變，因棄義重利；救之當「舉廉潔，立正直，隱武行文，束甲械。」水之變，因法令緩；救之當「憂囹圄，案奸宄，誅有罪，萐五日。」[90]

透過君德去褪消邪氣，類應和順的元氣，所依據的仍是「同類相動」之理。

---

⑧⑨ 凌曙《春秋繁露注》，頁318。
⑨⑩ 凌曙《春秋繁露注》，頁318-320。

（七）天命與敬德

1.儒家敬德的天命觀

天命的觀念較早出現於《書經》與《詩經》，以後在《易》傳，《左傳》，乃至《孟子》裏，「天命」都是常被提及的問題。在這些典籍裏，天命雖然被拱爲帝王得天下的根源，卻都與君德連繫在一起，而君德又以民意、民利爲基礎和依歸。《書經》多處都說，是殷帝失德，天命才轉降周，成就周的帝業。《孟子‧萬章上》也說：「舜有天下也，……天與之。」[91]又說：「天與賢則與賢，天與子則與子。」[92]但《孟子》的「天」和《尚書‧皋陶》的「天」一樣，都是指民意；所謂「天命」，就是民意的展現。因此，在儒家，政權的取得，是和君德、民意連繫在一起的。

2.鄒衍的五德終始說

然而到了鄒衍，卻利用五行的架構與推移來論證，使之絕對化，那就是有名的「五德終始論」，《史記‧孟荀列傳》稱之爲「終始大聖之篇」或「主運」。根據王夢鷗先生的看法，這「五德終始」不但是鄒衍一生最大的創說，也至少包括兩類：

> 一是小型的，五行之一年一周的終始；一是大型的，五行之從天地剖判以來一朝一代的終始。前者是王居明堂而行的時令，後者是受命而帝的制

---

[91] 朱熹《四書集註》，頁307。
[92] 朱熹《四書集註》，頁308。

度。前者在「陰陽消息」的原理上注意其「相繼
生」的一面，後者則注重其「相代勝」的一面。[93]

那「相繼生」的「五德終始」，王夢鷗說：

> 當屬《管子・四時》篇及《淮南子・天文訓》中
> 所列的時令或時政之類文章……是據陰陽，透過
> 五行相生的原理，而作王者一年行政的綱領。[94]

這極可能就是此後《呂覽》十二紀、《淮南子・時則》中，陰陽
五行與天文、曆數、顏色、方位、氣味、節候、生物、政令緊密
搭配的那套天人架構的源頭。《春秋繁露》中前述的五行相生、
相勝的配屬，乃至陰陽消長的理論，應該和他們有一定的關係。

　　而那「相代勝」的「五德終始」，一般學者認為，應該就是
保留在《呂氏春秋・應同》裏的那些說法。〈應同〉說：

> 黃帝之時，天先見大螾大螻。黃帝曰，土氣勝；
> 土氣勝，故其色尚黃，其事則土。及禹之時，天
> 先見草木，秋冬不殺。禹曰，木氣勝；木氣勝，
> 故其色尚青，其事則木。及湯之時，天先見金刃
> 生於水。湯曰，金氣勝；金氣勝，故其色尚白，
> 其事則金。及文王之時，天先見赤鳥銜丹書，[95]
> 集於周社。文王曰，火氣勝；火氣勝，故其色尚
> 赤，其事則火。代火者必水，天且先見水氣勝，

---

[93] 王夢鷗《鄒衍遺說考》，頁56。

[94] 王夢鷗《鄒衍遺說考》，頁56。

[95] 此句本作「天先見火赤鳥銜丹書」，王念孫以為「火字衍」，今從校改。說見許
維遹集釋《呂氏春秋集釋等五書（上）》，頁492當句下引王念孫說。

故其色尚黑，其事則水。水氣至而不知數備，將
徙於土。⑯

這和《史記・孟荀列傳》所稱「稱引天地剖判以來，五德轉移，
治各有宜，而符應若茲」，基本上是相合的。其法大致是將黃
帝、夏、商、周的朝代更替，依五行相剋之理，分別配定德、
色，並且各自爲它們找出符應之物，說明其間政權轉移的依據，
純是五行的遞嬗之理。在他的安排下，黃帝是土德王、色黃；夏
以木德王、色青；商以金德王、色白；周以火德王、色赤。其間
政權的轉移，依次是：木剋土、金剋木、火剋金的固定公式。這
樣的學說，使得政權的轉移成了固定的必然。這在周已衰象呈
露，天下「一」定的呼聲與情勢日益明顯的戰國時代，誰將符應
水德，代周而「一」之，引起了時君高度的興趣，這應是導致鄒
衍走紅的眞正原因。

但是，鄒衍這「相代勝」的「五德終始說」，在中央集權一
統帝制已確立的漢武帝朝之《春秋繁露》中，當然不能再參探。
在〈三代改制質文〉中，董仲舒以另一套「夏黑、殷白、周赤」
的「三統說」來取代。

3.董仲舒的三統說與天命論

基本上，董仲舒是贊成君權天授的，他說：

王者必受命而王。（〈三代改制質文〉）⑰
天子受命於天，天下受命於天子。（〈爲人

---

⑯ 許維遹集釋《呂氏春秋集釋等五書（上）》，頁492。
⑰ 凌曙《春秋繁露注》，頁152。

者天〉）⑱

天以天下予堯舜，堯舜受命於天而王。（〈堯舜
不擅移、湯武不專殺〉）⑲

但他卻不全走鄒衍「五德終始」的路線，而是以另一套截取並
修改自「五德終始」的「三統」說來取代，他以夏爲黑統，商爲
白統，周爲赤統，說歷史的循環是依這三統來遞嬗的。除了用
以說明過往的政權轉移與歷史循環、朝代遞嬗之外，更重要的，
是作爲漢代改制的依據。因爲，在這黑、白、赤三統的論述中，
是包含著全套相關於制度的月朔、歲首、顏色、犧牲、行冠之
處、婚迎之處、喪殯之處、所薦之物，以及朝正（詳〈三代改制
質文〉）。⑳這極可能也是原本鄒衍五德終始的殘留。但三統只
排定遞嬗公式與順序，只講改制，不講代勝；只整理歸結過去，
不預言未來；而且只講三代，不推夏以前。又把夏德由五德的
「木」變成黑統的「木」，這都應該是因爲所處的時代已集權統
一，與鄒衍時期不同之故。

但，更重要的，他雖主「受命」說，卻又把王者「受命」
的條件，亦即政權轉移的條件，歸之於「德」與「仁」，這就使
他的「受命」說跳脫了鄒衍的五德終始範圍，完全地回歸到《書
經》與《孟子》的系統，那三統也就成了改制的象徵性標記，用
以標示：政權的取得，「非繼人，乃受自天」。而天授君權的條
件與對象卻仍是「有道」。〈堯舜不擅移，湯武不專殺〉說：

---

⑱ 凌曙《春秋繁露注》，頁252。

⑲ 凌曙《春秋繁露注》，頁176。

⑳ 凌曙《春秋繁露注》，頁154-158。

> 天之生民非爲王也，而天之立王以爲民也。故其
> 德足以安樂民者，天予之；其惡足以賊害民者，
> 天奪之。……夏無道而殷伐之，殷無道而周伐
> 之，秦無道而漢伐之，有道伐無道，此天理。天
> 命無常，唯德是慶。[10]

過去，鄒衍避開攻奪的事實，而用五行代「勝」，去合理化三代
政權的取得，這對於戰國以下，角逐爭勝的列國之君，是有強烈
的暗示與鼓勵作用的，那意味著：任何人只要能找到應命的符
瑞，那怕以武力攘取，都可以在五德的輪替框架下，天經地義，
合理化其政權。難怪引起他們高度興趣，也難怪司馬遷批評他
「阿世俗苟合」。

　董仲舒則不同，他直承孟子，毫不避諱地明說三代政權的
取得是用武力攻取的，只不過是有道攻無道，有德取無德，因此
叫做「伐」。又特別推崇堯舜與湯武，說「堯舜不擅移，湯武不
專殺」，把堯舜之讓與湯武革命都納入「天予有德」的範圍。從
此，人君如果想長久地掌握政權，便只有從「德」上去下工夫。
這樣既堅持並承繼了孟子一系的儒學傳統，也圓滿了劉漢攻取嬴
秦的事件。類似的湯武代夏商是「篡弒」還是「受命」的問題，
早在景帝時，道家的黃生和儒家的轅固生已論辯過了。黃生是黃
老學者，站在黃老法家尊君的觀點，判成「篡弒」。轅固生則一
循孟學傳統，說是「受命」。前者固然「尊」了君，卻多少觸到
劉漢朝廷的隱痛，後者卻表現了與時俱進的取悅與妥協。那場爭
辯，景帝沒有公然裁斷，卻下令從此不准再談這類論題，顯然對

---

[10] 凌曙《春秋繁露注》，頁177-178。

於黃生「篡弑」的說法多少有些介懷。董仲舒的說法和轅固生的說法，觀點大抵一致，代表著漢儒能協合於現實的觀點，這應該是儒術所以終必勝過黃老，而在兩漢擅勝場的重大原因之一。

結　論

　　董仲舒一本公羊齊學好言天人災異的傳統，順應著秦漢以來學術統合的趨勢，大量地吸收戰國以來陰陽學的成果，去豐富儒學仁義德化思想的理論內容，他的終極目標是儒學外王事業的圓滿落實，這是荀子以來儒學努力的大目標。但他知道，那絕非憑空可致，而必須與現實的政治體制、社會狀態，以及當代強勢的思想潮流取得一定的妥協。由是，他一方面循著黃老道法家一系，擷採陰陽家的理論，與法家刑名之說，架構其陽尊陰卑、君尊臣卑、因而不爲的統御術。另一方面，他既承襲《詩》、《書》以下尙德的天命觀，又循著鄒衍以來的理論路線，結合著陰陽與五行，用秦漢以來流行的氣化、類應觀念，去塡充天道的內容，從而詮釋天人關係，以推衍其天人合一的災異論。其終極目的，則在把政治得失極力回歸到儒家的人文道德基點。終於眞正落實了儒學外王的理想，使成爲此下兩千年的統治意識形態。

　　然而，他既視天爲宗教神，卻又將這個宗教神的內容與統御行爲說成是物質性陰陽五行之氣的類應。他一方面承繼《書經》、《孟子》以下敬德的天命觀，以君德爲天授政權的唯一條件；卻又同時以「氣」的類應做爲天人呼應的常式，這就導致心物的夾雜混糅。

較特殊的尤其是對禹湯的百般迴護。在〈煖燠孰多〉裏，對
於禹湯兩位聖主一遭水災，一遭七年大旱多有辯解。原本按照董
仲舒的天人感應之理，不論是天降災異，還是類應災異，禹湯是
聖主，都沒有理由遭水、旱。於此，董仲舒的辯解有二，卻都是
運用「氣」的觀念來詮釋：

（一）他說，這是「適遭世氣之變，陰陽失平」，是偶發事
　　　件，「非其過也」。並且要人「毋以適遭之變，疑平生
　　　之常」。

（二）他仍以陰陽之理來疏解，說：禹的水患乃「陰氣大興」，
　　　湯的旱災是「陽氣盛重」。湯之所以「陽氣盛重」是因爲
　　　桀是天下的殘賊，屬至陰；湯伐桀，去天下殘賊，屬至
　　　陽；湯本人又是天下盛德大善，也是至陽，兩至陽相重於
　　　湯身，是「陽氣盛重」，叫「重陽」，因此致七年大旱。⑫
　　　如此的曲說迴辯，已類乎符命、讖緯之穿鑿附會了。

　　但，這樣的說法卻提供給了東漢王充極大的把柄與啓悟。
王充在《論衡》的〈感虛〉、〈應虛〉與〈自然〉等篇中都曾對
此發表過不凡的見解。〈應虛〉說：湯遭七年大旱，顯見，若
非湯非聖主，即是天報有爽。不論就那一點說，董仲舒天「報德
以瑞」，「譴過以災」的天人感應說都有問題。其次，天人之間
的感應既有「適遭」之變的例外與意外，則顯然天人之間只有機
械的軌則，並無有意識的相感相應。水旱皆天氣、地氣運作的
偶發狀況，一切的求雨、止雨、救日之祭，便都只是人文的修飾
功能，不具實質的效用。王充由是而架構出其「適偶」的機械天
道觀，也寫成了一連串〈感虛〉、〈異虛〉……之類篇章，以摧

---

⑫ 凌曙《春秋繁露注》，頁283-284。

毀漢儒的天人相應迷信。（詳《論衡・自然》、〈感虛〉、〈應虛〉、〈變虛〉、〈異虛〉、〈指瑞〉、〈是應〉等各篇）。⑱

　　總之，董仲舒大量地運用了戰國以下鄒衍一系的陰陽學與氣論，以類似物理學上共鳴原理的「同類相動」爲基本模式，普遍地詮釋天象以及天人之間的關係與連繫，去推闡儒家《尙書》、《孟子》一系的尙德思想。其材料與方法充滿了陰陽氣息與色調，其核心目的與歸趨，卻終究是儒學的。只不過，比起先秦諸儒，他有著較多對現實的考量與妥協，而這也正是秦漢以下儒者，在面對一統集權政治時，不能不有的轉型。

---

⑱ 分見凌曙《春秋繁露注》，頁365、105、92、99、349、355。

陸、桑弘羊與鹽鐵會議

前　言

　　西漢景帝前元二年（西元前155年），中國的洛陽誕生了一位財經專家──桑弘羊。他是武帝在位的五十幾年，絕大部分時間財經政策的籌劃與主導者。他為漢武帝所籌劃、推動的種種國營事業與財經措施，豐厚了國庫的收入，成為漢武帝一切飛揚跋扈、大興大革內外政策的主力支撐與強大後盾。在漢代的思想家中，他是唯一以財經策略見長的。他同時也是中國以「農」為本，重農抑商的傳統中，公然把商業視為致富根源，提出「富國何必用本農？足民何必井田？」（〈力耕〉）①的第一人。可惜《漢書》不曾為他立傳，所有相關於他的事蹟，僅能從《漢書・食貨志》、〈昭帝紀〉、〈霍光傳〉、〈百官公卿表〉、〈西域傳〉與《鹽鐵論》中的零散記載去參合拼組。

一、漢代思想與思想家

　　漢代是個政治一統的大時代，也是以外王為主流意識，務

---

① 王利器審訂，王貞珉注譯《鹽鐵論譯注》（吉林：吉林文史出版社，1995年1月），頁23。

實尚功的大時代。兩漢的思想因此較少玄學氣質，而充滿了尚功用、重效驗的特質，特重對政治事務的關切。漢代有名的思想家因此往往也是政論家，其重要的思想理論往往就是針對當代實際政務所發的政論。陸賈的《新語》固早言明是爲高帝下馬治天下而寫的，賈誼的《新書》更幾乎是以〈治安策〉爲核心內容的政論集。此外，若王符的《潛夫論》、仲長統的《昌言》、荀悅的《申鑑》、徐幹的《中論》等等，或涉邊防，或刺官箴，或砭內政，大致皆與當代政治、社會、國防、軍事等實務息息相關。

桑弘羊身爲國家財經實務的推動者，從哲學的角度看，或不純屬思想家；但，他和上述各政論家一樣，剴切地對當代經濟實務與思想作了重大貢獻。在他的主導與推動下的國家財經政策，活生生就是武帝時期乃至兩漢經濟思想的整體呈現。他在昭帝時期「鹽鐵會議」上的財經攻防論，由宣帝時期桓寬寫定的記錄——《鹽鐵論》，是中國現存第一部財經專著。

二、桑弘羊與漢武帝的財經、外交策略

桑弘羊出身洛陽商賈之家，《漢書》無傳，〈食貨志下〉說他是「洛陽賈人之子，以心計，年十三，爲侍中。」「心計」，顏師古注：「不用籌算」，[2] 亦即有很好的心算能力。晉文（張進）依柳詒徵「漢代小學兼重算字」的說法，因此推測他大概是洛陽一帶有名的神童，自幼聰穎過人，有心算的特殊才能。依漢代特殊才能可以入宮的先例，在景帝後元二年（西元前142

---

② 王先謙《漢書補注》引顏師古注，頁527。

年），十三歲左右，被選入宮中，初時可能充任時爲太子的漢武帝之伴讀，[3]開啓他前後長達六十多年官宦生涯的第一頁。《鹽鐵論·貧富》記桑弘羊的自述說：

> 余結髮束修，年十三，幸得宿衛，給事輦轂之
> 下，以致卿相之位，獲祿受賜，六十有餘年矣。[4]

武帝建元四年（西元前137年），桑弘羊應該是十八歲左右，鄭當時擢遷爲右內史，拔擢他，桑弘羊因此開始了計數不離於前的生涯。元狩四年（西元前119年），武帝用因鹽鐵致富的大鹽商東郭咸陽和南陽大冶孔僅兩人爲大農丞，掌管鹽鐵。或許因爲相同的身家背景，《漢書·食貨志》說：「而桑弘羊貴幸……三人言事，利析秋毫。」[5]形成了錙銖能計的鐵三角。這個「大農丞」的官，根據《漢書·百官公卿表》的記載，應該是「大農令」下的屬官；〈百官公卿表〉說：

> 治粟內史，秦官，掌穀貨，有兩丞。景帝後元
> 年，更名大農令；武帝太初之年，更名大司農。
> 屬官有太倉、均輸、平準、都內、籍田五令丞。[6]

可見「治粟內史」、「大農令」、「大司農」是一官之異稱，或亦簡稱「大農」，其下有屬官兩丞，武帝時增爲五丞，東郭咸陽與孔僅擔任的「大農丞」正是其下的屬官，也是大農的左右手。〈食貨志〉說：

---

[3] 柳說見《中國文化史》（南京：鍾山書局，1935年），頁407。張說見《桑弘羊評傳》，南京：南京大學出版社，2006年，頁55-58。

[4] 王利器審訂，王貞珉注譯《鹽鐵論譯注》，頁152。

[5] 王先謙《漢書補注》，頁527。

[6] 王先謙《漢書補注》，頁304。

> 孔僅使天下鑄作器，三年中至大司農，列于九
> 卿。而桑弘羊爲大司農中丞，管諸會計事，稍稍
> 置均輸，以通貨物。⑦

案百官公卿表的記載，孔僅擢升大司農（大農令）在元鼎二年
（西元前113年），桑弘羊接任孔僅之位爲大農丞也在這一年。
他終於正式進入國家的財政核心，協助推動國家的財經政策，開
始試行均輸之法，以通天下貨物。〈食貨志〉又說：

> （元鼎六年，西元前111年）漢連出兵三歲，
> 誅羌，滅兩粵、番禺以西，至蜀南者，置初郡
> 十七；且以其故俗治，無賦稅。南陽、漢中以
> 往，各以地比給初郡吏卒奉食幣物，傳車馬、被
> 具。而初郡又時時小反，殺吏，漢發南方吏卒往
> 誅之，間歲萬餘人，費皆仰大農。大農以均輸調
> 鹽鐵助賦，故能澹之。⑧

三年的南征西討，費用皆賴大農的均輸、鹽鐵來支應，可見均輸
法初步收到了相當大的成效。

第二年（元封元年，西元前110年），〈食貨志〉說：

> 桑弘羊爲治粟都尉，領大農，盡代僅幹天下
> 鹽鐵。⑨

「治粟都尉」就是「駐粟都尉」，又作「搜粟都尉」。根據《漢
書・百官公卿表》的記載：這個「駐粟都尉」是「武帝軍官，不

---

⑦ 王先謙《漢書補注》，頁528。
⑧ 王先謙《漢書補注》，頁531。
⑨ 王先謙《漢書補注》，頁531。

常置。」可見它只是武帝時期特置的官，非常設之職。因此，桑弘羊可以「治粟都尉」之職「領大農」，完全接替、取代了孔僅的大農令之位，掌握國家財經大權，成爲武帝財經策略的最高決策與執行、推動者，正式普遍而全面地推動其國營事業。武帝開始東、南、西、北四處巡狩，「所過賞賜用帛百餘萬匹，錢金以鉅萬計」，龐大的費用與開銷，「皆取足大農」。

要應付如此龐大的開銷，光靠大農的國營收入，果然還是捉襟見肘，桑弘羊又向武帝建議「入粟補官」以及贖罪的方法，讓人民可納粟以免罪，也不再受「告緡」，永遠免除逃漏稅的告發壓力。一年之內，各地納入之粟果然使太倉、甘泉倉充足滿溢；各地透過均輸法收來的帛，也有五百萬匹，眞正做到了「民不益賦，而天下用饒。」桑弘羊終因充裕國家財用有大功而「賜爵左庶長」，再賜黃金百兩。期間，雖因小旱，而有卜式上書，告桑弘羊「令坐市列（肆），販物求利」，意謂：讓官吏爲商賈之事，姦邪不可赦，請烹殺之，以致雨，卻武帝不爲所動（以上詳〈食貨志〉上、下）。[10]

征和四年（西元前89年），桑弘羊與丞相田千秋，御史大夫商丘成建議屯田輪臺。武帝因爲征和年間，貳師將軍李廣利以軍降匈奴，而後悔長年以來遠征伐，乃下詔，「深陳既往之悔」，並明確宣示「當今務再禁苛暴，止擅賦，立本農，脩馬復令以補缺，毋乏武備而已」的守成之令，並封丞相田千秋爲富民侯，「以明休息，思富養民」，示天下無復用兵。唯其後昭帝即位不久，仍用桑弘羊前議，「以扞彌太子單爲校尉將軍，田輪

---

[10] 王先謙《漢書補注》，頁527-531。

臺。」（以上詳《漢書・西域傳下》）⑪

　　武帝後元元年夏六月，御史大夫商丘成有罪，自殺。根據《漢書・霍光傳》與〈百官公卿表〉的記載：

> 後元二年春，上游五柞宮，病篤，……上以光爲大司馬大將軍，日磾爲車騎將軍及太僕，上官桀爲左將軍，搜粟都尉桑弘羊爲御史大夫，皆拜臥內床下，受遺詔，輔少主。明日，武帝崩，太子襲尊號，是爲孝昭皇帝。（〈霍光傳〉）⑫
>
> （後元二年）二月乙卯，搜粟都尉桑弘羊爲御史大夫。（〈百官公卿表〉）⑬

則桑弘羊在武帝的最後階段，不但晉升爲御史大夫，甚至晉身顧命託孤大臣之列。不過，在《漢書・昭帝紀》的記載，託孤重臣都只有霍光、金日磾、上官桀三人，尤其霍光更是重託焦點，桑弘羊並不在其列。然則，桑弘羊在武帝晚年政治方面的倚重，或許並不如晉文在《桑弘羊評傳》中所敘述的那麼重要。但，至少在武帝臨終之前或之際，桑弘羊確實已作了御史大夫。

　　昭帝即位後的第六年（始元六年，西元前81年）二月，詔有司「問郡國所舉賢良文學，民所疾苦，議罷鹽鐵榷酤」（《漢書・昭帝紀》）⑭；〈食貨志〉說：

> 昭帝即位六年，詔郡國舉賢良文學之士，問以民

---

⑪ 王先謙《漢書補注》，頁1667。
⑫ 王先謙《漢書補注》，頁1323。
⑬ 王先謙《漢書補注》，頁326。
⑭ 王先謙《漢書補注》，頁106。

　　間疾苦，教化之要，皆對願罷鹽、鐵、酒榷、
　　均輸官，毋與天下爭利，視以節儉，然後教化
　　可興。⑮

　　於是，正式開始了對武帝三、四十國營政策的全面檢討與批判。從二月至七月間，召開了長達五、六個月的「鹽鐵會議」，桑弘羊當然是這個會議中遭受批判的焦點人物。他站在國家財用的立場，堅決反對罷去鹽、鐵、酒之國營與均輸平準之法，以為它們是「國家大業，所以制四夷、安邊、足用之本，不可廢也。」（〈食貨志〉）。會議後，或許是礙於強大的反對勢力與聲浪，桑弘羊「乃與丞相千秋共奏罷酒酤」（以上同見〈食貨志〉），⑯算是對賢良文學等地方勢力的一點讓步。

　　次年（元鳳元年，西元前80年）桑弘羊自以為為國興大利，伐其功，欲為子弟求官，怨望大將軍霍光。九月，燕王昌與鄂邑長公主、左將軍上官桀、桀之子驃騎將軍上官安謀反，桑弘羊也被牽扯在其中，〈昭帝紀〉說他「數以邪枉干輔政」、「謀反，伏誅」；⑰〈食貨志〉也說他「與上官桀等謀反，誅滅」，⑱死時年約七十五歲。有學者說是因為鹽鐵事招恨杜延年，又被謀反事件波及，故遇害。

---

⑮ 王先謙《漢書補注》，頁531。
⑯ 以上同見王先謙《漢書補注》，頁531。
⑰ 裴駰集解，司馬貞索隱，張守節正義《史記集解》，頁106。
⑱ 王先謙《漢書補注》，頁531。

三、西漢的財經政策

以平民革命起家的西漢朝廷，立國之初，由於經歷自秦末至楚漢之爭的戰火，關中經濟瀕臨破產，「自天子不能具醇（鈞）駟，而將相或乘牛車，民無蓋藏。」（〈食貨志上〉）[19]如何重整秩序，快速恢復生產力，是劉漢朝廷所要面對的第一道課題，由是而展開了前後近七十年休養生息的「黃老之治」。在這段期間之內，漢廷對於商賈，其實是深怕受傷害，又略有期待的。自高祖開始，便採取重農抑商之策，「令賈人不得衣食乘車，重賦稅以困辱之」（〈食貨志下〉），[20]却不聞禁止商業行為。到了惠帝、高后時代，或許是因應著生產力逐漸恢復，經濟漸次復甦的自然需求，「復弛商賈之律」，稍稍放寬了限制，然仍令「市井子孫不得為吏」（〈食貨志〉、〈平準書〉）。[21]到了文帝時代，因著「黃老之治」的全面推展，放寬了鹽鐵與鑄幣等多項禁令，解除「盜鑄錢令」，「使民放鑄」，遂致「吳（濞）、鄧（通）錢布天下」。吳王劉濞還因境內有銅山，「即山鑄錢」，「富埒天子」。[22]後雖因賈誼之議而禁民私鑄，然仍未禁鹽鐵。武帝承四代之富厚，大興功利，開始攏奪商權，由政府統管一切財經事務。表面上看，是改變漢以來重農務本的策略，實際上是將入漢以來的抑商策略更加澈底化和深層化。

---

[19] 王先謙《漢書補注》，頁515。

[20] 王先謙《漢書補注》，頁523。

[21] 王先謙《漢書補注》，頁523；裴駰集解，司馬貞索隱，張守節正義《史記集解》，頁562。

[22] 詳王先謙《漢書補注》，頁524。

四、漢武帝的財經政策

　　「官營」是漢武帝財經策略的總綱，因著中央集權一統政治體制的確立，武帝開始全面而大規模地收攏商權，而有一連串的租稅措施。

（一）算緡

　　武帝元狩四年（西元前119年）「初算緡錢」，顏師古注曰：「謂有儲積錢者，計其緡而稅之。」（〈武帝紀〉）[23]亦即始向商人收成本稅。規定：凡在都邑中「貰貸買賣」、囤積貨物、經商以取利者，都應「各以其物自占」，依自己的貨物本錢，確實評估、報稅。大抵「緡錢二千而算一」，即本錢兩千錢抽一算（一百二十錢），亦即抽取6%的成本稅；又規定：

　　　　諸作有租及鑄，率緡錢四十而算一。[24]

如淳注：「指以手力所作而賣之者」，亦即手工藝商人，每四千錢抽一算，約3%。除資本稅外，早在元光六年（西元前129年），已開始抽取商人的車船稅：船五丈以上，一艘抽一算；有車者，除為吏者、三老、北邊騎士外，凡有軺車，一車抽一算；商人有軺車者，一車二算。凡是隱匿，不自估價上報，或報得不澈底、不實在的，罰守邊一年。有來告發者，可以對分，稱「告

[23] 王先謙《漢書補注》，頁91。
[24] 王先謙《漢書補注・食貨志下》，頁91。

緝」。（以上詳〈武帝紀〉與〈食貨志〉）[25]

（二）榷酒酤

亦即酒品專賣。文、景時代都曾因製酒浪費穀糧而禁賣，景帝後元元年（西元前143年）夏，稍解賣酒之令。武帝天漢三年（西元前98年）榷酒酤，禁民買賣酒，由官方專營。

（三）均輸

亦即商業官營。元鼎二年（西元前115年）到元封元年（西元前110年）以桑弘羊爲大司農中丞，桑弘羊令大農部丞幾十人，普遍地在全國各郡任均輸官，然後通令各郡、國，將過去須自行運送入京之貢品，直接以當地土產充任，交給在地均輸官，由當地均輸官決定，或將朝廷所需者運往京師，或轉運至價高處出售。如此，既可省去往返京師之龐大人力與運費，又可免去長途運送過程中所造成之損壞變質。

（四）平準

除了均輸官的設置之外，另一方面，自元封元年（西元前110年）開始，又在京師設平準官，既收受各地均輸而來之貢品，又「盡籠天下之貨物」，清楚掌握其供需情況，「貴則賣之，賤則買之。」均輸在郡國，各轉於京師；平準在京師，總收天下之轉輸。兩者皆由當時任大司農中丞、大農令的洛陽賈人之子桑弘羊主持。幾年下來，不但有效平抑了物價的漲跌，調整了

---

[25] 王先謙《漢書補注》，頁528。

貨物的供需，也大大增加了國庫的收入，「民不賦，而天下用饒。」（詳《史記・平準書》）㉖

（五）鹽鐵官營

董仲舒說，秦代用商鞅之法，弄得「力役三十倍於古」，然靠著收田租、人口稅、鹽鐵之利，國家財政「二十倍於古」（詳〈食貨志上〉）。㉗孝惠、高后之時，吳國東煮海水爲鹽，由此不收稅而國用饒足（〈吳王濞傳〉）。㉘文帝後六年，曾「弛山澤」，開放山澤之利（〈文帝紀〉）。㉙董仲舒說漢武帝，宜將「鹽鐵皆歸於民，然後可善治」（〈食貨志上〉）。㉚武帝元狩四年（西元前119年），由於連年用兵，縣官府庫大空，富商大賈或因冶鐵鑄器，或因煮鹽、賣鹽，財累萬金，却「不佐公家之急」。於是，用鄭當時之進言，漢武帝以東郭咸陽、孔僅爲大農丞，總管鹽鐵事，開始全面推動鹽鐵公賣的政策。下令：招募人民自費煮鹽，由官府供給盆器，並負責收購、運送、販賣。有敢私鑄鐵器或販鹽者，砍左趾，並沒收其器物。鐵也一樣，由採礦、冶鍊、製作到銷售，全由官營。不出產鐵礦的郡國，則設小鐵官，專管鑄造、銷售鐵器事宜。同時拜任原本販售鹽鐵以致富之商人爲吏，從此官吏便多是商人了。東郭咸陽本人就是以齊國大鹽商的身分，致富累千金而總領鹽事；孔僅原本也是南陽大冶，亦以冶鐵致富，累千金，而總領鐵事。兩人都是以鹽鐵致富

㉖ 裴駰集解，司馬貞索隱，張守節正義《史記集解》，頁531。
㉗ 王先謙《漢書補注》，頁518。
㉘ 王先謙《漢書補注》，頁956。
㉙ 裴駰集解，司馬貞索隱，張守節正義《史記集解》，頁76。
㉚ 王先謙《漢書補注》，頁519。

而致吏為官的代表。幾年下來，不但孔僅拜為大農，官列九卿，官府也因鹽鐵官賣和抽收緡錢之故，財用略為寬鬆。元封二年（西元前110年）由當時的治粟都尉桑弘羊代孔僅為大農，總領天下鹽鐵事，和均輸平準之法同步推展，成效卓著。

（六）統一鑄幣

西漢的幣制，高帝時曾因秦錢半兩，太重難用，改令人民鑄莢錢，結果弄得通貨膨脹，不軌逐利之民以其盈餘之財囤積貨物，操控物價，遂致米價一石萬錢，馬價一匹千金。高后二年（西元前186年），行八銖錢，錢面半兩，重亦半兩（12銖），等於是恢復秦制。高后六年（西元前182年），又行五分（2.4銖）之莢錢，皆公鑄，不得私鑄。文帝五年（西元前175年）四月，解除盜鑄錢令，放寬限制，令民得私鑄四銖錢，錢面「半兩」。[31] 武帝建元年間，曾經先後行過三銖錢、半兩錢，至元狩五年（西元前118年）廢三銖，行五銖錢。元鼎四年（西元前113年）更通令各郡國，不准鑄錢，前所鑄者，皆銷毀之，專令上林三官統鑄，天下非三官所鑄錢，不得行，澈底統一全國貨幣。（以上詳〈《史記·平準書》與《漢書·食貨志》）[32]

（七）入粟補吏、贖罪

除了上述的財經策略外，為了通西南夷，武帝並在桑弘羊的建議下，除了「募豪民，田西南夷」之外，也採行了一連串入羊

---

[31] 裴駰集解，司馬貞索隱，張守節正義《史記集解》，頁523。

[32] 裴駰集解，司馬貞索隱，張守節正義《史記集解》，頁568、562；王先謙《漢書補注》，頁527。

為郎、入粟除罪、入粟拜官、入物補官的措施，鼓勵人民商人踴躍捐貨、捐物，「以復終身，不告緡」，甚至拜官、受爵。（以上亦詳《史記・平準書》）[33]

在這樣多管齊下的策略下，果然在短短十幾年間，加上黃老之治七十年的滋養生息，國家的財力、物力雄厚了起來。而這一切，大部分是為了投入對外的戰爭。

五、漢武帝的對外政策

漢武帝自建元元年（西元前140年）即位開始，至後元二年（西元前87年）駕崩為止，共在位54年，期間南征北討，東征西討，最少經過大大小小不下於50場的戰爭，其中尤以對北方匈奴的征伐最是主體。

（一）北方：匈奴

匈奴自古即為中國北方的邊患，武帝以前，高帝曾遭平城之圍，用張良「奇計」始得解圍，然「其計頗密，世莫得知」。高后初寡，冒頓單于曾數寇邊，並修書調戲求婚，高后忍辱婉拒。文、景行和親之策，齎財帛、納女以約親，仍數寇邊。武帝即位，反守為攻，自元光元年（西元前133年）起，開始了對匈奴長達39年的戰爭。其中規模較大的，約有三次，依次是元朔二年（西元前127年）的漠南之戰；元狩二年（西元前121年）的河田之戰，與元狩四年（西元前119年）的漠北之戰。經過這

---

[33] 裴駰集解，司馬貞索隱，張守節正義《史記集解》，頁570。

三大戰役之後，匈奴主力軍被殲滅，從此衰弱，「是後，匈奴遠遁，而幕南無王廷。」（〈匈奴傳〉）[34]

（二）西方：西域

　　為了斷絕匈奴的後援，也為了打通西方的通道，元鼎六年（西元前111年）漢武帝派李息、徐自為征西羌。元狩元年（西元前122年）派張騫兩次出使西域，成功地打通了通往西方之路，屯田天山南北，使該地36國與烏孫悉為劉漢西北疆的一部分。太初元年（西元前104年），派李廣利伐大宛。

（三）南方：東越（粵）、南粵、西南夷

　　元鼎五年（西元前112年），發兵十餘萬伐南越；次年，元鼎六年（西元前111年）滅了南粵；同年又派橫海將軍韓說，中尉王溫舒與樓船將軍楊僕伐東越；次年，元鼎七年（西元前110年）滅了東越。元光五年（西元前130年）派司馬相如、唐蒙出使西南夷，開鑿通西域之路；元鼎六年（西元前111年）發兵平定西南夷。

（四）東方：朝鮮

　　至於東方的朝鮮，則在元封二年（西元前109年）派楊僕、荀彘征伐之，三年（西元前108年）平定，設樂浪、臨屯、玄菟、真番四郡。

　　可以說，從元光到元封年間，尤其是「元鼎」的那幾年，漢

---

[34] 王先謙《漢書補注》，頁1604。

武帝東西南北四方征伐，將漢朝的版圖與聲威擴張到了極致，卻也付出了人才、物力、財力的巨大代價。〈食貨志上〉說：

> 武帝之初七十年間，國家無事，非遇水旱之災，民則人給家足。都鄙廩庾盡滿，而府庫餘財，京師之錢累百鉅萬貫，太倉之粟陳陳相因；眾庶街巷有馬，阡陌之間成群，乘牸牝者擯而不得會聚。[35]

建元元年還曾「罷苑馬以賜貧民」。但是幾場戰爭打下來的結果，〈食貨志〉與〈霍去病傳〉說：

> 元狩四年，大將軍驃騎大出擊敵胡，賞賜五十萬金，軍馬死者十數萬匹。（〈食貨志下〉）[36]
> 兩軍之出塞，塞閱官及私馬凡十四萬匹，而後入塞者不滿三萬匹。（〈霍去病傳〉）[37]

其餘可想而知。其結果是國庫積存耗盡，百姓困苦加重。征和二年（西元前90年），李廣利以軍降匈奴，漢武帝開始後悔征伐過甚。搜粟都尉桑弘羊、丞相、御史奏請屯田輪臺，以安西域。這一次漢武帝卻沒有採從，而以「擾民」為由，回絕了諸人之議。並明示其晚年的策略：「務在禁苛暴，止擅賦，力本農，脩馬復令以補缺，毋乏武備而已。」（《漢書‧西域傳》）[38]算是為早年的大肆改革、飛揚跋扈畫上了休止符，結束了長達數十年

---

[35] 王先謙《漢書補注》，頁518。
[36] 王先謙《漢書補注》，頁527。
[37] 王先謙《漢書補注》，頁1160。
[38] 王先謙《漢書補注》，頁1167。

的法家財經政策與霸權外交。征和四年（西元前88年）以車千秋爲相，封「富民侯」，取意是「以明休息，思富養民」。

六、鹽鐵會議與《鹽鐵論》

（一）鹽鐵會議

後元二年（西元前87年）二月，漢武帝行幸至盩屋的五柞宮，終於駕崩，走入了歷史。顧命大臣大司馬大將軍霍光依遺詔，與丞相車千秋、御史大夫桑弘羊奉太子劉弗陵即位，是爲昭帝。昭帝即位，霍光輔政，循武帝晚年的和緩調整之策，一方面恤問民間疾苦，一方面對匈奴、西域僅充武備。從昭帝始元元年秋至五年夏（西元前86-82年），或舉賢良、或問民間疾苦、或遣使賑貸貧民、或因災而止當年田租、或止民出馬、或罷天下亭母馬及馬弩關。其對外策略，則沿武帝晚年「發軍屯西河」及「行北邊」以禦匈奴之策，於始元五年（西元前82年），「發習戰射士詣朔方，調故吏將屯田張掖郡。」（詳〈昭帝紀〉）[39]在一連串的舒緩策略之下，果然流民稍還，田野益闢，頗有積蓄，唯鹽鐵仍是官營。

昭帝始元六年（西元前81年），杜延年向輔政大臣霍光建議「宜修孝文時政」，舉賢良文學，罷鹽鐵酒榷。賢良文學答問「民間疾苦」與「教化之要」時，亦以「願罷鹽鐵、酒榷、均輸、平準、毋與天下爭利」爲對。霍光於是採杜延年之建言，以昭帝之名，詔舉賢良文學，讓他們與桑弘羊等武帝時期的財經大

---

[39] 王先謙《漢書補注》，頁106。

臣，於始元六年（西元前80年）二月開始，對武帝朝的財政與外交政策，展開了長達五個月的總批判與大辯論，以決定鹽、鐵、酒等財政事業是否繼續國營，這便是有名的「鹽鐵會議」。

鹽鐵會議是中國歷史上第一次由官方主辦，正式而規模龐大、時間久長的財經大辯論，內容針對已故的漢武帝生前各項內外政策進行批判性的總檢討，並決定其去留，以為此後在霍光主導下昭帝財經政策的大方向。論辯雙方是選自民間，在一定程度上代表民間財團勢力的六十幾位賢良、文學，和以桑弘羊為主的，代表官方，完全站在政府財用支出立場的御史大夫與丞相史。這是規模龐大的財經政策因革攻防戰，桑弘羊因為是武帝時期各項財經策略的靈魂人物，所有反對言論焦點當然指向他。會議前後長達五個月，起議者是杜延年，主導者是霍光，主持人應該是丞相車千秋。

在長達五個月的會議中，表面上看來，是代表民間地方的賢良文學與代表官方財經勢力的桑弘羊對辯。前者根據相關史料記載，有選自三輔、太常的茂陵唐生，與選自郡國的文學高第魯萬生、中山劉子雍、九江祝生等六十餘人。事實上，這些賢良文學既亦選自「太常」，「太常主諸陵園，別治其縣」，原本「皆徙天下豪富民以充實之」，則其所代表與力爭的，是否真的那麼單純地就是一般基層民眾、匹夫匹婦的利益與心聲？還是這些被徙來「充實」的「豪富民」，所代表的即是私營商賈的利益？是很難一言概盡的。這是就論辯的人物而言。

其次，就論辯的議題與內容言，主要當然集中在國營經濟事業與對外（主要是匈奴）征伐、邊防事件兩大焦點，然亦涉及刑法、禮法、災異、社會風氣等等議題之對論。其進行方式，則採

對話與對策並行，亦即口頭之言詞對辯與書面之文詞討論雙軌並行，短則一來一往，多則數來數往。最多者根據桓寬《鹽鐵論》的記載，高達五來五往，其對辯之激烈，可以想見。所有對話過程與內容，悉載於桓寬《鹽鐵論》中。從所載內容看來，賢良文學多從仁義道德、重農抑商、義利之辨、行文德以徠遠人等等儒家基本觀點出發，去批判國營經濟之與民爭利，「散敦樸之風，成貪鄙之化」，均輸、平準執行時所產生之弊端與傷民；以及對匈奴之不能懷德以徠之，而興兵陣戰，有虧王者之風。他們緬懷文景時期厚幣結親、偃兵休士之往事，希望盡罷均輸、平準、鹽鐵、酒酤，恢復重農抑商之策。御史大夫桑弘羊等人則以開本末之途，通有無之用，與夫國防、財用之實際需要，暢論防邊之不可不用兵，肯定武帝之伐匈奴與國營經濟之別無選擇。雙方你來我往，桑弘羊幾乎是以一敵眾，力戰群儒。根據《鹽鐵論》的記載，代表民間的文學共發言123次，賢良26次，御史大夫桑弘羊發言了113次，御史19次，丞相史11次。至於主持人丞相，或許是為了保持中立，只發言了4次，[40]內容無涉兩邊。過程中，或因眾寡懸殊，或因連年爭戰匈奴與征伐四方，果真加深人民的痛苦指數；或因鹽鐵國營與均輸、平準確有嚴重的官吏貪污問題，論辯過程中，桑弘羊亦時或嘿然語塞，無言相對。論辯就在前後長達五個月，針鋒相對百餘次的激烈狀況下展開、作結。整整五個月的論辯過程與詳細內容，都被桓寬整理成《鹽鐵論》。

---

[40] 以上係根據徐漢昌《鹽鐵論研究》的統計（台北：文史哲出版社，1983年），頁13。

（二）《鹽鐵論》

1.體例架構

　　《鹽鐵論》係桓寬依當時會議的實際情況所整理記錄的全部過程與內容。全書共六十篇，篇題自是桓寬所加，內容記載完全依照會議實際情況，故採一來一往對話形式以表現，結構難免較不謹嚴，卻有較高的歷史性。大致說來，從第1篇～28篇是御史大夫對郡國文學的論辯；自第29篇〈散不足〉～41篇〈取下〉，是御史大夫對賢良的論辯。辯後，賢良文學皆獲命為列大夫。[41]自第42篇〈擊之〉～59篇〈大論〉則為御史大夫、御史對文學，多論禮治與法治，亦即儒法辯爭。每一篇長短不一。第一篇〈本議〉標出中心議題：鹽鐵、均輸、酒榷，第59篇〈大論〉是全書總結，第60篇〈雜論〉是桓寬的跋，說明編撰之原因與對論辯的看法，等於是編後記。第12篇〈憂邊〉、16篇〈地廣〉、38篇〈一域〉、47篇〈世務〉、48篇〈和親〉、49篇〈繇役〉、50篇〈險固〉、51篇〈論勇〉、52篇〈論功〉等共十餘篇，在各論題中，篇幅佔最大，皆為對外伐匈奴相關之篇章。第3篇〈通有〉，第4篇〈錯幣〉、第5篇〈禁耕〉、第6篇〈復古〉，第15篇〈未通〉、第36篇〈水旱〉共6篇，則涉及鹽鐵國營、均輸、平準、榷酒酤等論題。第55篇〈刑德〉、56篇〈申韓〉、57篇〈周秦〉、58篇〈詔聖〉、第7篇〈非鞅〉、第8篇〈晁錯〉、11篇〈御史〉、27篇〈利議〉等共8篇，涉及

---

[41] 據第41篇〈取下〉文末所載，這次論辯終結時，「公卿愀然，寂若無人，於是遂罷議、止詞。」第42開篇卻說：「賢良文學既拜，咸取列大夫」，則顯然在上一次論辯過後，賢良文學不但在氣勢上佔了上風，而且都獲得了「大夫」的官位。

儒、法之爭。第59篇尤以批孔與擁孔的對辯，爲儒、法之爭打
上句點。

2.主要思想論題

(1) 就國營事業之議題言

御史大夫認爲，均輸可以「通委財而濟緩急」、「均有無而
通萬物」（〈本議〉），小以濟困賑乏，備水旱之災，大則充實
府庫，以佐國防邊用。平準可以調節物價，使富商大賈無所壟斷
牟利。榷酒酤則既可節用儲糧，抑制穀物浪費，避免糧食不足。

賢良文學則就實際實施效能反駁政府重視國家財政，忽略民
生需求。執行時人事又多弊端，導致官商勾結，商賈屯積壟斷依
舊，物價飛揚，利仍歸商，不在民。鹽鐵專賣與榷酒酤則壟斷酒
品、商品，與民爭利，困苦百姓。政府應「廣道德之端，抑末利
而開仁義，毋示以利。」（〈本議〉）⑫

(2) 就統一幣制之議題言

御史大夫認爲可以穩定幣制，防止劣僞，防止諸侯藉鑄幣以
蓄財，厚植實力，重演七國事件。賢良文學則舉高祖以來歷代制
度之變更頻繁，官幣之質地輕劣，又不合規格，困擾百姓爲由，
力主自由開放。

(3) 就征伐匈奴之議題言

御史大夫舉鄒衍大九州說，以爲不論爲了維護國家威望，還
是湔雪前代之恥，力圖長治久安，都必須對匈奴有較爲澈底的處

---

⑫ 王利器審訂，王貞珉注譯《鹽鐵論譯注》，頁1。

理。一切戰爭的消耗和人員物資的損失，站在為國家長遠考量的立場，都是必須付出的代價。賢良文學則堅持以德服人、以德徠遠、行仁義的儒家古訓，反對武力攻伐，認為它造成天下疲敝，人民痛苦萬分。

(4) 就「刑」與「德」、「禮」與「法」的儒法對立觀點而言

御史大夫基本上站在法家觀點，認為「刑一惡而萬民悅，雖周公孔子不能釋刑而用惡。」法令刑罰是施政的必要手段，只有透過刑罰，才能禁惡止亂，故力主重刑重罰，以整飭社會秩序。賢良文學則強調德教為本，仁義為基，主張法為德輔，重德輕刑。

除了上述的幾個主要論題之外，在其他許多篇章中，還因焦點議題所及，旁涉民風、農本、官箴、變法之是非功過等等問題。要之，御史大夫多譏賢良文學泥古違今，迂腐不切世務，鄙陋好空言；賢良文學則責御史大夫棄道德而澆薄人心，貪圖近利而敗國困民。

值得注意的是，主持人丞相車千秋的態度與立場。基本上，他是主持人，因此很少發論，前後只發了四次：兩次在第29篇〈散不足〉中，一次在第31篇〈箴石〉中，一次在第39篇〈執務〉中。〈散不足〉中的那兩次其實只是串場和調整氣氛，無關痛癢。在〈箴石〉中的第三次發言，車千秋一開始就宣示了主持人的立場，要大家「正顏色——遠暴慢——出辭氣——遠鄙倍」，平心靜氣相談。不要學「劍客論、博奕辯，盛色而相蘇，立權不相假」，弄得一方「不能取賢良之議」，一方「被不遜之

名」，誰都沒有好處。而應該「屬意相關」，使回歸到爭辯的正軌。[43] 他並指責雙方：一方不夠用心真實辦事，一方好放空言大論，不切實際；他說：

> 今有司以不仁，又蒙素餐，無以更責雪恥矣；縣官所抬舉賢良文學，而及親民偉壯，亦未見其能用箴石而醫百姓之疾也。[44]

平穩了主持人的身分與立場。第四次在〈執務〉中的發言卻不同，或許是出對賢良文學長篇大論復古舊調之不耐煩，車千秋一開始便介入批評說：

> 先王之道轉久而難復，賢良文學之言深怨遠而難行。夫稱上聖之高行，道至德之美言，非當世之所能及也，願聞方今之急務，可復行于政。[45]

可見，車千秋雖因主持會議而力求公允；事實上，對於賢良文學泥古空泛的部分言論，他是頗有微辭的。其次，根據第41篇〈取下〉篇的記載，在該次的辯結束後，不但「公卿愀然，寂若無人，於是遂罷議止詞」，而且：

> 奏曰：「賢良文學不明縣官事，猥以鹽鐵為不便，請且罷郡國榷沽、關內鹽鐵。」奏，可。[46]

這「奏曰」的主詞應該是主席車千秋，或許也包含桑弘羊。只是既然說「賢良文學不明縣官事，猥以鹽鐵為不便」，為什麼卻又

---

[43] 王利器審訂，王貞珉注譯《鹽鐵論譯注》，頁301。
[44] 王利器審訂，王貞珉注譯《鹽鐵論譯注》，頁301。
[45] 王利器審訂，王貞珉注譯《鹽鐵論譯注》，頁352。
[46] 王利器審訂，王貞珉注譯《鹽鐵論譯注》，頁368。

順其意，「請且罷郡國榷沽、關內鹽鐵」？言下之意，大有秀才遇到兵的憾恨與無奈。顯然是礙於情勢與壓力，不得不爾，故稍作讓步。而從接續的第42篇〈擊之〉開篇便記賢良文學為列大夫的情況看來，這種不得不讓步的意味相當明顯。

3.《鹽鐵論》的撰作與版本

有關《鹽鐵論》全書的撰作時間，說法不一，一般認為較為可靠的時間點應該是在宣帝地節四年～甘露四年（西元前66-50年）間，亦即鹽鐵會議後的20～30年間。因為桓寬正是宣帝時的郎官，位至廬江太守丞。史書對他的記載很少，只知他字次公，汝南人，研習公羊學，昭、宣時人，卻在宣帝時為官。《鹽鐵論》是他整理當時的會議記錄，廣增條目而成的。記錄過程中很清楚可以看出他是力求持平的，卻仍不掩對賢良文學的偏倚和支持。這一深具時代意義的大事，詳細內容與狀況，就因著他的整理而在歷史上永遠的流傳了下來。今傳《鹽鐵論》版本不一，其中以明弘治十四年（西元1501年）御史新淦人涂禎所翻宋嘉泰本最善，清嘉慶十二年（西元1807年）陽城張敦仁重刊涂本，附以考證，尤為完備。近人之校注則以王利器《鹽鐵論校注》最為詳盡，方便參閱。

柒、桑弘羊任官、紀年補述
——以「治粟都尉」、「搜粟都尉」、「大司農」爲核心

前　言

　　西漢財經大家桑弘羊，《史》、《漢》無傳，其相關事蹟只能從《史記》、《漢書》、《鹽鐵論》所載同時代周遭人物與事件的記述中去拼組。近人所作相關年譜雖已力求詳盡，對於生年之釐定，仍有不同看法；對其一生所任的重要官職，若治粟都尉、搜粟都尉與大司農之官階高低、職務性質、暨彼此間之異同關係，仍可更加釐清，因再檢索思考，補述之，同時找出徐天麟《西漢會要》與司馬光《資治通鑑》相關記載之誤失各一條。

　　或許是礙於漢代儒學獨尊的國策，也或許因參與謀反誅殺之罪名，西漢財經專家，也是武帝時期重要國營經濟政策的籌劃推動者，更是中國歷史上公然標舉商業較之農業更爲致富根源的財經大家——桑弘羊，《史》、《漢》皆無傳。所有相關事蹟都只能從同時代周遭人物與事件，諸如《史記·平準書》、《漢書·武帝紀》、〈昭帝紀〉、〈百官公卿表〉、〈霍光傳〉、〈杜周

傳）、〈丙吉傳〉、〈西域傳〉與《鹽鐵論》的相關記載中去拼組。在各家的拼組中，仍有某些細瑣事項，雖非關重大對錯，卻可以作另向思考，因試爲補述。

或因有關桑弘羊直接載述的資料極其零星有限之故，近人相關於桑弘羊年譜的編載，有力求詳盡的共同特色，盡其可能將同時代，間接涉及的許多資料，如武帝時期政、軍、經政策、政績與事件一併大量填入，遂令這主羹鮮少而零星的盤饌，由於配菜的繁複豐盛，而變得繽紛可觀，這是其他年譜少見的現象。這樣的作法始於朱希祖，[1] 至馬元材的《桑弘羊年譜訂補》而大盛，達到了極致。[2] 晉文的《桑弘羊評傳》所附則遠承朱、馬之作而簡省其內容。[3]

一、生年釐定

首先是有關桑弘羊的生平，各家說法不一：或在西漢景帝前元二年（西元前155年）[4]，或在前元五年（西元前152年）[5]，或在景帝後元三年（西元前141年）[6]。主張生在景帝前元二年者，其年壽當爲七十四、五；在景帝前元五年者，其年壽爲

---

[1] 參見朱希祖〈桑弘羊之經濟政策（附桑弘羊年表）〉，原載《北京大學社會科學季刊》第四卷1-2號。後收入《朱希祖先生文集‧史實考證──漢至唐篇》（台北：九思出版社，1979年5月出版），頁165-217。

[2] 馬元材《桑弘羊年譜》（台北：臺灣商務印書館，人人文庫，1975年9月台11版）。

[3] 晉文《桑弘羊評傳》（南京：南京大學出版社，2005年11月出版）。

[4] 王利器審訂，王貞珉注譯《鹽鐵論譯注》，頁152。

[5] 見馬元材《桑弘羊年譜》，頁9。

[6] 見朱希祖〈桑弘羊之經濟政策（附桑弘羊年表）〉，頁215。

七十一、二；在景帝後元三年者，其年壽減爲六十二。朱希祖的後元三年之說，馬元材已據《鹽鐵論·貧富》所載鹽鐵會議時（昭帝始元六年，西元前81年）桑弘羊自謂，駁斥之矣；〈貧富〉說：

> 余自束髮，年十三，幸得宿衛，給事輦轂之下，
> 以致公卿之位，獲祿受賜六十有餘年矣。⑦

朱氏據此謂桑氏此時以六十歲計，至翌年被誅，總共活了六十二歲，上推其生年，乃爲景帝後元三年（西元前141年）。馬氏以爲，「六十有餘年」非「六十有餘歲」，而係指自十三歲侍中，迄始元六年，共六十多年，上加十三年，至少已七十四、五歲。馬氏之駁切要有力，朱氏之說固不足取。雖然，馬氏的景帝前元五年生，亦有可議。因爲以其矛攻其盾，既然始元六年自謂自十三歲入宮侍中，爲官已六十多年，則至少應以六十一年計，加上十三年，即使扣除重複計數的一年，起碼也在七十三歲以上，至翌年元鳳元年（西元前80年）誅死，共活至少七十四、五歲，上推生年，當然應在景帝前元二～三年間（西元前155-154年）。吳慧、李運元、⑧晉文基本上都以桑弘羊爲「精於計算數字者」，所言年數應不會誇大，所指「十三」、「六十有餘」，都應是周（實）歲，非虛歲，因而傾向於景帝前元二年（西元前155年）生。從而駁斥馬元材將「六十有餘年」釋爲「約六十年」，而將生年推爲景帝前元五年之說。但晉文也說，「在沒有

---

⑦ 王利器《鹽鐵論校注》，頁152。

⑧ 吳說參見《桑弘羊研究》（山東：齊魯書社，1981年出版）。李說見〈西漢理財家桑弘羊的生年和入仕指誤〉，《經濟學家》1998年1期。二說皆見引於晉文的《桑弘羊評傳》，頁36-37。

新資料可以證明以前，這個問題恐怕還不能完全解決。」⑨這樣
的說法既保守、實在，又圓融、可進退。其實，就算「六十有
餘」和「十三歲」是虛數，實算六十和十二，至翌年因罪被誅
爲止，至少也絕對在七十三歲以上。上推生年，就算不是景帝前
元二年（西元前155年），至遲也在景帝前元四年（西元前153
年）以前，絕對不會晚至景帝前元五年（西元前152年），應是
可以肯定的，王利器、晉文之說較爲近眞。

二、大農丞之任

其次，不管各家所列年譜如何豐富、詳贍，桑弘羊一生事
蹟，主要也就是那幾個階段與據點：爲侍中、大農丞、治粟都
尉、大農令、搜粟都尉，以及最後的御史大夫，其中大農丞、大
農令且是步隨孔僅之後接任者。有關「侍中」的相關考證，馬元
材與晉文之說已相當詳盡，本文不擬再加補述。以下補述自「大
農丞」始。

據桑氏自稱，任「侍中」時是十三歲，如以景帝前元二年
生起算，十三歲應是景帝後元元年至二年（西元前142-143年）
間。《史記・平準書》說：

> 於是以東郭咸陽、孔僅爲大農丞，領鹽鐵事；桑
> 弘羊以計算用事，侍中，……弘羊，雒陽賈人
> 子，以心計，年十三侍中。故三人言事，利析秋

---

⑨ 晉文《桑弘羊評傳》，頁35-40。

毫矣。⑩

桑弘羊爲「侍中」時，孔僅與東郭咸陽爲大農丞。案：「大農丞」本爲「大農令」下屬官，「大農令」本有兩丞，孔、咸二人任之，關係密切，可以想見。而桑弘羊這時只是「侍中」，竟能做到「三人言事，利析秋毫」，可見其財經才能已展現，且被察覺，受重視了。以後，根據〈百官公卿表〉的記載，元鼎二年（西元前115年），孔僅遷升「大農令」，桑弘羊便接續其位爲「大農丞」。《西漢會要》⑪卷五十四〈食貨五〉下「均輸平準」項說：

> 元狩中，桑弘羊爲大（司）農（中）丞，⑫管諸
> 會計事，稍稍置均輸，以通貨物。⑬

文下標明錄自〈食貨志〉，明顯是錯誤的。因爲《漢書‧食貨志》雖載「桑弘羊爲大（司）農（中）丞……以通貨物」，卻沒說是「元狩中」的事，「元狩中」是徐天麟自己加的，卻弄錯了，應該是「元鼎中」才對，因爲〈百官公卿表〉所記孔僅爲「大農」是在元鼎二年，各家年譜所載皆不誤，《西漢會要》有誤。

---

⑩ 裴駰集解，司馬貞索隱，張守節正義《史記集解》，頁565。

⑪ 宋‧徐天麟撰（台北：九思出版社，1978年11月出版）。

⑫ 大農丞《漢書‧食貨志》作「大農中丞」，《史記‧平准書》作「大農丞」，王先謙《漢書補注》曰：「大農屬無中丞」，以「中」字爲衍，依〈平準書〉作「大農丞」。根據《漢書‧百官公卿表》的記載，它應該是「大農令」下的屬官，「大農令」原稱「治粟內史」，武帝太初元年更名「大司農」，本有兩丞，武帝時增爲太倉、均輸、平準、都內、籍田五令丞與斡官、鐵市兩長丞。

⑬ 王先謙《漢書補注》，頁569。

三、治粟都尉、搜粟都尉與大司農之任、貶

元封元年（西元前110年），大農令孔僅因爲與御史大夫卜式有交情，爲他上言船算事，武帝不悅，遂罷其大農令並鹽鐵丞之職，而以桑弘羊全代之；《史記・平準書》與《漢書・食貨志》都說，卜式爲御史大夫後，

> 見郡國多不便，縣官作鹽鐵，器苦惡，賈貴，或
> 彊令民賣買之，而船有算商者少，物貴。迺因孔
> 僅言船算事，上不悅。……其明年，元封元年，
> 卜式貶秩爲太子太傅，而桑弘羊爲治粟都尉，領
> 大農，盡代僅幹天下鹽鐵。⑭

卜式之所以使孔僅代言船算事，是因爲對鹽鐵國營所造成的民害與船稅的不公有不滿，故透過孔僅傳達上去。卜式爲御史，是諫官，揭舉甚至進諫國政之不良，猶可理解；身爲國營政策總策劃與推動者的大農令與鹽鐵丞——孔僅，竟也附和，且爲他代言，這就惹火了武帝，將一者貶爲太傅，一者全罷其職，而以桑弘羊盡代。

從〈平準書〉與〈食貨志〉看來，桑弘羊所職掌的不只是「大農」與「鹽鐵」，還有一個主要的官職，叫做「治粟都尉」。他是以「治粟都尉」的名分，一身而兼數職（至少三職）的。從此（元封元年，西元前110年）迄於天漢元年（西元前100年）眞除大司農爲止，前後長達10～11年，是桑弘羊政治生

---

⑭ 王先謙《漢書補注》，頁530-531。

涯也是一生事業中，最輝煌燦爛的高峰時段。他摧枯拉朽、大興大革，豐盈財用，功在國家，所有均輸、平準、鹽鐵、酒榷之國政，不論是否起自桑弘羊，都依次順利而全面地大展開來。

〈百官公卿表〉說，桑弘羊這個眞除的「大司農」，事實上也只做了四年，太始元年（西元前96年）又被「貶爲搜粟都尉」。從眞除大司農後，到貶爲「搜粟都尉」的四年間，桑弘羊是否繼續其三合一的職權？由於相關資料沒有明載，眞況不得而知。但，以那些年各項國營事業如火如荼的推展情況看來，應是如此。而〈百官公卿表〉在桑弘羊眞除大司農後的四年間，也並未有任何人任「治粟都尉」的記載。因此推斷，桑弘羊這四年應該也和前11年一樣，行事時是三合一的。只是前十年是以「治粟都尉」領大農、鹽鐵；後四年是以「大司農」統承。

桑弘羊任「大司農」四年，貶爲「搜粟都尉」。「搜粟都尉」本作「駿粟都尉」，《漢書・百官公卿表》說，它是「武帝軍官，不常置。」可見，它本是武帝時期的非常任官，昭帝初期仍置。百官表說它是「軍官」。綜觀武、昭兩朝的「搜粟都尉」，至少有上官桀、桑弘羊、趙過（以上武帝朝）、楊敞（昭帝朝）四人，其相關記載，則：

（一）上官桀

1. 太初元年（李廣利伐大宛）……令搜粟都尉上官桀往攻破郁成。（《史記・大宛列傳》）[15]
2. 太初三年搜粟都尉上官桀爲少府。年老，免。（《漢書・百官

---

[15] 裴駰集解，司馬貞索隱，張守節正義《史記集解》，頁1298。

公卿表》）[16]

3. 太初三年，貳師令搜粟都尉上官桀往攻郁成。（《資治通鑑》
卷二十一「漢紀十三・武帝太初三年」）[17]

顏師古注公卿表疑「上官桀」的名字記載爲「表誤」。王先謙
集解則據〈李廣利傳〉以爲，應是另一上官桀，「從李廣利
征大宛，以敢深入，爲少府……非左將軍上官桀。」並認爲
「李廣利封侯在（征和）四年，此亦當在四年，傳寫者誤移前
一格。」《史記・大宛列傳》說上官桀征大宛在太初元年，身
分是「搜粟都尉」；爲「少府」在太初三年，二者並不衝突。
《通鑑》記征大宛在太初三年，恐誤。

（二）桑弘羊

4. 元封元年，……桑弘羊爲治粟都尉，領大農，盡代（孔）僅榦
天下鹽鐵。（〈平準書〉、〈食貨志〉）[18]

5. 天漢元年，大司農桑弘羊。四年（太始元年），貶爲搜粟都
尉。（《漢書・百官公卿表》）[19]

（三）趙過

6. 武帝末年，悔征伐之事，（征和四年，西元前89年）遂封丞
相爲富民侯，下詔曰：「方今務在於利農」，以趙過爲搜粟都

---

[16] 王先謙《漢書補注》，頁325。

[17] 宋・司馬光編集，〔宋遺民〕胡三省注，章鈺校記《新校資治通鑑注》卷二十一
〈漢十三〉（台北：藝文印書館1970年12月），頁705。

[18] 裴駰集解，司馬貞索隱，張守節正義《史記集解》，頁570。

[19] 王先謙《漢書補注》，頁325。

尉，（大力推行代田法）。（《漢書‧食貨志》）[20]

（四）楊敞

7. 於是蓋主上官桀、安及弘羊皆與燕王旦通謀，詐令人爲燕王
上書，言（霍）光……，而大將軍長史（楊）敞亡功，爲搜
粟都尉……。（《漢書‧霍光傳》、《漢書‧燕刺王傳》大致
相同）[21]

8. ……言其（楊敞）爲大司農。（《漢書‧楊敞傳》）[22]

　　從上述引文1.至3.看來，不管太初年間的「搜粟都尉」上官
桀是不是左將軍、顧命大臣上官桀？也姑且不論攻破郁成是在太
初元年（如〈大宛傳〉所言）？還是太初三年（如《資治通鑑》
所言）？上官桀爲「少府」是在征和三年？還是四年？「搜粟
都尉」都應是軍職、武官。從引文7.看來，楊敞原爲「大將軍長
史」，升遷「搜粟都尉」，證明「搜粟都尉」與武職確有相當的
關係。

　　但，從4.至6.以及8.引文，桑弘羊、趙過以及楊敞之局部例
證看來，「搜粟都尉」明是和「大農」職務相關的國家農政、財
政、稅收之類事物相關的文職。如果以桑弘羊的背景、專長與一
生的事蹟看來，說「搜粟都尉」和武職有任何淵源，實在很難理
解。而楊敞爲大司農至少自昭帝始元六年（西元前81年）迄元
鳳四年（西元前77年）。《漢書‧楊敞傳》說，楊敞本爲給事
大將軍莫府之「軍司馬」，「霍光厚愛之，稍遷至大司農。」楊

---

[20] 王先謙《漢書補注》，頁519。

[21] 王先謙《漢書補注》，頁1324。

[22] 王先謙《漢書補注》，頁1263-1264。

做後來甚至做到御史大夫與丞相。由此看來，這個武帝時期非常置的官，性質並不十分確定，文武職兼包。或許它原本是武職，自桑弘羊任後，它成為偏於國家農政、財政之類職官。

今就其名稱來看，《漢書・百官公卿表》說「都尉」原稱「郡尉」，秦時立，原「掌佐武職甲卒，秩比二千石。……景帝中元二年（西元前148年），更名都尉。」原為武職。武帝時，初置「農都尉」，王先謙補注引《續志》曰：「邊郡初置農都尉，主屯田、殖穀」，又引周壽昌曰「〈武紀〉：元狩二年，置五屬國，以其地為武威、酒泉郡，自此邊塞皆設都尉」（《漢書・百官公卿表》）。㉓可見「農都尉」和邊關事務、屯田、穀物有關。其後武帝思休兵，用趙過為「搜粟都尉」，推行代田法，就是回返這種傳統職能。「搜粟都尉」可能和「農都尉」取意相同，性質相類，應是源起於武帝邊關征伐國策下之重大財政需求而設立。一方面由於都尉的傳統角色本屬軍職，另一方面邊關事務本屬軍務，故武帝初置時是軍職，此上官桀所以為「搜粟都尉」。然而，隨著武帝盛年征討之頻繁，邊關事務繁重，經費需求擴大，國家財政吃緊，悉皆仰賴鹽、鐵、酒等農、工國營事業之支應，由是而「搜粟都尉」之「武」職重點也「文」移。尤其當桑弘羊這樣百年難得一出的財經大家出現後，其事務內容轉移，與「大農」、「鹽鐵」相牽合，是可以理解的，財經職務由是變成它的重要內容，此桑弘羊之為「搜粟都尉」。但它在官職體制中或許仍屬軍職，此公卿表之所以謂其為「武帝時軍官」，亦昭帝時楊敞以「大將軍長史」升遷之的因由。

需要補充說明的是：其實，早在元鼎六年（西元前111年）

㉓ 王先謙《漢書補注》，頁311-312。

大農令孔僅因爲卜式言船算事激怒武帝，招撤換時，武帝隨即任命張成爲「大農令」，去接替孔僅之位。孰知在前一年（元鼎五年，西元前112年）南粤反，東粤王餘善上書請以卒八千[24]擊之，自己卻於次年（元鼎六年）秋天，「發兵距漢道」，武帝「使大農令張成、故山州侯齒將屯，不敢擊」，因以「畏懦」之名，被誅。（詳《漢書・西粤傳》）[25]張成這個大農令其實只做了幾個月，一年都不到，就以「畏懦」之名被誅。由此更可見，不只「搜粟都尉」，就是「大農令」也應是本武亦文的職務。孔僅的大農令專司財經，張成卻必須「將屯」，「不敢擊」還遭誅。但從此以後的10～11年間，在桑弘羊眞除「大司農」前，儘管名稱已於太初元年（西元前104年）由「大農令」改爲「大司農」，事實上無人繼任，其職務一直是由桑弘羊以一代二，三合一地掌承。

四、搜粟都尉或不只一人

從天漢四年（西元前97年），桑弘羊被貶爲「搜粟都尉」，至征和四年（西元前87年）武帝輪臺屯田悔詔中以趙過爲搜粟都尉的8年間，公卿表並沒有其他人爲「大司農」或「搜粟都尉」的記載。可見，這期間桑弘羊應仍是三合一地獨力統承的。故兩年後的託孤、顧命重臣行列中，桑弘羊亦在其中。令人納悶的是，由天漢四年（西元前97年）桑弘羊貶「搜粟都

---

[24]「八千」本作「八十」，王先謙補注曰：「官本作千，是。」今從校改。說見王先謙《漢書補注》，頁1633。

[25] 王先謙《漢書補注》，頁1633。

尉」,至武帝後元二年(西元前87年)因顧命遷升御史大夫之前,10年間,身分一直是「搜粟都尉」;而征和四年(西元前89年)趙過亦爲「搜粟都尉」(不知作了幾年?),則至少在西元前89年,桑弘羊、趙過曾同時爲「搜粟都尉」。這不免令人懷疑,「搜粟都尉」既非常置,是否也非僅一人?不過,由上述的分析觀測,桑弘羊自元封元年以「治粟都尉」領孔僅之「大農」,以迄後元二年爲御史大夫的23~24年間,不論身分是「治粟都尉」、「搜粟都尉」還是「大司農」,其職務大致上都是三合一的。

五、治粟都尉、搜粟都尉與大司農之關係商榷

王勇先生在其大作〈治粟都尉和搜粟都尉與大司農關係考〉[26]一文中認爲:

1.「治粟都尉」與「搜粟都尉」不同。

2.「治粟都尉」是「大司農」之另一名稱。

3.「搜粟都尉」原爲「大司農」屬官,一度成爲大司農之正官。

對於第1.,筆者敬表同意。原因是:(1)儘管馬非白、安作璋、熊鐵基都疑二者相同,前者爲後者之誤,筆者也一度從之;但,除了王勇的詳細考證之外,《漢書·高帝紀》與〈韓信傳〉都載韓信曾任此官,[27]不能因爲〈百官公卿表〉不載,就說它是

---

[26] 參見《唐都學刊》20卷4期,2004年7月,頁39-43。

[27] 《漢書·高帝紀》說:「漢王既至南鄭,諸將及士卒皆歌謳,思東歸,多道亡返者。韓信爲治粟都尉,亦亡去。」〈韓信傳〉說:「漢王以(信)爲治粟都尉」。說見王先謙《漢書補注》,頁40、941。

「搜粟都尉」之誤。史上不見載於史表之官名不只此，不足據之以疑其爲誤寫。(2)沒有任何證據證明二者爲一，不敢妄斷。(3)如果二者相同，何以桑弘羊先爲「治粟都尉」（領大農、鹽鐵），再爲「大司農」時，〈公卿表〉不稱「遷」；由「大司農」三爲「搜粟都尉」時，〈公卿表〉卻稱「貶」？

對於2.，筆者認爲，比第1.更不可能。因爲〈百官公卿表〉已明說：「治粟內史」、「大農令」、「大司農」是三而一的，乃同一職官在不同時代的異稱。「治粟都尉」既不等同於「治粟內史」，又如何等同於「大司農」？

對於3.，王勇說，「搜粟都尉」原是「大司農」的屬官，這是對的。宋代徐天麟《西漢會要》正列「搜粟都尉」與「治粟都尉」於「大司農」條下。㉘在「班序」條下，於所有106員的官班中，徐氏列「大司農」於第20位次，「駿粟都尉」於第45位次；㉙顯然區分兩者爲二，「大司農」位階高於「搜粟都尉」。又於「秩祿」條下，歸「大司農」爲「中二千石」（顏師古注：「中」爲「實得」、「滿」，「中二千石」乃「月得百八十斛」），卻歸「光祿大夫」、「護軍都尉」爲「比二千石」。而「搜粟都尉」之班次原列「光祿大夫」、「護軍都尉」稍前。「光祿大夫」、「護軍都尉」祿比「二千石」，「搜粟都尉」的秩祿也應是「比二千石」（顏師古注：「穀月百斛」）。可見二者不同，「大司農」較「搜粟都尉」位高祿豐。就其職掌之性質內容大致推測起來，說它原爲「大司農」屬官，可能性極大。但不能因爲二者之間，官階大小雖有別，職務性質相牽連，相關

㉘ 徐天麟《西漢會要》卷31〈職官一〉，頁345。

㉙ 徐天麟《西漢會要》卷37〈職官七〉，頁438-439。

係，可以通掌兼治，彈性任用，就說位階低小者一度成為位階高大者之正官。此猶如今日正長出缺，未補，暫由副長或能力堪當之下屬代行其事，便謂此下屬之官位一度成為此部門（或單位）之正官，那是不通的。

如果照王氏之意，合2.、3.為一觀之，則「治粟都尉」即是「大司農」，「搜粟都尉」又一度成為「大司農」之最高正官，這不等於間接承認「搜粟都尉」一度等於「治粟都尉」之最高正官？那又何必極力區分「治粟都尉」與「搜粟都尉」之不同？王氏混職務之彈性兼掌（治）為官職之等同合一，是不恰當的。

細觀王氏所持之理由，要在〈霍光傳〉與〈燕刺王傳〉皆載「楊敞……無功，為搜粟都尉」，而〈楊敞傳〉則只載楊敞為「大司農」，未載其為「搜粟都尉」，考其時間點又大致相合，因斷其本為同一事件。

實則，楊敞的情況和先前桑弘羊以「治粟都尉」領大農、榦鹽鐵，以及其後「貶」為「搜粟都尉」仍承掌大農、鹽鐵事極可能相當類似。細查〈百官表〉的記載，張成為「大司農」不也只有短短幾個月？前文所述武帝的第一、二任御史大夫牛抵和趙綰之間前後任如何銜接？其時間點也應相當貼近，〈公卿表〉記載一樣欠明。先說牛抵於建元元年（西元前140年）為御史大夫，卻沒說他做多久？也沒記趙綰何時為御史大夫？只記他於建元二年（西元前139年）有罪，自殺。下者何時下？任者何時任？都沒詳細記載，趙綰為御史大夫就只能推斷在建元元年或二年。史載闕漏不詳之事不只一椿。如果說，凡記載不詳、時間貼近的，都可畫上等號，當一回事處理，那很危險。

　　要之，史載雖多闕，三官名位、品秩、俸祿應皆有別，然因職務內容、性質相關相連，又遇到桑弘羊這樣的財經奇才，在沒有更恰當人選之前，以下官兼掌上職，是很合理的，（王勇說，「領」是以上官治下務，個人以爲剛好相反）。然此後桑氏接掌的二十多年間，邊關屯田、錢穀、糧草之供應，甚至偶須出征禦患的軍職，功能擴大，變成了爲國家開拓財源的文務，全因桑弘羊之故。這一點，王勇的觀點大致上也是一致的。

六、御史大夫之除任

　　桑弘羊晚年所任最後一職是「御史大夫」，他以「搜粟都尉」遷爲御史大夫，時間在武帝後元二年二月，《漢書・霍光傳》與〈百官公卿表〉都如此記載，只不過，〈百官公卿表〉說：

> （後元二年）二月丁卯，侍中奉車都尉霍光爲大
> 將軍；二月乙卯，搜粟都尉桑弘羊爲御史大夫。[30]

〈武帝紀〉說：

> 後元二年二月，行幸盩厔五柞宮；乙丑，立皇子
> 弗陵爲太子；丁卯，帝崩於五柞宮。[31]

從「乙丑」到「丁卯」中間只隔「丙寅」一日；從「丁卯」到「乙卯」，卻相隔48天。照〈武帝紀〉原說法，立皇子後兩日，武帝駕崩，遺詔封霍光爲大將軍，尚可以理解。但桑弘羊之封御史大夫則在48日之後，則不可思議，「乙卯」絕對有

---

[30] 王先謙《漢書補注》，頁326。
[31] 王先謙《漢書補注》，頁103。

問題。

相形之下，〈霍光傳〉的記載就清楚、精確許多，它說：

> 後二年春，上游五柞宮，病篤，……上以光爲大
> 司馬大將軍，日磾爲車騎將軍及大僕，上官桀爲
> 左將軍，搜粟都尉桑弘羊爲御史大夫，皆拜臥內
> 床下，受遺詔，輔少主。明日，武帝崩，太子受
> 尊號，是爲孝昭皇帝。[32]

如果以武帝崩日爲「丁卯」是正確的話，那麼，「丁卯」的前一
日是「丙寅」，霍光、桑弘羊等人之封應同在「丙寅」。朱希祖
因此說：

> 〈百官公卿表〉二月丁卯、二月乙卯皆當爲二月
> 丙寅。[33]

只是，一干人在武帝臨死前一起受封，成爲顧命託孤大臣，當時
就有人揭發了不同的事實；〈霍光傳〉說：

> 時衛尉王莽子男忽侍中，揚語曰：「帝病，忽常
> 在左右，安得遺詔封三子事？群兒自相貴耳。」
> 光聞之，切讓王莽，莽酖殺忽。[34]

爲了怕兒子洩露不該洩露的機密，揭發不該揭發的事實，會招來
抄家滅族之禍，大將軍王莽終於酖殺兒子以滅口。歷來遺詔託孤
之事，內中虛虛實實，權力分贓實情，於此可見一斑。如果王忽
所言屬實，則在這一波權力分贓之中，桑弘羊以其長年以來的重

---

[32] 王先謙《漢書補注》，頁1329。

[33] 朱希祖〈桑弘羊之經濟政策（附桑弘羊年表）〉，頁208。

[34] 王先謙《漢書補注》，頁1323。

大財經貢獻，分得了御史大夫之職。

御史大夫原設於秦代，公卿表說它「位上卿，……掌副丞相……掌受公卿奏事，舉核案章。」補注引錢大昭說它亦稱「宰相」。㉟《漢書‧公孫賀傳‧贊》說它：「正議以輔丞相」，位列三公，是相當於副丞相之職。㊱因此，任職順利者升丞相。武帝朝的御史大夫，從建元元年（西元前140年）的第一任牛抵，到後元二年（西元前87年）最後一任桑弘羊為止，在位53年間，總共除任18位，其中任期最短者牛抵，不滿一年；最長的是兒寬的8年。他們依次是：

牛　抵　　建元元年（西元前140年）。

趙　綰　　（欠明，建元元年或二年。）建元二年（西元前139年）有罪，自殺。

嚴青翟　　建元四年（西元前137年）。二年，坐竇太后喪，不辦，免。㊲

韓安國　　建元六年（西元前135年）。四年，病，免。

張　歐　　元光四年（西元前131年）。五年，老病免。

公孫弘　　元朔三年（西元前126年）。二年，遷丞相。

九江番係　元朔五年（西元前124年）。二年。

李　蔡　　元狩元年（西元前122年）。一年，遷丞相。

㉟ 王先謙《漢書補注》，頁300。

㊱ 王先謙《漢書補注》，頁1314。

㊲ 依《漢書‧百官公卿表》的記載，趙綰自殺於建元二年，嚴青翟任於建元四年，兩任之間，有兩年無御史大夫，頗為可議。（說見王先謙《漢書補注》，頁320）補注引錢大昭曰：「趙綰以二年死，青翟任當在是年，表書於四，疑非。」如錢氏所言屬實，則非特趙、嚴兩任間之二年空白得補，嚴青翟之任期亦當為四年，而非兩年。如此，則公卿表兩誤。不敢遽斷，因附注於此。

張　湯	元狩二年（西元前121年）。	六年，有罪，自殺。
石　慶	元鼎二年（西元前115年）。	三年，遷丞相。
卜　式	元鼎六年（西元前111年）。	一年，貶太子太傅。
兒　寬	元封元年（西元前110年）。	八年，卒。
延　廣	太初三年（西元前102年）。	二年。
王　卿	天漢元年（西元前100年）。	一年，有罪，自殺。
杜　周	天漢三年（西元前98年）。	四年，卒。
暴勝之	太始三年（西元前94年）。	三年，下獄，自殺。
商丘成	征和二年（西元前91年）。	四年，坐祝詛，自殺。
桑弘羊	後元二年（西元前87年）。	七年，坐謀反，誅。

〈車千秋傳〉卻說：「桑弘羊為御史大夫八年，自以為國家興榷筦之利——與上官桀等謀反，誅滅。」這是因為，桑弘羊坐謀反被誅在昭帝元鳳元年（西元前80年）九月。從武帝後元二年二月為御史大夫至此，恰好七年半左右，公卿表取成數，故曰七年，〈車千秋傳〉首尾計數，故曰八年。

從表列看來，御史大夫仕任較平順，出路較好的，往往由副而正，升丞相。如公孫弘、李蔡、石慶等人。但絕大多數都是三、兩年便獲罪，自殺，或免，少有在位五年以上者，御史大夫之易獲罪，由此可見一斑。相較之下，桑弘羊的七年半算是久在其位了。

參考書目

一、專書

（一）古籍

戰國・莊周撰，清・郭慶藩集釋：《莊子集釋》，台北：木鐸出版
　　社，1982年。

戰國・不詳撰人，清・戴望校正：《管子校正》，台北：世界書局，
　　1990年。

戰國・不詳撰人，〔日〕安井衡纂詁：《管子纂詁》，台北：河洛圖
　　書出版社，1990年9月。

戰國・韓非子撰，陳奇猷校注：《韓非子集釋》，台北：河洛圖書出
　　版社，1974年9月再版。

戰國・慎到撰，清・錢熙祚校：《慎子》，台北：臺灣中華書局影守
　　山閣本刊，1970年。

漢・陸賈撰：《新語》，台北：世界書局，1967年。

漢・賈誼撰：《新書》，台北：世界書局，1967年。

漢・劉安主撰，劉文典集解：《淮南鴻烈集解》，台北：文史哲出版
　　社，1985年9月。

漢・司馬遷撰，劉宋・裴駰集解，唐・司馬貞索隱，唐・張守節正
　　義：《史記集解》，台北：藝文印書館景清乾隆武英殿刊本，
　　1971年。

漢・董仲舒撰，清・凌曙注：《春秋繁露注》，台北：世界書局，1967年。

漢・班固撰，唐・顏師古注，清・王先謙補注：《漢書補注》，台北：藝文印書館據光緒庚子春日長沙王氏校刊。

漢・王充撰：《論衡》，台北：世界書局，1967年。

漢・不詳撰者，王卡點校：《老子道德經河上公章句》，北京：中華書局，1993年。

漢・張道陵，饒宗頤校箋：《老子想爾注校箋》，香港：著者自印，1956年。

隋・虞世南撰，清・孔廣陶校註：《北堂書鈔》，台北：新興書局，1971年。

宋・徐天麟：《西漢會要》，台北：九思出版社，1978年11月。

明・何孟春：《訂注賈太傅新書》，明正德己卯（十四年1519滇刊本）。

清・王念孫：《讀書雜志》，台北：臺灣商務印書館，1968年。

清・王耕心：《賈子次詁》卷十五「翼篇三」〈緒記〉，（清光緒二十九年（1903）正定王氏刻本）。

清・汪中：《述學》，台北：中華書局《四部備要》據揚州詩局本校勘珍仿宋版印。

清・孫詒讓：《札迻》卷七「賈子新書」校條，台北：世界書局影光緒二十年刊成籀稿，1964年9月再版。

清・盧文弨：《重刻賈誼新書》（收入《抱經堂叢書・漢兩大儒書》中），台北：藝文印書館景清乾隆刊本。

清・姚鼐：《惜抱軒文集》，《四部叢刊》，台北：臺灣商務印書館影上海涵芬樓原刊初印本。

清・紀曉嵐：《四庫全書總目提要》第3冊，子部儒家類一卷

九十一，第9冊《四庫提要辨證》卷十子部一，台北：藝文印書館，1974年10月四版。

（二）今人專著

祁玉章：《賈子新書校釋》手稿本，作者自行發行，中華文化雜誌社經銷，1974年。

祁玉章：《賈子探微》，作者自行出版，中華文化雜誌社經銷，1974年12月。

王利器：《新語校注》，台北：明文書局，1987年5月。

王興國：《賈誼評傳》，南京：南京大學出版社，1992年。

唐雄山：《賈誼禮治思想研究》，廣州：中山大學出版社，2005年，頁342。

黃樸民：《董仲舒與新儒學》，台北：文津出版社，1992年7月。

王永祥：《董仲舒評傳》，南京：南京大學出版社，1995年9月。

張雙棣：《淮南子校釋》（上、下），北京：北京大學出版社，2013年1月1日。

陳麗桂校、注、譯：《新編淮南子》，台北：鼎文書局出版，2002年。

王利器：《鹽鐵論校注（定本）》，台北：世界書局，1962年；北京：中華書局，1992年7月。

吳　慧：《桑弘羊研究》，山東：齊魯書社，1981年11月。

馬元材：《桑弘羊年譜訂補》，河南：中州書畫社，1982年12月。

安作璋：《桑弘羊》，北京：中華書局，1983年6月。

徐漢昌：《鹽鐵論研究》，台北：文史哲出版社，1983年8月。

林平和：《鹽鐵論析論與校補》，台北：文史哲出版社，1984年3月。

王貞珉譯注：《鹽鐵論譯注》，吉林：文史出版社，1995年1月。

晉　文：《桑弘羊評傳》，南京：南京大學出版社，2005年11月。

熊十力：《韓非子評論》，台北：學生書局，1978年。

陳麗桂：《戰國時期的黃老思想》，台北：聯經出版社，1991年。

王迺琮、張華、鄭正華：《先秦兩漢經濟思想史略》，北京：海洋出版社，1991年12月。

陳麗桂：《秦漢時期的黃老思想》，台北：聯經出版社，1993年。

二、專書論文

錢　穆：〈申不害考〉，《先秦諸子繫年考辨》卷77，上海：商務印書館，1935年。

陳廣忠：〈陸賈、賈誼——道、儒結合的理論代表〉，《中國道家新論》，合肥：黃山書社，2001年，頁459-477。

丁原明：〈秦漢黃老學思想——賈誼對黃老學的傳播〉，《黃老學論綱》，濟南：山東大學出版社，1997年，頁246-254。

曾春海：〈西漢儒道法的互攝和變遷——陸賈和賈誼的天道觀及政治論（賈誼）〉，《兩漢魏晉哲學史》，台北：五南圖書出版股份有限公司，2002年，頁29-32。

陳廣忠：〈道家之大成——《淮南子》〉，《兩淮文化》，瀋陽：遼寧教育出版社，1995年，頁126-144。

朱希祖：〈桑弘羊之經濟政策（附桑弘羊年表）〉，《北京大學社會科學季刊》第4卷1-2號，後收入《朱希祖先生文集·史實考證——漢至唐篇》，台北：九思出版社，1979年5月，頁165-217。

經濟思想史研究室：〈桑弘羊與《鹽鐵論》〉，《秦漢經濟思想史》第9章，北京：中華書局，1989年7月，頁152-194。

趙　靖：〈桑弘羊·耿壽昌〉，《中國經濟思想通史》第20章，北京：北京大學出版社，1991年5月，頁623-651。

趙　靖：〈古代經濟思想發展的重要轉折點——鹽鐵會議和鹽鐵
　　　論〉，《中國經濟思想史述要》（上）第11章，北京：北京大
　　　學出版社，1998年4月，頁259-280。

李景明：〈儒法鬥爭與鹽鐵論〉，《中國儒學史（秦漢卷）》第5
　　　章，廣州：廣東教育出版社，1998年6月，頁197-217。

三、期刊論文

李禹階：〈陸賈新無爲論探析：論漢初新儒家論的援道入儒思想〉，
　　　《中華文化論壇》2003年第一期（總37期），頁149-152，
　　　2003年1月，頁149-152。

李禹階：〈陸賈的禮法思想〉，《重慶師範學院學報（哲社版）》，
　　　2003年9月，頁61-64。

孫德宣：〈賈誼〈道術〉篇述義〉，《經世日報讀書週刊》第23
　　　期，1947年1月。

王更生：〈救世愛國的少年賈誼〉，《中華文化復興月刊》第13卷
　　　第8期，1980年8月，頁65-69。

黃宛峰：〈略論賈誼的禮治思想〉，《河南師大學報（哲學社會學
　　　版）》第4期，1983年7月，頁51-56。

王興國：〈賈誼的道論〉，《中國文化月刊》第115期，1989年5
　　　月，頁38-51。

施樹民：〈賈誼爲何不受重用〉，《浙江師大學報》1993年第4期，
　　　頁95-98。

馬曉樂、莊大鈞：〈賈誼、荀學與黃老：簡論賈誼的學術淵源〉，山
　　　東大學學報（哲社版）2003年第1期，2003年9月，頁147-150。

〔日〕工藤卓司：〈賈誼《新書》〉，《東洋古典學研究》第16號，2003年10月，頁167-168。

唐雄山：〈賈誼哲學中「六」的本源與本體地位及其禮治思想〉，《佛山科學技術學院學報（社科版）》第5期，2005年，頁27-29。

〔日〕工藤卓司：〈《賈誼新書》における「術」の位置──「耀禪の術」を中心として〉，《東洋古典學研究》第19號，2005年5月，頁109-124。

管　峰：〈賈誼的政治哲學〉，《學術論壇》2007年第7期，2007年7月，頁19-22。

賀盧凌：〈淮南子的政道與治術〉，《思與言》第9卷第1期，1971年5月，頁32-42。

戴　黍：〈以治爲重心：試析《淮南子》之道〉，《江淮論壇》2008年第1期，2008年2月，頁154-158。

李　增：〈從董仲舒天人合一思想體系分析「天人」及「合一」之意義〉，《東海哲學研究集刊》第8期，2001年6月，頁153-169。

李　增：〈董仲舒天人合一思考型態之探討〉，《國立政治大學哲學學報》第7期，2001年9月，頁209-220。

王永祥：〈董仲舒在學術思想史上的地位〉，徐雁、童強主編《中國思想史與思想評傳》，北京：中華書局，2002年5月，頁85-93。

周桂鈿：〈董仲舒考補〉，《齊魯學刊》2002年第5期，2002年9月，頁9-23。又重登於《史學史研究》，2002年第4期，2002年12月，頁72-76。

王令印：〈董仲舒〉，王令印《簡明中國哲學通史》，廈門：廈門大

學出版社，2002年11月，頁144-145。

葉海煙：〈論兩漢「大一統」觀念的哲學性：以董仲舒的新儒學為例〉，《哲學與文化》第30卷9期（總352期），2003年9月，頁5-17。

孫長祥：〈董仲舒哲學與公羊春秋〉，《哲學與文化》第30卷9期（總352期），2003年9月，頁41-60轉63-68。

陳榮捷編著，楊儒賓等譯：〈陰陽家化的儒學：董仲舒〉，陳榮捷編著，楊儒賓等譯《中國哲學文獻選編》，南京：江蘇教育出版社，2006年5月，頁248-261。

張麗珠：〈董仲舒「天人感應」說的漢代天人同構意理模式〉，《中國哲學史三十講》，台北：里仁書局，2007年8月，頁191-217。

陳福濱：〈論董仲舒的天道思想與天人關係〉，《哲學與文化》第34卷10期（總401期），2007年10月，頁115-133。

陳懷祖：〈董仲舒思想文化與西漢中前期的思想變革〉，《史林》2007年第6期，2007年12月，頁116-123。

馮樹勳：〈董仲舒對《春秋》的詮釋〉，《東吳哲學學報》第19期，2009年2月，頁235-240。

王志楣：〈從身體觀詮釋董仲舒之天人感應〉，「第七屆漢代文學與思想學術研討會」，台北：政治大學中文系主辦，2009年10月17-18日。

陳　　直：〈《鹽鐵論》存在問題的新解〉，《文史哲》，1962年第4期，1962年8月，頁68-77。

吳象圖：〈試論漢武帝時期的財經政策——讀《鹽鐵論》的一切體會〉，《中山大學學報》，1979年第1期，1979年1月，頁107-112。

王利器：〈桑弘羊與鹽鐵論〉，《西北大學學報》，1982年第1期，
　　1982年2月，頁41-56。

王連升：〈西漢時期的鹽鐵會議〉，《文史知識》，1983年5期，
　　1983年5月，頁20-26。

林平和：〈桓寬鹽鐵論版本初探〉，《國立中央大學文學院院刊》，
　　1983年1期，1983年6月，頁27-50。

許　輝：〈再論桑弘羊與鹽鐵會議〉，《南京師大學報》（社科
　　版），1984年4期，1984年7月，頁68-72。

楊一民：〈《鹽鐵論》和西漢社會〉，《學術月刊》，1984年10
　　期，1984年10月，頁55-62。

周乾濚：〈對鹽鐵會議的重新估價〉，《天津師大學報》（社科
　　版），1991年6月，頁41-46。

張鶴泉：〈《鹽鐵論・散不足篇》所反映的西漢社會生活〉，《中國
　　典籍與文化》，1995年4期，1995年，頁70-76。

賴建誠：〈《鹽鐵論》的結構分析與臆造問題》〉，《中國文化》
　　14期，1996年12月，頁159-167。

范學新：〈試論《鹽鐵論》是我國戲劇文學的萌芽〉，《伊犁師範學
　　院學報》（社科版），1997年1期，1997年3月，頁18-22。

李運元：〈西漢理財家桑弘羊的生年和入仕指誤〉，《經濟學家》
　　1998年1期，1998年2月。

王虹、龔萍：〈《鹽鐵論》與漢代民族關係史研究〉，《雲南民族學
　　院學報》（哲學社科版），1998年3期，1998年7月，頁35-38。

屠承先：〈《鹽鐵論》中的環境思想及其對當代的啟示〉，《杭州大
　　學學報》，28卷4期，1998年10月，頁1-6。

馮友蘭：〈鹽鐵論與義利之辨〉，《中國哲學史新編》（中卷）第
　　30章，北京：人民出版社，1998年12月，頁190-208。

胡寄窗：〈桑弘羊與鹽鐵爭議〉，《中國經濟思想史》（中）第30章，上海：上海財經大學，1998年12月，頁72-123。

施　丁：〈秦漢豪族的呼聲——讀桓寬《鹽鐵論》〉，《學術月刊》，1999年11期，1999年11月，頁97-103。

于振波：〈戰國秦漢時期的「重本抑末」的政策——讀《鹽鐵論》有感〉，《江西財經大學學報》，2000年5期（總11期），2000年9月，頁38-41。

申豔婷：〈從《鹽鐵論》看西漢的鹽鐵官營政策〉，《重慶廣播電視大學學報》，2001年1期，2001年3月，頁29-31。

黑　琨：〈《鹽鐵論》後半部非臆造之作論考〉，《甘肅社會科學》，2002年1期，2002年1月，頁53-63。

凌燕萍、劉君衛：〈《鹽鐵論》與WTO〉，《貴州社會科學》，2002年6期（總180期），2002年11月，頁99-100。

黑　琨：〈《鹽鐵論》成書時間考〉，《四川師範大學學報》，30卷2期，2003年3月，頁76-79。

黑　琨：〈《鹽鐵論》書名辨義〉，《吉林師範大學學報》，2003年3期，2003年6月，頁52-55。

孫　晃：〈從《鹽鐵論》看桑弘羊的法律思想〉，《淮陰師範學院學報》（哲社科版），2003年5期，125卷，2003年10月，頁635-638。

周俊敏：〈《鹽鐵論》中蘊含的經濟倫理思想〉，《經濟論壇》，2003年5期，2003年10月，頁70-71。

劉　丹：〈從賢良文學探析漢代知識分子之性格〉，《淮海工學院學報》（人文社會科學版），1卷4期，2003年12月，頁14-15轉46。

白兆麟、時兵：〈《鹽鐵論》按斷復句研究〉，《古漢語研究》，2004年2期（總63期），2004年6月，頁57-61。

王　勇：〈治粟都尉和搜粟都尉與大司農關係考〉，《唐都學刊》
　　20卷4期，2004年7月，頁39-43。

魯豔霞、張燕：〈《鹽鐵論》第一人稱代詞與第二人稱代詞的研
　　究〉，《濰坊教育學院學報》，17卷4期，2004年9月，頁52-54。

康凱麟、陳科華：〈輕重之辨——《鹽鐵論的經濟倫理思想意
　　蘊》〉，《船山學刊》，2004年3期，2004年9月，頁42-45。

劉九偉：〈重評桓寬及其《鹽鐵論》〉，《天中學刊》，19卷6期，
　　2004年12月，頁90-94。

Memo

_____

_____

_____

_____

_____

_____

_____

_____

_____

_____

_____

_____

_____

_____

_____

_____

_____

_____

_____

_____

Memo

國家圖書館出版品預行編目資料

漢代思想與思想家／陳麗桂著. —— 初版.
—— 臺北市：五南，2020.09
　面；　公分
ISBN 978-986-522-231-4 (平裝)

1.秦漢哲學　2.學術思想　3.漢代

122　　　　　　　　　　109012967

1XHF

漢代思想與思想家

作　　者 — 陳麗桂（249.9）

發 行 人 — 楊榮川

總 經 理 — 楊士清

總 編 輯 — 楊秀麗

副總編輯 — 黃文瓊

責任編輯 — 吳雨潔

封面設計 — 王麗娟

出 版 者 — 五南圖書出版股份有限公司

地　　址：106台北市大安區和平東路二段339號4樓

電　　話：(02)2705-5066　　傳　　真：(02)2706-6100

網　　址：http://www.wunan.com.tw

電子郵件：wunan@wunan.com.tw

劃撥帳號：01068953

戶　　名：五南圖書出版股份有限公司

法律顧問　林勝安律師事務所　林勝安律師

出版日期　2020年9月初版一刷

定　　價　新臺幣400元

經典永恆・名著常在

◆

五十週年的獻禮——經典名著文庫

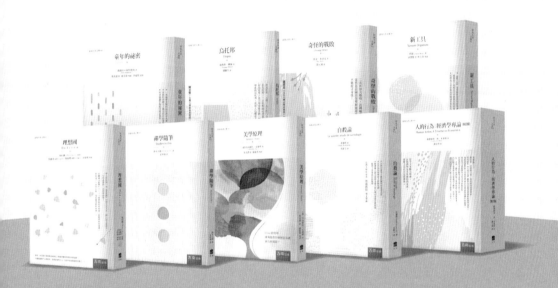

五南，五十年了，半個世紀，人生旅程的一大半，走過來了。

思索著，邁向百年的未來歷程，能為知識界、文化學術界作些什麼？

在速食文化的生態下，有什麼值得讓人雋永品味的？

歷代經典・當今名著，經過時間的洗禮，千錘百鍊，流傳至今，光芒耀人；

不僅使我們能領悟前人的智慧，同時也增深加廣我們思考的深度與視野。

我們決心投入巨資，有計畫的系統梳選，成立「經典名著文庫」，

希望收入古今中外思想性的、充滿睿智與獨見的經典、名著。

這是一項理想性的、永續性的巨大出版工程。

不在意讀者的眾寡，只考慮它的學術價值，力求完整展現先哲思想的軌跡；

為知識界開啟一片智慧之窗，營造一座百花綻放的世界文明公園，

任君遨遊、取菁吸蜜、嘉惠學子！